여성농악 예인구술집

향기조차 짙었어라

기획 노영숙

김영운(판소리), 강도근(판소리), 이금조(채상소고), 강남기(한국무용),
재일 무용가 정민(한국무용), 이부산(설장고), 배분순(설장고) 사사.
춘향여성농악단 채상소고 단원(1963~68), 한국민속가무예술단(단장 박귀희) 단원으로서 재일교포 위문 순
회공연(1969~72), 일본 오사카 만국박람회(EXPO) 한국민속예술단 전사섭 농악단원(1970), 강도근 명창과
남원국악원 창극에 출연(1973~74), 강남기 무용단 단원(1974~1980), 두레극장 김운태 단장의 「호남여성농
악」 재현 공연(1995), 일본 오사카의 무용가 정민 사사(1997~2002), 국립극장 「호남여성농악, 30년만의 해후」
(2002), 호암아트홀 「춤추는 바람꽃, 여성농악」(2004) 등 다수.

편저 권은영

전북대학교 국어국문학과 졸업, 동 대학원 문학박사. 현재 전북대, 전주대 강사.
주요 저서로 『여성농악단 연구』(2004), 「1980년대 이후 고창농악 연행주체에 관한 연구」(2013), 「호남좌도농
악 부포상모의 특징과 의미」(2014), 「농악 연예인의 흥행전략, 여성농악의 무대의상」(2016), 「신체기억을 매
개로 하는 공통되기의 활동, 농악」(2017) 등 다수.

여성농악 예인 구술집

향기조차 짙었어라

초판 1쇄 발행 2018년 11월 30일

기 획 노영숙
편 저 권은영
펴낸이 홍기원

총괄 홍종화
편집주간 박호원
편집·디자인 오경희 · 조정화 · 오성현 · 신나래
　　　　　　김윤희 · 조윤주 · 박선주 · 최지혜
관리 박정대 · 최기엽

펴낸곳 민속원
출판등록 제1990-000045호
주소 서울시 마포구 토정로 25길 41(대흥동 337-25)
전화 02) 804-3320, 805-3320, 806-3320(代)
팩스 02) 802-3346
이메일 minsok1@chollian.net, minsokwon@naver.com
홈페이지 www.minsokwon.com

ISBN 978-89-285-1235-5 93690

ⓒ 민속원, 2018, Printed in Seoul, Korea

※ 책 값은 뒤표지에 있습니다.
※ 잘못된 책은 바꾸어 드립니다.

이 책은 2018년도 전라북도 문화관광재단 문화예술기반구축지원사업의 지원을 받아 출판되었습니다.

여성농악예인구술집

기획 노영숙 편저 권은영

향기조차 짙었어라

민속원

여성농악 예인구술집을 기획하며

　나는 1960년대 중반 남원 춘향여성농악단의 소고잽이로 활동했었다. 10여세 나이로 이 단체에 들어간 나는 강백천, 강도근 등 국악계의 큰 선생님들을 모시고 공부할 수 있었다. 지금은 국악계의 대스타가 되어 있는 안숙선 명창과 공연을 한 적도 있다. 대금 명인인 강백천 선생님을 나는 '할아버지'라고 불렀고, 안숙선 명창은 나에게 여전히 '숙선 언니'로 남아 있다. 그리고 단체를 유지할 수 없는 형편이 된 춘향여성농악단이 부산에서 해산을 했을 때에도 나는 그 곳, 그 자리에 있었다.

　휘몰아치듯이 젊은 날을 보내고 이제는 그저 평범한 사람으로 살고 있는 나는 가끔 멍하니 옛날 생각에 빠질 때가 있다. 일본에서 활동하던 때에 교통사고를 당한 후유증으로 이제는 무대에 설 수 없게 되어 버린 지금, 어린 시절을 떠올리면 문득 문득 드는 생각들. '증인으로서 내가 보고 느끼고 내가 한 것들, 내가 이 세상에서 없어지면 이것을 과연 누가 얘기를 할까? 여성농악에 대해서 누가 얘기할 수 있을까? 내가 보고 경험한 많은 것들을 나는 어떻게 해야 될까?' 이런 생각들이 내 마음속에 가득했다. 그래서 내린 결론은 막연하게나마 '책을 내고 싶다'였다.

　활동을 같이 했던 언니들에게 이런 얘기를 처음 했을 때 언니들은 여성농악에 대해 말도 꺼내지 못하게 하였다. 나의 속 깊은 이야기를 받아줄 사람이 아무도 없었고, 심지어 같은 체험을 한 동료들조차도 우리의 역사를 남겨야 한다는 데에 동의해주지 않았다. 나와 비슷한 경험을 한 사람들이 상당수가 있지만, 그것을 후대에 남겨야겠다고 말하는 사람들을 나는 만나지 못했다. 이렇게 대단하고 멋이 있던 예술 활동을 우리 세대가 세상을 뜨고 나면 누가 기억하고 누가 말해 줄까? 모두 그냥 사라져

버리는 건가? 그 소중한 모습들을 몰라주고 기억하지 못한다는 게 안타깝고 서글펐다.

나의 경력에 대해 잘 알지 못하는 지인들과 가끔 술을 한 잔씩 할 때가 있다. 그럴 때는 예술을 하는 분들과 얘기를 나누기도 한다. 이런 저런 얘기를 하다 과거에 내가 보고 듣고 체험한 것들을 잠깐잠깐 꺼내놓으면 다들 깜짝들 놀란다. 그러면서 한결같이 "그렇게 말로만 하지 말고 기록을 남겨두시라. 두서가 없더라도 적어 놓으면 정리를 할 사람이 생길 테니 글로 남겨놓으라."며 권유를 하였다.

쉬운 일이 아닌데, 나에게는 어려운 일인데… 어떻게 할 바를 모르고 있었다. 그러다 문득문득 생각이 나면 신앙에 기대어 기도를 올리고는 했다. "주님, 내 마음 속에 이야기를 어디에든 써야 될 것 같아요. 그냥 나 혼자 담고 있기에는 너무 아깝고 아쉬워요. 나의 바람을 이룰 수 있게 해주세요." 기도를 할수록 어떻게든 기록으로 남겨놔야 우리의 후대가 우리에 대해 다시 정리해 줄 수 있을 거라는 생각이 굳어져갔다. 어떻게 해야 되지? 나는 무엇을 해야 할까?

그런 생각을 하면서부터 페이스북에 조금씩이라도 기록을 하고 간단하나마 글을 쓰기 시작했다. 페이스북에 들러 나의 게시물을 본 사람들은 나의 글과 사진을 읽어주며 흥미로워했고 호응을 보내 주었고 내 생각이 틀리지 않았음을 확인해주었다. 그러나 요즘과 같은 정보 시대에 SNS에만 글을 남겨놓는 일은 바람직하지 않다는 아들의 말을 듣고는 그 일조차 중단할 수밖에 없었다. 점점 나이는 들어가고 기억도 희미해져 가는데 어떻게든 기록을 남기고 싶은 생각은 더해져만 갔다.

1995년 서울 두레극장에서 여성농악단 재현 공연이 있을 때 나는 남원 출신 여성농악인으로서는 유일하게 그 공연에 참여했었다. 백구여성농악단 출신 김정분과는 이미 알고 지내던 사이였고, 두레극장 공연을 통해 유순자, 유점례, 김정숙, 김운태 등과 친분을 맺었다. 경력으로 보면 나보다 후배들이었지만 나는 이들과 같은 무대에서 뛰고 돌고 춤을 추는

데에 거리낌이 없었다. 이러한 인연 때문에 2014년 전남 구례에서 호남 여성농악단이 공연을 할 때 나는 반가운 마음으로 공연장을 찾아갔다.

당시 건강이 좋지 않아서 무대에 함께 설 수는 없었지만 뒤풀이를 함께 즐겼고, 그 자리에서 학술세미나에 참석했던 권은영 선생을 다시 만났다. 권 선생과의 인연은 2002년으로 거슬러 올라간다. 당시 여성농악을 테마로 석사논문을 쓰고 있던 권 선생은 나에게 인터뷰를 요청해왔고 나는 내 경험의 일부를 몇 시간에 걸쳐 들려준 적이 있었다. 그 인터뷰 이후 10여년의 시간이 지나서야 우리는 다시 만났고 훌쩍 지나가버린 시간에 대해 새삼스레 놀라워했다.

그 만남 후 7~8개월이 지나서 나는 강백천 선생님과 강도근 선생님 등 나의 스승님들에 대한 자료들을 보다가 권 선생에게 전화를 걸었다. 어쩌다 보니 우리의 통화는 상당히 길어졌고 남원의 여성농악에 대한 자료를 모으자는 의견에 우리는 "같이 하자"며 맘이 딱 들어맞았다. 오랜 시간 기도해왔던 나의 염원이 손에 잡히는 현실로 바뀌는 순간이었다. 그리고 그 염원이 이제 이렇게 책으로 결실을 맺게 되었다.

이 일을 하는 데에 지원금이 있는 것도 아니고 이름을 떨치고 싶다는 욕심이 있는 것도 아니다. 그저 내가 겪었고 나의 선배들이 남겼던 의미 있는 행적들을 후대에 고스란히 남기고 싶었을 뿐이었다. 혼자 간직해왔던 바람이 이렇게 현실로 이루어지다니…뭉클하고 벅찬 감정이 말로는 형용이 잘 안 된다.

이 작업을 하면서 혼자서 웃음을 짓고는 했다. 나 혼자서는 할 수 없는 일이 이렇게 실현되고 있다는 데에 대한 기쁨! 나의 부족함이 좋은 인연으로, 그리고 주님의 뜻대로 채워지고 있다는 것에 대한 행복! "감사합니다"는 말이 저절로 나왔다. 무엇보다도 스스럼없이 찾아가서 물어볼 수 있고 얘기를 들을 수 있는 '언니들'이 건재하고 있다는 사실에 안도의 한숨이 나오기도 했다. 더 늦지 않아서 정말 다행이다.

간혹 "그런 번거로운 일을 왜 해?"라며 의아해 하기도 했지만 여성농악의 역사를 책으로 남기고 싶다는 후배를 기특하게 여기고 격려해 주고 인터뷰에 응해주신 선배님들, 감사합니다. 선배님들이 없었더라면 이 책은 나올 수가 없었을 거예요. 그리고 모든 작업을 함께 한 권은영 선생도 감사합니다. 우리는 주님이 맺어준 특별한 인연인가 봐요. 권 선생과 만나서 인터뷰하고 자료를 정리할 수 있게 해준 남원 인월면의 커피전문점 '로뎀나무'의 황성호 사장님, 감사합니다. 맛있는 커피와 간식, 편안한 자리 덕에 지치지 않고 이 작업을 마칠 수 있었어요.

감사할 분들이 참 많다. 나의 부족함이 이렇게 많은 분들 덕으로 채워질 수 있다는 것이 참 감사하다. 나의 아들 한문수와 한문혁에게 사랑을 전하며, 이 영광을 주님께 드리고 싶다.

2018년 10월
남석(南石) 노영숙이 말하고, 권은영이 적다.

머리말

강렬한 로맨스는 쉽게 잊히지 않는다. 짙은 향기는 금방 사라지지 않고 오래 머무른다. 심장이 찌릿해지고 발가락 끝까지 힘이 들어가는 감동은 기억 속에서 길게 길게 여운의 꼬리를 끈다. 여성농악은 사람들에게 이런 로맨스, 향기, 감동이지 않았을까?

여성농악에 관해서 이미 나는 「여성농악단 연구」라는 얇은 책 한권을 발간한 바 있다. 석사논문을 수정해서 내놓았던 책이었다. 책의 머리말에서 적었던 것처럼, 부족하나마 그 책이 여성농악에 대한 학문적 논의에 부싯깃 역할을 해주었으면 하는 바람에서였다. 이후에 여러 연구자들이 여성농악에 대한 논문과 연구서를 발표하였고 구례의 유순자 상쇠를 중심으로 호남여성농악단이 발족되어 여성농악을 과거의 전설로부터 현재의 실체로 이끌어내었다. 가까운 발치에서 지켜보던 나에게는 뿌듯한 보람이었다.

그러는 한편 나는 뭔가 모르게 미진한 느낌과 부채의식을 갖고 있었다. 석사논문을 준비하며 경청했던 여성농악인의 굴곡 많고 두툼한 삶의 얘기가 지나치게 요약적이고 건조한 문체로 서술되었다는 점 때문이었다. 여성농악의 인기와 무대 위 신명에 대해 말해주었을 때 그들의 말소리는 크고 풍부하게 울렸고 제보자들은 한껏 고양되어 있었다. 그러나 어린 나이부터 감당해야 했던 현실의 고달픔과 여성공연자가 겪어야 했던 부당한 대우들에 대해 얘기할 때는 말하는 사람도 듣는 사람도 함께 긴 한숨을 섞어 내쉴 수밖에 없었다.

그리고 미묘하게 감지되었던 구술자들의 머뭇거림. 말 사이사이를 겅중겅중 건너뛰는 내용의 여백과 어떤 침묵. 더 많은 것을 말하고 싶은데 그렇게 되면 하고 싶지 않은 말까지도 해버릴까 봐 주저하는 조심스러움. '우리'의 범주 속에 포함시킬 수 없는 이방인인 나에게는 차마 꺼낼 수 없는 말의 가림막 같은 것을 느낄 수가 있었다.

그러나 그런 대로 시간은 지나갔고, 여성농악인들이 결혼을 하고 자식을 키우고 먹고 사는 일에 치여 무대 위의 자신을 잃어갔듯이, 나또한 비슷한 이유로 시들어가고 있었다. 내가 귀 기울여 들은 만큼 세상에다 대고 제대로 얘기해주지 못했다고 하는 부채의식을 짊어진 채로, 10년의 시간은 나의 무능이나 무력과 상관없이 쉽게도 지나갔다. 내가 뭘 하는 사람인가, 앞으로 무엇을 해야 할까라는 '나'의 문제를 놓고 고민할 여유가 생겼을 때쯤 마침 노영숙 선생님과 다시 만났다. 그리고 노영숙 선생님이 앞에서 말씀하신 경위대로 우리들은 여성농악에 대한 공동작업을 수행하기로 합심이 되었다.

우리들은 남원여성농악단과 춘향여성농악단의 옛 단원들을 찾아다니며 얘기를 들었다. 면담대상자를 선정하고 섭외하고 1차 면담을 진행하는 일은 노영숙 선생님이 도맡아 하셨다. 노 선생님의 선배들이자 평소에도 잘 알고 교류하며 지내던 '언니들'은 머뭇거림 없이 편안하게 노 선생님에게 이야기를 쏟아놓았다. 2차 면담에는 노 선생님과 함께 내가 동행하였다. 구체적이고 자세한 이야기를 듣기 위해서는 숙련된 질문 기술이 필요했기 때문이다. 1차 면담에서 한 차례 상기된 바가 있어서인지 몇 개의 사진과 간단한 질문만으로도 50년도 더 된 과거의 기억은 금세 생생한 활력을 띠며 구술로 살아났다.

그렇게 녹취한 구술의 일부를 엮어 이 책을 출판하게 되었다. 처음 편집을 할 때는 구술자들이 사용하는 사투리나 표현의 반복들, 어투까지도 가급적 있는 그대로 문자로 옮기고 싶었다. 그러나 곧 그것은 불가능한 일이고 또한 미덕도 아니라는 생각이 들었다. 독자들이 이 책을 읽었을 때 내용을 이해하기 어려워 보였기 때문이다. 내용을 전개하는 데에 불필요한 반복들, 구술자가 의미 없이 습관적으로 덧붙이는 표현들은 잘라냈다. 구술자가 편집을 요청하거나 개인의 사생활을 침해할 수 있는 내용들도 추려냈다. 수차례 면담을 한 구술자의 경우에는 구술의 순서와 별개로 내용의 줄거리를 간추려서 시간 순으로 엮었다. 각 장의 순서 또한 시간적인 흐름을 고려하여 구술자를 배치하였다.

그다지 두껍지 않은 책을 펴내는 데에 많은 시일이 걸렸다. 중간에 출판이 무산될 뻔한 적도 있었다. 씁쓰름한 기억이다. 하지만 전라북도 문화관광재단의 문화예술기반구축지원사업에 공모하여 출판비를 지원받아 이 책의 출판이 가능해졌다. 감사한 일이다. 자신의 삶과 여성농악에 대해 허심탄회하게 말씀해주신 구술자 선생님들과 함께 작업해주신 노영숙 선생님께 깊은 감사를 드린다. 민속원의 박정대 부장님과 정성껏 편집해주신 편집부 직원들에게도 감사의 말씀을 전한다. 사랑하는 가족들 덕에 어떤 일도 행복하게 할 수 있었다. 이 모든 행운에 감사드린다.

2018년 10월
권은영

차례

제 **1** 장

여성농악 최초의 상쇠,
예인 장홍도

예인 장홍도의 젊은 시절

1

구술자	장홍도 (1932년생)
조사자	노영숙
일시	2015년 8월 15일
장소	전북 남원시 자택

여성농악 최초의 상쇠,
예인 장홍도

노 선생님이 남원에서 최초로 우리 여성농악이 생겼을 때 거기에서 상
     쇠 치셨죠?

장 응.

노 성함을 제가 듣기에는 장홍도 씨라고 들었어요.

장 그건 예명이지.

노 아, 예명. 여성농악이 최초로 생겼을 때 그 기억 다 하세요?

장 못해. 아무것도 몰랐지.

노 남원국악원에서 시작을 했잖아요?

장   하먼. 남원국악원 구 시장 있는데. 거기가 그전에 불이 났어. 불
       난 뒤에는 그 장이 없어졌어. 지금은 광한루로 들어간 데, 칠선
       옥 앞에, 거기 국악원이 있었지.

노 국악원에 그때 창 배우러 다니셨어요?

장 아녀. 말하자면 농악을 해달라고 해서 갔지.

노 농악을. 활동을 안 하셨는데요?

장 활동도 안 하고. 국악원에는 내가 항상 나가다가 말다가 나가다가
     말다 그랬지. 살림을 살면서.

노 그전에는 국악원을 다니셨는데, 농악을 하실 때는 결혼을 하셔가지
     고요?

장 하먼, 결혼을 해갖고. 배금홍 씨라고 나보다 선배여. 그이가 인자

국악원을 다녔거든. 그래갖고 그이하고 나하고 상쇠하고 부쇠 하라고 그래갖고 애초에 시작했지.

노 그래서 쇠를 배우셨어요, 국악원에서?

장 배우지도 않고 한 일 년인가 이 년인가 우리들끼리 했을 것여, 그냥. 그랬는데 나중에 전사섭이랑, 김병섭이랑 그리 장구잽이, 그리 인자 와갖고 장구 가르치고 꿰가리도 가르쳤지. 장구 치는 김난희, 김난희가 있었고.

노 그럼, 여자 분으로서는 최초로 상쇠를 치신 거 아녜요? 여자 분이 그때는 상쇠 친다는 것도 없고 농악을 하는 사람이 없었잖아요? 선생님 살아계실 때 제가 선생님 한번 취재를 해야겠다는 거를 항상 염두에 두고 있었어요. 남원에 여성농악이 있었다는 책을 낼라고 해요.

장 그 머리 아픈 짓을 뭣 하게 혀.

노 머리 아파도 해야죠. 이렇게 귀하신 분들이 계신데 세상이 모르잖아요. 이름만, 그런 분이 계신다는 얘기만 하지 모르잖아요.

장 다시 다 몰라 버렸는디 뭐.

노 그래도 저는 알잖아요. 그래가지고 어떻게 하셨어요? 어디로 공연 가셨어요?

장 전국적으로 거의 다 했지. 처음에, 서울 전국대회. 농악전국대회.

노 전국농악대회가? 몇 회?

장 모르겠어.

노 어디 신문에 실렸어요. 그때 여성농악이 딱 나타나니까 사람들이 깜짝 놀랬다고. 근데 배분순 언니 얘기로는 여수에 공연을 갔는데, 그때는 남자하고 섞여서 공연을 했다던데요?

장 남자가 어디가 있어?

노 그때 김영운 선생님이 징 치고.

장 김영운 선생님이 처음에 상쇠를 치고 우리가 인자, 나는 조리중을 했거든. 조리중을 하고 여수를 갔었어. 여수를 가서 공연을 하고 나닌게 갑자기 피알PR이 돼부렀잖아, 전국적으로. 여성농악, 그래가지고 전국에 안 댕긴 데가 없어. 밀양까지 다 갔으니까.

노　인기가 있으니까 전국에서 너도나도 다 오라고 그렇게 된 거 아네요?

장　하면.

노　선생님이 언제부터서 상쇠를 치셨어요? 여수에서는 조리중을 하시고?

장　그런 뒤로부터는 인자 내가 상쇠를 했지. 연수를 받아가지고.

노　그때 보고 사람들이, "남자들 빼고 여자들만 구성을 하자." 해가지고 그렇게 해서 여자들이 모이게 된 거죠?

장　응.

노　제가 알기로는 남원국악원 경영이 어려워서, 남원국악원을 살리기 위해서 돈을 모으자, 그런 뜻에서 농악단을 만드셨다는 거 같애요?

장　그런게 단체를 다니면서 하루 일당이 얼마다 하면은 학원치를 인자 싹 빼 놔부러. 한명에 얼마씩, 상쇠는 얼마, 장구는 얼마, 소고는 얼마, 이렇게 해가지고 남은 돈은 인자 학원에다가 모았지.

노　일단은 그 학원이 잘 되기 위해서 농악단을 만드신 거네요?

장　그러지, 그때 당시에는.

노　여성농악으로 싹 만들어졌을 때 단원이 누구누구인지 다 아세요?

장　다 잊어버려서 몰라.

노　여수 갔다 오셔서 상쇠 치셨어요?

장　그러지.

노　부쇠는?

장　배금홍 씨. 쇠가 나중에는 문숙이가 있었어. 강문숙. 문숙이가 셋째 쇠로 쳤지. 삼쇠.

노　장 선생님이 상쇠 치시고, 부쇠는 배금홍 씨, 삼쇠는 강문숙 씨, 설장고는?

장　설장고가 거시기여. 아까 말했지. 난희, 김난희. 또 그전에 조산 살았는디 김영순이. 또 김영자가 있었는데, 그리고 인자 소고들은 몰라.

노 소고로는 김정화 언니. 숙선 언니도 소고 쳤다고, 삼버꾸인가 그랬다고 그러고.

장 소고 쳤지. 제일 막둥이로 따라 댕기고.

노 그 단체에서는 여자 단원들이 별로 그렇게 많이 없었네요?

장 그래도 많았어.

노 많았어요? 기억을 못 하셔서 그러지?

장 하면.

노 여성농악으로 해서 최초로 상쇠를 치시고, 얼마 동안이나 다니셨어요?

장 몇 년 다녔지. 그런 뒤에 춘향단체가 생겼지.

노 춘향단체가 생기게 된 계기는 아세요?

장 몰라.

노 그때 단장님 누구신지 아세요?

장 처음에는 조광옥 씨였다가, 조광옥 씨가 연세가 높으닌게 인자 김광식 씨. 김광식 씨가 했었어. 그 사람이 죽었어. 그 사람이 데리고 댕기지.

노 조광옥 씨는 제가 잘 아는데 김광식 씨는 얼굴을 봐야 알겠네요. 제가 모르겠어요. 국악원장은 누구셨어요?

장 국악원장은 박병원 씨.

노 그때도 박병원 씨가 원장이었어요? 저 남원국악원 다니고 나서도 한참 후에 국악원장 하셨거든요.

장 원장 했다가 또 나앉았다가 또 했다가.

노 그러셨구나. 엊그저께 뵀는데 기억력이 쇠퇴해지셨더라고요.

장 아흔 다섯여.

노 아흔 여섯이라고 그러시더만요, 인자. 그러니까 우리 국보들이, 보물들이 다 돌아가시게 생겼어요.

장 배금홍이도 죽었지, 김광식 씨 단장도 죽었지. 김 선생도 죽었지.

노　최석두 씨도 돌아가셨어요.

장　최석두 씨도 환장하게 따라 댕겼어. 국악을 좋아해갖고.

노　제가 한참 밑이라서 저를 모르시잖아요. 저는 선생님을 몇 번 뵀지만 기억을 못 하시죠? 같이 안 다녀서.

장　그때는 어릴 때지.

노　저도 한참 어렸을 때요. 지금 연세가 팔십 몇?

장　팔십 다섯.

노　무슨 띠세요?

장　양띠.

노　몇 년 생이신데요?

장　32년.

노　그면 몇 년 동안 하셨어요, 농악을?

장　그러고 댕길라닌게 적어도 4~5년 했을 거여.

노　그러면 춘향단체 생기고 나서도 한참 다니셨네요?

장　하먼. 그러고 보닌게로 라이벌이 됐지.

노　남원여성농악하고 춘향여성농악하고 라이벌이 됐잖아요? 그럼 따로따로 공연을 하고 다녔네요?

장　그러믄.

노　장 선생님 감사하고요.

장　별 말씀을.

노　건강하시고요. 이렇게 뵙게 돼서 너무 감사해요. 언젠가 꼭 뵙고 싶었는데 이렇게 말씀을 해주셔서 감사해요. 만약에 말씀도 못 나누면 어떡하나 걱정했었어요. 감사합니다. 선생님 제가 잘 기억하고 있어요. 건강하세요.

장　고맙습니다.

남원국악원의 숨은 주역,
예인 김정화

예인 김정화 (2015년10월 광한루에서)

2

구술자	김정화 (1941년생)
조사자	노영숙, 권은영
일시	2015년 10월 31일
장소	경남 하동군 청암면 묵계리 자택

남원국악원의 숨은 주역, 예인 김정화

여성농악 원 근본이 남원여성농악대 아니냐?

노　언니가 장흥도 씨 계실 때 있었던 거 아냐? 언니 뭐했어?

김　응. 부쇠. 수소고 하다가, 수버꾸 하다가 부쇠 쳤제.

노　남원 단체, 남원여성에서?

김　남원여성농악.

노　언니 단체에 누가 누가 했는가 그 단원 얘기 좀 쫙 해줘 봐요.

김　홍도 성[1]이 상쇠, 내가 부쇠, 그 다음에 장구는 오갑순이하고 홍도 성 동생이 했지. 칠선옥 안주인이 얼마나 기세가 세냐? 나중에 따로 나가갖고 춘향농악대를 만들었지. 그때 네가 춘향농악대에 있었지?

노　맞아, 언니.

권　기세가 세다는 말씀이 어떤 거예요?

노　성격이 강하다는 말이지.

김　그렇지.

권　사진 보았을 때는 그리 안 보이시던데?

노　안 그래. 여자로서는 말하자면 성격이 강하고 리더십도 있고.

1　'형'의 사투리로, 여기에서 '성'은 '언니'보다 나이 차이가 조금 더 나는 여성 연장자를 부를 때 쓰는 말이다. 김정화에 따르면, 남원국악원의 여성공연들은 나이의 격차에 따라 동성의 연장자를 '언니', '성', '성님', '이모', '어머니', '할머니' 등으로 불렀다고 한다.

김   와일드 하지. 그러니까 단체를 만들지.

노   그러면 언니는 춘향단체 만들 때 남원여성농악 이쪽에 남아 있었네?

김   그렇지. 여성농악 원 근본이 남원여성농악대 아니냐?

노   그러니까 분순 언니랑 같이 있었네?

김   어. 분순이가 소고 치고.

노   그 언니가 소고 치고? 장구는 나중에 했고?

김   그때는 장구 안 쳤어.

노   그래서 춘향단체가 나가고 나서는 누가 누가 남아 있었어?

김   분순이로 그리 다 있었지.

노   몇 명이?

김   나 모르지, 이름을 다 몰라.

권   선생님, 꽹가리를 혹시 전사종 씨한테서 배우신 거예요?

김   내나 해야 남원국악원에서 전부 선생님한테 배우고 연달아 연달아
      이렇게 배우는 것이지. 선생님한테 배웠지.

권   선생님 이름은 기억을 하셔요?

김   김영운 선생님.[2]

권   꽹가리도요? 김영운 선생님이 꽹가리를요?

김   선생님들은 꽹과리를 못 치는 양반이 어디가 있어? 원박 갈켜주면 다
      거그서 잔가락을, 북이고 장구고 치다 보면 잔가락은 따라오는 거지.

권   꽹가리도 따로 배우신 게 아니군요?

김   장구 선생은 우리 남원농악대 생길 때 정읍의 그 이름 뭐여?

노   전사섭 씨.

김   나 이름 모르겄어. 약하게 생겼지, 야들야들 쪼끔 예쁘장허니. 장구
      선생, 그리 크지 않아. 보통 키지. 그 양반만 선생으로 데리고 왔지
      다른 선생은 안 데리고 왔다. 꽹가리 선생이랄까는 없어. 꽹가리고

---

2 김영운 명창에 대해서는 김기형의 논문 「판소리 명창 김정문의 생애와 소리의 특징」, 『구비문학연구』 3
   집, 한국구비문학회, 1996, 70~71쪽에 잘 정리되어 있다.

뭐이고 소리꾼들은 장단을 치니까 자연적 원가락만 딱 배우면 금방 다 따라서 하니까. 거기서 인자 손재주가 좋고 나쁘고가 있제.

노 언니는 몇 년 동안 했어? 농악?

김 몰라, 긍게.

노 연극도 했어, 언니?

김 그 뒤로 인자 또 연극 해갖고 온 남원을 홍도 성하고 나하고 둘이 연극을 쎄가 빠지게 해주고, 곡성으로 어디로 전부.

노 연극 뭐?

김 춘향전, 홍부전 다 했제. 춘향전, 홍부전, 심청전. 그면 춘향전 하면 나는 춘향모 역할을 하고 홍도 성은 어사 역할 하고, 숙선이가 향단이, 이일주가 춘향이 역할을 하고. 이일주는 여성농악은 안 다니고 연극할 때. 남원 공무원 격으로 그때 돼 있었어. 공보관으로, 우리 국악원이 전부 그때는. 남원 군청에서 그때는 시가 아니고 군청이여. 군청 관내에서 전부 우리 국악원을 우지좌지 해놔서 군청 직원들이 전부 우리 회원들이라. 국악원 회원들. 그렇게 우리는 의무적으로 일 년에 한 서너 번씩 연극을 해줘야 돼. 공연을 해줘야 돼. 공보실에서. 잠깐 공보실로 해서 그것은 인기라. 그렇게 일 년이면 한 서너 달 연극을 해줘야 돼. 극장을 빌려갖고.

권 선생님 몇 살 때쯤 그러신 거예요?

김 그렇게 스무 살, 스물한 살, 스물세 살 안에 그렇게.[3]

권 창극?

김 창극이지. 심청전 하면 심청 어미 역할하고 홍도 성이 또 심봉사 역할 하고 안 그랬냐. 홍도 성이 항상, 우리 둘이. 그리고 또 홍부전 허면 성이 홍부 허면 나는 홍부 마느래 하고. 네가 마당쇠 역할 안 했냐? 홍부전 할 때?

---

3 김정화가 자신의 창극 경험에 대하여 구술할 때에는 두 시기의 기억이 중첩되어서 진술되는 것 같다. 하나는 김정화가 20세부터 23세 미만까지의 시기로 이일주, 안숙선이 각각 '춘향'과 '향단'의 역할을 맡아 함께 공연하던 때이다. '고춧가루밥' 에피소드도 바로 이때의 일이다. 그 후 노영숙이 '마당쇠'와 '귀덕이네'의 역할을 맡아했다는 창극은 1972년에 있었던 일로 이때 김정화는 32세의 나이였다.

노　어어, 그 역할 알아.

김　야가 잘 해. 얼마나 야가 웃기던지. 그래갖고 야를 시켰어.

노　맞아, 그 사진에 뒷모습이 이 언니야.

권　그 국악원에서의 사진요?

노　어, 뒷모습 앉아있는 게 이 언니야. 머리 요렇게 해갖고, 이 언니야.

김　나 그때 머리 쩜맬 때라. 아이고, 연극 날짜 놔두고 감기가 들어갖고
　　총연습을 하는데 목이 나오냐? 목이 안 나오제. 감기가 꽉 들어가지
　　고 큰일 나게 생겼거든. 원장이고 선생이고 난리가 났는 거여. 아 근
　　게 우동 먹으러 가서, 불 끄고 우동이나 먹는다더니, 우동집에 가서
　　볶음밥에다가 고춧가루를 몽땅 넣어갖고 약을 먹어도 되도 않고. 밥
　　이 아니라 고춧가루밥여. 근디 매운지를 몰라. 얼마나 내가 열이 많
　　이 났던지. 그래갖고 뜨근뜨근하게, 분순이 물팍 베고 우동집에서
　　누워 있은게 땀을 얼마나 흘리고. 아이 그래갖고 내가 연극을 했네.

권　나으셨어요?

김　응. 매운 볶음밥 먹고 분순이 물팍 베고. 내가 분순이 만나면 맨날
　　그 소리를 하느만. "나 니 물팍 베고 감기 낫아갖고 연극한 거 보면
　　희한하제?" 그래갖고 해댔제.

권　와, 엄청나시다.

김　춘향전 해야제, 심청전 해야제, 흥보전 해서 이렇게 돌아가면서 하
　　니까. 표는 인자 싹, 곡성이고 남원 군청이고 공무원들한테 표를 다
　　몇 장씩 줘. 끝나면 흥도 성하고 나하고 눈이 오나 비가 오나 그놈
　　수금해다가 줘갖고 그래갖고 그거, 시방 거기 부인병원 자리다. 거
　　기서 국악원, 그리해갖고 애당초 국악원 만든 거여.

노　아 그 뒤에 있었어. 감나무 있고 우물가 있고, 그쪽에.

김　그래, 지금 오산부인과 자리⁴제. 아 그래. 그래갖고 그 국악원을 만

4　현재 주소는 남원시 향단로 51이다.

든 것이다. 전에 명지호텔[5] 앞에 국악원이나 아니나 요상한 데에 있다가 그거 사갖고 들어간 거여. 그 공연 쎄가 빠지게 해갖고. 또 촌으로 공연을 나가봐라. 마찌마리[6] 돌면 트럭을 타고 추운디 그냥, 우와 그거 고생한 일을 생각하면, 논두럭으로 그냥 촌에 마찌마리하고. 그래갖고 마찌마리 돌고 오면 또 오라고 이르꾸미[7] 해야지, 인자 또. 사람 모을라고, 포장 쳐놓고. 그때가 재밌어.

"남원국악원 발상시킨 데는 김영운 선생 공이 제일로 커.
터 잡은 게 김영운 선생이여."

노 그니까 언니 남원여성이 생긴 최초의 목적이 뭐였냐면, 남원국악원 운영이 어려워서 어른들이 이래가지고는 안 되겠다, 그니까 우리가 한번 여성농악을 만들어보자, 그래갖고 선생님들이 여성농악을. 그때는 처음에 여자도 남자도 섞어서 좀 하다보니까.

김 아녀, 아녀. 섞은 거는 전혀 아녀. 여성들만.

노 김영운 선생님이 징도 치고 뭣도 하시고 그랬다는데?

김 징은 징수 만들기 전에는 김 선생님이 쳐줘야지, 어째. 다 갈켜주니라고. 김 선생님이 징 친 거는 연극을 나갔는디, 저기 운봉인가 어딘가를 갔는데 2막이 올라가. 그러면 일주 성이 인자 막이 올라가면 '옥중막', "야이 몹쓸 귀신들아~" 그러고 창이 나올 판인디 점심 먹고 술을 먹었던가 징 치는 사람이 안 왔어.

노 연극막을 올려야 되는데?

---

5 현재 주소는 남원시 고샘길 57로, 지금은 한정식집 '종가'로 바뀌어 있다.

6 일본어 '마찌마와리(まちまわり[町回り]'가 변형된 말이다. 본디 흥행을 도모하기 위해 배우나 극단 관계자가 거리에 나서서 하는 홍보 활동을 말한다. 여기에서는 공연 홍보를 목적으로 그 지역의 곳곳을 돌아다니면 치는 길놀이 형태의 농악을 가리킨다.

7 어원을 확인하지 못하였다. 공연 시작 전에 사람들을 모으기 위해서 또는 모인 사람들이 기다리는 동안 지루하지 않도록 극장 안이나 극장 앞에서 진법 없이 서서 소리만 울려주는 홍보용 농악을 가리킨다.

김영운의 흉내를 내는 김정화

김　그래. 막은 올려야겠는데. 김 선생님 낮으로 술 한잔 먹고, 이렇게
　　딱 앉아갖고 가만히 본게 (쪼그려 앉아서 손가락을 꼼질꼼질 하면
　　서 마뜩치 않다는 표정을 지으며) 징을 안 치니까, 김 선생님이. 징
　　을 쳐야 하는디 안 치거든. 징 치는 사람이 어디로 가버리고 없었
　　어. 그런게 나중에는 하도 안 친게 입으로, 아이고 나는 그거 생각
　　하면 시방 강그라진다. 입으로 "뎅~! 뎅~!" 그러면은 인자 막이 올라
　　가. 어쨌든 입으로라도 했은께. 막이 올라가면 일주 성이 힘이 없이
　　"귀신들아."허고 노래를 해야는디 김 선생님 그 바람에 이빨을 하얗
　　게 내놓고 웃어제끼네, 옥중막에서. 막이 올라간께. 이빨을 내놓고
　　웃은께. 그러면은 인자 나하고 숙선이하고 둘이 초롱불 들고 나간
　　디, 우리도 웃음보가 터져갖고. 우리는 막 뒤에서 있고 일주 성은 막

이 올라가면 옥중막이 훤히 안 보이냐. 근디 이빨 다 내놓고 웃어제 껴으니 아주 웃음바다가 돼부렀어. 그런게 인자 숙선이가 포장 뒤로 가서 "아이고 이모, 빨리 소리 내, 소리! 웃지 말고!" 일주 성 보고 빨 리 소리 하라고. "빨리 소리 내." 그러고 뒤에 가서. 아이고 나 김 선 생님 때문에 얼마나 웃었는가 몰라. 하도 징을 안 친께 입으로 "뎅~ 뎅~" 아이고 나는 그 생각을 하면 지금도 웃음이 난다.

노 김영운 선생님이 키가 커요. 꾸부정해.

김 그래, 근께 여가 무대 아니냐. 그믄 요짝 끄터리에 앉아서 징을 쳐야 할 때 안 친께 요 질드란한 손가락으로. 그래도 안 친께 "뎅~" 아이 고 그때 안 죽을 만치 웃었어, 아주. 재미도 있고, 참 재미도 있고 그 랬었다, 그때 한참. 참말로 그런 세상을 살았다. 내가 그때 단체 다니 면서 얼마나 김 선생님 때문에 웃어놨던지. 그놈의 징 사건 때문에. 그래갖고 그때만 해도 국악원에 학생들이 많았다. 여자들, 학생들이 많앴어. 전주서 오고 대전서 오고 그래서 여자 학생들이 많애. 그런 게 여성농악을 만들었제.

노 여성농악을 만들기 위해서 온 거야?

김 아녀. 남원에 공부하러 와갖고 인자 단체를 만들어서 전부 농악치 고 댕겼지. 이름들을 다 몰라.

노 맞어. 옛날부터 창은 남원에서 배워야 되고 명창대회도 남원에 하나 있었잖아. 남원명창대회를 통하지 않고는 유명해질 수도 없고 그랬어.

권 사방에서 소리 공부를 하려고 온 거에요?

김 다 남원으로 온 거여. 대전서 전주서 다 남원으로 공부하러 왔어. 그러면 남원국악원 진토백이는 김영운 선생이, 그 양반이 뿌리야. 방송을 가자하면 서로 안 갈라고 그래. 방송비는 쬐끔 주는디 연습 할라면 몇 날 며칠 연습허냐. 그러면 연습 안 헌다고 김 선생님이 성을 내. "선생님 가면 다 할 텐게 염려 마시라고." 뭐 짐승 소리를 내라 해갖고 나는 고양이 역할하고 누구는 쥐 역할하고 누구는 개

역할하고 이렇게 한 방송이 있어.

권 방송도 다니셨구나.

김 그럼. 남원방송국 생겨갖고.

노 KBS방송국. 어린이 방송이야, 그럼?

김 어린이 방송이 아니지. 그래갖고 소리가 있어. 고양이 소리, 인자 선생님이 다 작곡을 해갖고.

노 한번 해봐봐.

김 모르지. 그 전인디. "에용~ 에용~" 그 소리뿐이 모른다.

권 그러면 다섯 바탕은 아니구만요?

김 다섯 바탕은 원바탕이고 이거는 잠깐.

노 그때 필요에 의해서 만든 건가봐.

김 그래. 그때 방송에서 인제 이렇게 청탁 들어온 대로 짜갖고 가거든. 국악으로 이렇게 각 짐승의 소리를 내서 방송 한번 냅시다 해갖고 방송국에서 청탁이 들어와, 국악원으로. 그러면 김 선생님이 다, 그 때는 텔레비전이 없었은께. 김 선생님이 다 갈켜. 개 소리면은 개 소리, 고양이 소리면 고양이 소리, 다 이렇게 가르쳐, 제자들한테.

권 판소리처럼 하는 거예요?

노 창을 짜가지고.

김 그게 뭐 판소리가 되간디, 그것은 인제 잡가지. 잡가가 되지. 그래 갖고 짜갖고 방송 넣어주고. 그리고 맨날 김 선생님이 애 많이 썼 어. 옛날 제자들, 애들이 참 많았어, 그때 학생들이. 그런께 남원여 성농악을 만들었지.

노 나도 김영운 선생님한테 공부를, 처음에 창을 김영운 선생님한테 배웠거든. 배웠는데 나중에 강도근 선생님한테 배웠고.

김 그렇지, 토백이가 김 선생님이야.

노 근데 내가 처음 뵀을 때 그분이 몸이 안 좋으셨어, 건강이.

김 으응, 조금 잠깐 안 좋으셨어.

노	안 좋으셔갖고 키는 큰데 허리가 꾸부정해갖고 약간 비틀어졌어, 이렇게. 근데 목청이 남자인데도 굉장히 맑고 좋아, 목소리 톤이.
김	송만갑, 송만갑 그 줄이여. 송만갑 바탕이라.
권	김정문 선생님 제자라고 들었어요.
김	그렇지. 하면. 김 선생은 진득하니 뿌리야. 남원국악원의 뿌리야. 남원에서 비를 세울라면 김 선생님 비를 세워줘야 하고 기려야 돼. 우리가 눈비 맞아가면서, 그 시초 국악원도 우리가 만든 거여, 그거. 김 선생님 성의로.
노	김영운 선생님을 좀 이렇게 기려야 하는데. 마지막에는 강도근 선생님이 남원에 와서 정착을 해가지고 마지막에 가르쳤고. 김영운 선생님은 일찍 작고를 하셨잖아. 그러니까 그 후대들이 많이 없어. 흩어져서 있고 떠나고 이래서 없는 거야.
김	그래도 김 선생님 제자도 많제.
노	있는데도 지금 활동이 없잖아.
김	남원만 해도 분순이랑 나랑.
노	제자는 있는데 그 제자가 대를 이어서 가르치거나 이게 없잖아. 그니까 대가 끊긴 거지.
김	대가 끊겼어, 맞아. 남원국악원 토백이는 김 선생님이여. 뭐라고 해도. 김 선생님 비가 서야 돼.
노	그분 소리의 대가 끊겨 노니까 그분을 지금에 와서 발굴하고 대가 이어지고 이래야 되는데.
김	남원국악원 발상시킨 데는 김 선생 공이 제일로 커. 터 잡은 게 김 선생이여. 국악원 기초자는 김영운, 그렇게 세워야 돼.
노	여성농악을 만든 계기가 국악원 운영이 어렵고 국악원이 없고 막 이런 운영난에 어려우니까 여성농악을 해서, 그 주도 역할을 김영운 선생님이 했다는 얘기지.
김	여성농악은 국악원 장만한 뒤에 생겼어.

권　그때 학생들이 많이 오면은 월사금 같은 거 받아요? 수업료를?

김　그렇죠. 그래 줘야지.

노　얼마였어? 언니는 얼마?

김　워따, 옛날 월급을 내가 어떻게 아냐? 하나도 모른다. 얼마를 드렸는지 모른다.

노　국악성지에 가면 선생님이 돈 받은 거 적어놓은 거 있어. 월사금 받아놓은 거. 국악성지에 가면 일기맹이로 써놓은 것도 있고.

김　거그 가면 김 선생님 올라가 있지?

노　응.

그전에는 각 가정에 회갑 돌아온다, 경로잔치다.
그러면 국악인들을 많이 불러다 써.

권　저 얘기 들기로는 어느 정도 하면은 시험을 보신다면서요?

김　그전에는 시험 없어. 시험 없고 소리를 어느 정도 하면은 명창 대회가 있어. 명창 대회를 열어. 그러면 거기 나가서 일등 하고, 이등 하고 그러제, 시험 보거나 그런 거는 없어. 실력자가 나가제.

권　아까 선생님 말씀 중에 놀음을 가신다고 할 때 그거는 아무나 나갈 수 있어요?

김　그거는 사사私事, 돈 벌기 위해서 나간 거여. 그거는 들을 필요가 없어.

권　아무나 돈 벌 수 있게 해주지는 않았을 거 아니에요?

김　아니여. 그건 자유여. 자기 실력대로 돈 벌어먹는 거여, 그때는. 그전에는 각 가정에 회갑 돌아온다 경로잔치다 그러면 국악인들을 많이 불러다 써. 그때 인자 삼인조면 삼인조, 돈이 좀 적은 집안에는 삼인조 부르고 돈이 좀 많은, 잔치가 좀 큰 집은 오인조를 불러. 지금 밴드 부르듯이.

권　세 명이면 뭐 뭐가?

김　창하고 무용하고 장구하고 가야금하고. 다섯 명이면은 창 하는 사람이 셋은 가야돼, 창은.

권　아, 창하는 사람이 셋은 가고 가야금하고 장구하고. 그렇게 팀을 짜서 가는 거예요?

김　그럼.

권　세 명이실 때는 가야금하고 소리하고?

김　없어. 장구도 없고 창으로만 갖고 하루 종일 놀아 주는 거야. 잔치를.

권　세 분이서? 근데 반주도 없어요?

김　그건 돌아가면서 쳐줘야지. 창하는 사람들은 장구고 장단 다 친께.

권　악기를 그면 갖고 가시는 거예요?

김　그럼, 그러지. 북 장구만 갖고가, 꽹가리하고.

노　장구만 있으면 판이 다 되잖아.

김　꽹가리 갖고 가서 나중에 어울러 줘야제. 창하는 사람들은 꽹가리도 다 치고 북도 잘 치고 장구도 다 치고 그래. 살풀이 장단 같은 거.

권　세상에, 요즘 밴드들이 해주듯이 그렇게 해주는구만요?

김　응, 그렇제. 지금 호칭해준께 국악인, 국악인 그러제. 그전에는 기생들이라고 그랬어. 근데 그 사람들이 호칭이 잘못 된 거여. 나중에는 나라가 이렇게 발전되고 그런게 요새는 국악인이라고 그러지.

노　수준이 좀 높아져서 그렇지, 어떤 사람들은 함부로 말을 해.

김　일반인들이 그러제, 여기 불러가는 사람들은 "국악인들 초청하러 왔습니다." 그래. 국악인이라고 불러, 국악 하는 사람들을.

권　가실 때는 공연복을 챙겨갖고 가세요?

김　한복, 한복만 챙겨 갖고 가, 갈 때는. 거기 가서, 그 집 가서 갈아입어, 한복으로.

노　그때는 밴드도 없었을 때잖아. 그러니까 전부다 국악인들 불러야 잔치가 되는 거야. 왜냐하면 창도 그렇고 무용도 그렇고 놀아주는 거, 홍 돋궈주고, 장단 하나로 유행가까지 다 하잖아.

김 국악인만 부르면은 가요까지 끄터리까지 휘날레를 다 해줘.

노 다 같이 어울마당을 해주는 거야.

김 그래갖고 그 뒤로는 밴드도 인자 전자오르간, 그런 사람도 초청해서 가면 우리 다 놀고 나면 밴드에다 잇어주지. 그것도 전부 가요로 인자 국악인들이 다 해줘, 밴드 맞춰서. 그 가정이 하기 전에. 나중에 그 가정 식구들 다 노래 불리지. 그럼 인자 그때 오부리를 걸지.

권 오부리가 뭐예요?

노 돈, 팁. 그니까 이 국악을 하는 사람은 다 할 줄 알아야 돼. 만능이 돼야 돼.

김 가요도 잘 해야 하고 육자배기로 싹 어울려 주제, 아리랑타령으로 어울려 주제. 국악인만 부르면은 밴드가 필요 없어. 북장단으로 싹 다 휘날레를 해줘버리니까. 밴드 오면 내나 해야 전자오르간뿐이 안 불러서 글제.

노 지금 시대는 국악인이 그렇게 하는 사람도 없고 그렇게 부르지도 않고 밴드 부르잖아. 그냥 밴드 불러서 자기네들끼리 놀고 그러지만, 그때 당시는 잔치를 했다 하면 꼭 불러야 돼. 이 사람들 있어야 잔치가 돼. 잔치 초청해놓고 흥이 없으면은 욕 얻어먹잖아.

예약을 하고 가. 남원여성농악이
이승만 대통령상 받은 뒤로 유명해져갖고는

권 선생님 말씀을 들어보면 국악원 건물 세우는데 선생님이랑 장흥도 선생님이랑 공연하고 수금해서 국악원 세웠으면, 월급 같은 거는 못 받으셨어요?

김 월급을 받을 수 있간디? 우리가 노력만 해주지.

권   그면 여기저기 초청공연 다니실 때 야참비 같은 것도 안 받으셨어
    요?

김   야참비 같은 거는 줘. 인자 단체 생활 하면은. 야참비 주고. 일당 쬐
    끔씩 붙어 나와. 좀 줘.

노   언니 월급은? 언니 여성농악 다니면서 월급 받고 다녔어?

김   여성농악, 아니 그때는 일당이 없었을 거이다, 몰라.

노   내가 월급 받아본 적이 없어서.

김   없어, 나도.

노   다른 사람은 받았나봐. 근데 나는 그냥 내가 좋아서 다니는 걸로 그
    랬지 월급을 받는다는 생각을 해본 적이 없어.

김   명색이 이름만 붙었지, 월급이랄 것이 안돼.

권   근데 주인공 역할을 하셨잖아요? 주인공 하셨으면, 요즘 같으면 포
    스터 같은 것도 찍는데 그런 거는 없었어요?

김   그런 거 없어. 남원여성농악단 통틀어서, 남원여성농악단 초청했다
    그러면 온통.

노   그래도 적어놓기는 하잖아, 큰 글로.

김   하면. 여성농악 들어온다 그러제. 이름을 누구, 누구, 뭐 상쇠는 누
    구, 부쇠는 누구, 소고는 누구 그런 거 안 적어.

권   그런 건 없고 남원여성농악이라고만 써붙이는고만요?

김   응, 그렇지.

권   그럼, 공연장은 어디 극장으로 가요?

김   학교. 학교 마당을 빌리던지, 농악인디, 어디 인제 논, 농악이 봄하
    고 가을하고 그렇게 두 차례 나가. 농사 안 지을 때. 연극은 극장을
    빌려서 가고.

노   내가 언니 어렸을 때, 여섯 일곱 여덟 쯤 그때 인월초등학교에, 인월
    초등학교 마당에 국악이 들어왔어.

김   보통 학교를 많이 빌려. 학교 운동장.

노 그때 언니들이 왔는지도 모르겠다.

권 그러면은 포장 같은 거는 안 쳐요? 학교를 빌리면?

김 포장 대충 치지. 그래, 광목으로 빙빙 둘러서. 근게 우리는 불려간 사람인게, 사갖고 가, 농악대를. 근게 우리 일당이 조금 할당이 되지. 그 주최 측에서 말하자면, 우리 동네에서 농악대를 불러왔다면 우리 동네에서 싹 가설극장을 만들어. 동네 자체에서.

권 그믄 낮에 해요, 밤에 해요?

김 낮에 한번, 밤에 한번. 낮공연, 저녁공연 두 번.

노 지금 생각하면 그 마을 유지들이, 말하자면 이번에 우리 마을에 뭔 일이 있으니까 이 사람들을 초청해서 공연을 하자, 그래갖고 돈을 갖고 와서 해주쇼 그러고. 데리고 날짜를 정해갖고 가.

김 예약을 하고 가. 그때는 원체 남원여성농악이 이승만 대통령상 받은 뒤로 유명해져갖고는 유명세를 타갖고.

노 몇 회였어, 언니? 예술대회 몇 회?

김 첫 회에 먹었제. 남원여성농악 처음 생겨갖고 처음 먹었지.

노 대회가 처음으로 생긴 거야?

김 어, 처음.

권 정읍 사람들이랑 같이 갔어요?

김 몰라, 나는 우리 단체뿐이 몰라.

권 남자 농악대는 안 갔어요? 다른 팀은?

김 몰라, 다른 데는 나왔는가. 하여튼 우리는 여성농악대라 인기가 대단했어, 그때.

권 서울 가셔가지고요?

김 응.

권 동대문 운동장?

김 서울 거그 뭔 운동장인지 모르겠네.

권 아무튼 운동장으로 가셨어요?

김 응. 운동장으로 갔지.

노 그때는 동대문 운동장 밖에 없었어. 효창 운동장하고 동대문 운동장.

권 그때 멤버들이 아까 장홍도 선생님, 그리고 선생님이 부쇠 치실 때예요?

김 응. 농악 처음 생길 때.

노 언니가 처음에는 뭐 쳤어?

김 소고 치다가 부쇠 쳤제. 배금홍 형님이 살았을 때 상쇠가 아니냐?
그러면 홍도 성이 부쇠제. 그러면 내가 끝쇠가 돼. 그렇게 됐제. 그
러고 배금홍 형님이 돌아가시고 난게 홍도 성이 상쇠, 그 다음에 내
가 부쇠.

노 그 단체에서 그렇게 일찍 돌아가셨어, 배금홍 씨가?

김 응. 올라가서 일찍 돌아가셨어.

노 젊은데? 나이가 많았어?

김 그때 나이로는 좀 젊제. 일찍 돌아갔지.

권 결혼은 안 하셨어요?

김 결혼은 했지.

노 그니까 장홍도 선생님이 그러더라고. 선배 언니가 있어서 내가 갔
다고 그랬잖아, 녹음했을 때. 그분이 배금홍 씨야. 그분이 얘기를
해서 그 단체에 내가 갔다고 하시더라고.

나 이제 세상 자랑 다 버리고 예수님 품 안에서 살아요.

노 언니, 남원에 춤 선생이 있었어, 한춤. 김계화 씨던가?

김 계화 씨하고 금난여관 그 이모하고 두 분이. 계화 씨가 선생이다시
피 많이 했지. 금난여관 그 이모는 활동을 많이 안 했고.

노 금난여관 그분은 내가 잘 모르겠고 김계화 씨는 내가 알아. 언니 옛
날 사진 좀 봐.

김　없어, 옛날 사진 별로 없어.

권　조광옥 선생님이라고 계시잖아요? 그분 동생이 있어요, 여동생? 조
　　금앵 씨라고 혹시 있어요?

김　조금앵 씨는 그 양반 딸이고. 조광옥 씨 딸.

노　창극단, 국극단의 조금앵?

김　아, 그 조금앵이 말고.

노　달라. 국극단 그 조금앵 씨 아냐, 아냐. 전혀 관계 없어.

권　아, 이름이 같아서.

노　근데 조광옥 씨가 특기가 뭐가 있는지를 몰라. 뭐를 잘 했어?

김　그 양반이 가야금.

노　가야금 하셨어? 가야금을 만드는 거를 내가 봤단 말야.

김　가야금을 조립할 때 네가 봤겠지.

노　아니, 실을 짜가지고 자기가 다 만들더라고. 마당에서, 그래서 내가
　　구경을 했는데. "이게 뭐예요, 선생님?" 했더니 명주실이라면서 이
　　쪽저쪽을 걸어놓고 돌려, 기계로. 막 뭘로 돌려갖고 실을 꼬더라고.
　　그걸 내가 봤어, 언니. 줄, 가야금줄을 만들어서 가야금을 얹는 거를
　　봤고 그 가야금을 또 어디서 만들더라고. 대패로 해가지고 통을 다
　　사다가 만들었어. 근데 누군가가 조광옥 씨가 만든 가야금을 갖고
　　있었거든. 내가 본 거 같애. 근데 줄을 만드는 건 내가 알아.

권　선생님 몇 년생이세요? 연세가 어떻게 되세요?

김　일흔여섯.

권　무슨 띠신데요?

김　용띠. 일흔여섯이면 41년생이지.

노　언니도 칠십여섯이나 됐대?

김　그렇게 안 보이냐?

권　그렇게 안 보이셔요. 그때 주인공 역할을, 장홍도 선생님이랑 그렇
　　게 주인공 역할을 하셨는데 한 번씩 하시고 싶으실 것 같아요.

노 언니가 딱 들어앉았어.

권 그렇게 스타인데.

김 내가 들어앉은 지가 참 오래 됐어. 남원여성농악대 돌아 댕기고 나
    서 바로 산골로 들어와 버렸어. 우리 아저씨 따라서 산으로 들어와
    버렸어. 그런게 강 선생이 그때 진주에 국악원 선생이 없었어. 강도
    근 선생이. 그 선생님이 "호랭이가 물어가네"를 그 소리를 잘 허거
    든. "아이 호랭이가 물어가네. 뭣허러 산골에 있어? 나오제! 진주국
    악원 선생이 없는데 진주국악원 선생 하러 가!" 그래서 "선생님, 나
    인자 가사 다 잊어뿔고 하나도 몰라." 다시 공부하면서 가 있으래.
    그래서 "선생님 나 이제 세상 자랑 다 버리고 예수님 품 안에서 살
    아요." 그랬더니 "호랭이가 물어가네." 산골에서 안 나온다고.

권 그때가 몇 살 때인데, 교회를 일찍 가셨나 봐요?

김 교회는 쉰 살에 들어섰지.

권 그때 한참 뒤에 일이시구나.

노 언니가 젊었을 때도 활동을 많이 안 했어.

김 장사를 시작해갖고 요릿집을 했지, 요릿집. 남원에서 하다가 전주
    가서 태백장 하다가 불이 나버렸어. 그래갖고 들어앉은 거여. 남원
    에서 명문장 또 하다가. 남원서 명문장 하다가 전주 가서 태백장 하
    다가 불이 나버렸지.

노 태백장이 뭐여? 요정이야?

김 응, 요릿집. 일류 요릿집이여. 유명한 집이여. 집이 세 채인디 두 채
    가 불이 나버렸어. 그 뒤로 남원으로 다시 왔제. 남원 와갖고 대폿
    집을 헐라고 허니 양이 차냐. 안 차제. 그럴 때 우리 아저씨가 그때
    망도[8] 했다가 다시 돌아올 때라 그래갖고 아저씨 따라서 여기 들어
    와 버렸지.

8 '도망'의 은어

권　그 요릿집을 한옥으로 그렇게 해요?

김　응.

노　언니 농악은 몇 년 동안 했어?

김　농악은 근게 춘향농악 생기면서 남원여성농악이 흐지부지 다 꺼져 버렸다. 내가 그만두고, 나는 그때 쌍계사로 들어가 버렸거든. 우리 아저씨 만나가지고. 작은딸 낳았을 때 들어앉았구나. 내가 산으로 들어온 뒤로 소식 들은게 남원여성농악은 깨지고 남원춘향농악대가 성하다고 소문이 났대. 근게 모르지, 그 뒤로는.

노　내가 춘향여성농악의 마지막 세대야, 언니. 깨질 때까지 내가 있었어. 남원여성농악이 왜 없어졌냐면, 춘향여성농악이 생길 때 허가를 춘향여성농악이 먼저 내버린 거야. 허가를 안 낸 단체는 못 하게 돼 있잖아. 그니까 흐지부지 없어진 거지. 단체가 공연을 못하게 된 상태가 되어버린 거지. 그래서 춘향단체는 흥해지고 남원여성농악은 시들해지고.

김　그래갖고 춘향농악도 몇 해 되더만은 또 깨져 불대. 없어져 불대.

노　하기는 오래 했는데 다른 사람이 사가고 그랬어. 부산에서도, 이 사람 저 사람한테 몇 번 넘겨졌어. 그니까 마지막에 우리가 공연이 없어가지고 구포에서 몇 달을 놀았거든, 겨울에. 그래갖고 놀다가 결국은 거기에서 깨졌는데 몇 사람이 그 단체를 인수받아서 하고 했어. 근데 이름은 내가 다 기억이 안 나도 내가 마지막 끝까지 지켜서 해산이 될 때까지 있었던 건 사실이야.

김　어쨌든 내가 우리 작은 딸 낳고 나는 들어와 버렸거든, 산으로. 그 뒤로 소식 들은게 남원농악도 깨져 불고 춘향농악대도 흐지부지 하니 그런 소식을 들었지. 남원에 집이 있은게 내가 한 번씩 가니까.

권　둘째딸이 몇 살이셔요, 올해?

김　개가 시방 호랭이띠. 쉰 몇 살이여?

권　쉰넷 정도 됐어요?

김　응, 그려. 작은딸이.

권　54년 전이네요. 그때쯤 남원농악대가 사라졌을 때구나.

내가 심청이 어머니 역할 했어.

흥부전을 했을 때는 흥부 마느래 역할을 했거든

김　곡성 총각이 하나 와갖고 상모 돌리고 그랬었지. 남원여성농악에
　　서. 곡성에서 상모 잘 돌리는 총각이 하나 있었어.

노　점식이는 아니고?

김　몰라, 나 이름은 몰라.

노　점식이가 잘 했어. 정점식이.

권　털 달린 거 말고요? 끈?

김　끈. 곡성 총각이 하나 있었어, 참. 점식이 말고.

노　점식이는 남원이여. 모르겠네, 나도.

김　전주에서 온 애들도 있고 근데 이름도 하나도 몰라. 다 잊어부렀제.

노　다 오래되고 퇴색돼서.

권　워낙에 오래된 일이라. 그런데 불현듯 떠오르시기도 할 거예요.

김　떠올라 봐야 남원 애들뿐이 없지, 뭐. 눈 큰 영자, 영순이, 다 남원
　　애들이니까. 또 순창 영자, 전주 민희, 그런 애들뿐이 몰라.

권　전주 민희라는 분은 뭐 치셨던 분이에요?

김　다 소고.

노　분순 언니 사진에 전주에서 왔는데 이름을 모르겠다는 그 분이 그
　　사람인가 모르겠네.

김　분순이한테 많이 있을 거이다, 걔들 사진. 나는 사진을 안 찍은게
　　몰라. 없어, 나는. 잘 안 찍어, 내가.

노　다 봐도 언니 사진이 없어.

권　그 말씀이 재밌어요. 순창 영자, 눈 큰 영자.

김 그렇게 뿐이 생각이 안 나. 난희 갸도 설장고를 좀 쳤었어.

권 미인들이 많으세요.

김 예뻐, 아주 갸는.

노 나도 언니 단체 초창기부터 너무 어려가지고 언니들 얼굴도 기억도
　　안 나고.

김 아니 근데 요것이, 우리는 얘를 그때만 해도 같잖스럽디 같잖스러
　　웠는디, 딱 마당쇠를 시킨게 제법 똘망지게 얼마나 잘했다고, 마당
　　쇠 노릇을, 홍부전에. 그래갖고 홍도 성하고 나하고 죽겠다고 웃었
　　어, 야 하는 걸 보고, 아주. 어린 것이 그렇게 잘 하더랑께.

권 몇 살 때셨어요?

노 그때? 72년도인가? 잘 몰라.

김 그때 어렸지. 내가 스무 살, 스물한 살 때니까. 아주 어렸지. 네가
　　시방 몇 살이냐?

노 예순두 살. 언니랑 열네 살 차이인데.

김 한참 떨어지지. 쬐깐한 것이 세상에 그렇게 똘방져, 애법 잘 하더라
　　니까. 그래갖고 얼마나 웃었는가 몰라, 야 때문에.

권 그때 보시기는 하셨구나. 장홍도 선생님이랑.

노 그러니까 연습할 때 뒤꼭지 본게 딱 언니더라니까. 그 사진 내가 줬
　　지? 강도근 선생님이 바둑판 위에 올라가 있고 나 앉아있고. 그 뒷
　　모습이 정화 언니다, 내가 그랬지.

김 야 때문에 얼마나 웃었는가 몰라, 하여튼 그때.

노 인기 좋았어. 극장에서 공연하고.

김 홍부전에서 마당쇠 역할이 보통 역할이 아녀. 그 판을 다 어울려야
　　거든. 아 그런디 요리 쫓아댕기고 조리 쫓아댕기면서.

노 그 다 살려야 돼, 마당쇠가, 그 역은. 강도근 선생님 나한테 많이 뚜
　　들겨 맞았어.

김 놀부 쫓아낸다고.

1972년 남원국악원 창극 「흥부전」 연습 장면 (노영숙 소장)
가운데 여성이 마당쇠 역의 노영숙, 마주보고 있는 남성이 놀부 역의 강도근,
사진 왼쪽 올린 머리를 한 뒷모습이 흥부 마누라 역의 김정화.

노   많이 뚜드러 맞았어. 그런게 나중에는 사정을 해. "야 야, 고만 좀 패라. 고만 좀 뚜드러 패."

(장소를 옮겨 권은영의 차 속에서)

노   그러한 멋쟁이들이 한량들이 인자 없어. 옛날 한량들은 북장구 다 치고 소리 하면 북 잡을 줄 알고, 안 그러면 멋쟁이로 끼지를 못해. 남원에 오면 기관장들, 판검사들, 경찰서장들 다 북을 배워야 혀. 아니면 술자리에 끼지를 못해, 노는 데에. 한쪽 구석탱이에 가서 있어야 돼. 기를 펴딜 못해. 지금은 시대가 바뀌어서 그런 사람도 없거니와 인자.

김   그런 안방장사 하는 사람도 없고.

권   안방장사가 뭐예요?

김   요릿집 보고 안방장사라고.

노   방석 깔고 앉으니까 안방장사라고 하는가봐. 나도 처음 듣는 소리네.

김   전부 인자 홀이잖아, 홀.

노   맞아, 언니. 언니 말대로 요정이 없어졌어. 그래도 서울 같은 데 어디 가끔 한정식이라고 해갖고 있는갑던디?

김   한정식 집에서 간혹 인자, 점잖은 양반들은 모이는 자리가 있지.

노   근데 인제는 앉아서 소리하고 불러놓고 하는 사람이 없어. 지금은 그런 자리가 없어졌어. 사라져가는 풍습이고 예술이고. 지금은 이게 있어. 우리는 실기 기술이 좋고, 먹고 살기 위해서 혼신을 다해서 열심히 배웠지만 지금 사람들은 먹고 살기 위해서 배운 게 아니라 자기가 기술을 습득하기 위해서 배우는 거잖아. 그게 몸에 배지도 않지만 그러니까 실기는 부족해. 그런데 이론적으로는 강해. 이론은 또 똑똑해, 공부를 하니까.

김   지금은 가르치기 위해서 제자들 키우기 위해서. 자기 명예 타고. 전에는 뭐 공부를 했간디.

노 옛날 사람들은 이론적으로는 안 배워. 실기만 해. 악보도 없고 입으로 전해지고 귀로 듣고 하고.

김 국민학교 나와서 했제, 대학 배운 사람들 없어, 옛날에는.

노 대학교를 감히 나와? 밥 먹고 살기도 바쁜디. 먹고 살기가 바쁜디 대학교는 뭔 대학교. 그리고 옛날 어른들은 여자는 배우면 안 되는 걸로 알았어. 우리 앞전의 세대들은 거의 다 여자들은 안 배웠어. 가르치면은 시집가도 시끄럽게 하고 아는 체 똑똑한 척 한다고 그래서 안 가르쳤어. 참 잘못된 생각이야. 참말로 잘못된 생각이었어.
  아까 언니가 나 마당쇠 할 때 잘 했다고 했잖아. 그 연극 연습할 때 다 그랬대. 저 연극 잘못 된다고, 못한다고 그랬대. 근데 내가 막상 무대에 올라가서 하니까 대히트를 쳐버렸잖아. 그니까는 사람들이 "와, 노영숙이 그렇게 볼 일이 아니었구나."

권 어디서 하셨어요, 공연을?

김 정화극장, 남원극장.[9] 이 극장 빌려서 하고 저 극장 빌려서 하고 그렇게.

노 그리고 순천 어디, 담양, 곡성 다 갔어. 그 뒤로 쭉.

권 순회를 하셨고만요.

김 골골마다 다 덮쳤지.

노 기억해줘서 고마워, 언니. 기억해 주는 사람 별로 없는디.

김 기억이 나제. 시피 봤거든, 말허자면 시피 봤는디, 아이고 얼마나 웃어났는지.

노 그때 내가 마당쇠도 하고 귀덕이네도 했어. 심봉사 귀덕이네 있잖아.

김 그거는 기억이 안 난다. 내가 심청이 모친으로 나왔잖애. 심청이 낳고 죽은 대목.

노 아 맞아. 그 귀덕이네 내가 했어. 그럼 언니하고 했다는 거네. 그거

---

9 이 극장들에 대한 것은 위경혜의 『호남의 극장문화사』(다홀미디어, 2007)의 298~301쪽 참조.

했어, 강 선생님하고.

김 내가 심청이 어머니 역할 했어.

노 그때 남원에 극장에서 강 선생님이 심봉사고, 언니가 애기 낳고 죽은 역할, 그른 나하고 같이 했네. 내가 귀덕이네도 했거든. 그것도 기가 멕히게 히트 쳤었어.

권 그럼 무슨 막, 무슨 막 있잖아요?

김 춘향전, 심청전, 홍부전 이래.

노 아, 그래서 연극 연습 하는 사진에 언니가 있었구나. 뒤통수 보이는 게. 그때 언니가 곽씨 부인을 했었구나. 그러고 보니 언니하고 했었네.

김 근게 중요한 거만 했는데 공연 날짜는 받아놨지, 감기로 어떻게 기침을 많이 해가지고 그 난리를 쳤지.

노 언니하고 공연을 했는갑다. 워낙에 내가 장난기가 심해갖고.

김 홍부전을 했을 때는 홍부 마느래 역할을 했거든, 내가. 근게 니가 마당쇠 역할을 한게 얼마나 우습냐.

노 맞어. 그랬네. 나 다 잊어불고 있었네, 나는. 새로운 사실을 발견했어. 언니하고 공연을 했다는 얘기여. 강 선생님이 나한테 그랬던가 누가 그랬던가 내가 연습할 때 시원찮게 한다고 나보고, 이 연극 망했다고 누가 그랬대. 근다고 극을 하는 사람을 바꿔야 될라는가 그런 얘기가 있었던 가봐. 배역을 누구를 바꾼다고 나하고. 내가 딱 그 소리를 듣고 그랬어, 선생님보고.

김 웃기기는 웃겨도 와이당[10] 같은 것으로 웃기지 그 역할은 못해.

노 그래서 내가 강 선생님한테 그랬어. "강 선생님, 내가 한다고 마음 먹고 내가 하면 끝까지 할 테니까 그런 걱정하지 마세요." 내가 그랬어, 언니. 그래갖고 그 역할을 내가 끝까지 차고 나갔던 거야. 누가 그랬대. 쟤 저거 안 되겠다고. 그 소리를 듣고 얼마나 열나. 그

---

10 わいだん[猥談]. 원래는 '음담(淫談), 음란한 이야기'라는 뜻이지만 여기에서는 '웃기는 이야기, 익살스러운 이야기'라는 뜻으로 사용되었다.

래서 걱정하지 마시라고. 내가 어떻게든지 하면 될 거 아니냐고.

그리고 귀덕이네 할 때 언니 첫국밥, 곽씨 부인 애기 낳고 첫국밥을 내가 갖다 주잖아. 그런데 분명히 상이 여기 있어야 되는데, 그 밥상 차려놓은 게 가서 보니까, "어이 귀덕이네 첫국밥 가져오소." 그러는디, 그거 가지러 가니까 상이 거기에가 없는 거야. 근데 내가 그때 처음 연극을 할 때거든, 첫 연극이거던. 얼마나 당황했겠어. 싹 돌아나오면서 그랬어. "아이고 심봉사님 어따 뒀는가 없네. 어디 갔어?" 그러고 내가 연극 무대로 나오니까 강 선생님도 아차 싶었는가봐. 그 갖다줄 사람이 '아이고 내가 잘못했구나.' 싶었는데 "아이고 내가 잊어불고 여기다 갖다 놨는갑네." 그러면서 내가 갖다 노니까 나중에 끝나니까 그러더라고. 강 선생님이 "야, 너 머리 좋다. 그렇게 말을 잘 둘러 붙였냐. 니가 처음이라 당황해서 어떻게 할까 그게 걱정이었는데, 야, 너 잘하드라." 그러시더라고, 강도근 선생님이.

권 와, 아찔하셨겠다.

노 내가 재치는 있었나봐. 근데 워낙에 우리 친구들끼리는 알아. 내가 너무 장난을 많이 치니까 연극을 못해, 나를 쳐다보고 웃니라고. 좋은 때였어.

이 국악 계통이 언니, 그 다음은 형님, 그 다음이 이모,
그 다음에는 어머니, 또 더 높으면 할머니, 이렇게 나가는 거여.

김 강초운을 언니라고 불렀어. 이 국악 계통이 좀 높으면 언니, 그 다음은 형님, 그 다음이 이모, 그 다음에는 어머니, 또 더 높으면 할머니, 이렇게 부르거던. 명칭이 그래.

권 아, 장홍도 선생님이 연세가 더 많으시고요?

김　장홍도 성이 초운이 성보다 더 먹었나? 거의 비슷할 것이다. 홍도 언니하고 그리 비슷할 것이다, 초운이 언니하고.

노　지금 장홍도 씨가 팔십오 세인데?

김　근게 홍도 성이 더 높은가보다. 더 높아, 초운이 성보다.

권　지난번에 안 선생님 보니까 이모들이라는 표현을 쓰시더구만요. 언니, 성, 그 다음이 이모, 어머니, 할머니.

김　성, 그 다음이 형님, 그 다음이 이모, 그렇게 나가는 거여.

노　근데 강초운 씨 언니는 몰라? 강산홍 씨.

김　강산홍 씨 알제.

노　그 사람도 남원에서 같이 초운 씨하고 강백천 선생님하고 같이 이렇게 살았대? 단체는 안 다니고?

김　그래. 강산홍 씨는 어디 단체 안 다녔어. 초운이 성도 우리하고 같이 안 다니고.

노　춘향여성 최초의 상쇠잖아. 강초운 씨가.

김　몰라, 나는. 춘향농악단은 몰라.

노　그믄 강산홍 씨도 남원에서 활동은 많이 안 했네.

김　많이 안 한 거 같애.

노　창을 그렇게 잘 했대.

김　강초운 성 그때 그 양반 창 따라갈 사람 없어. 즈그 성도 못 따라가고. 강초운 성 소리가 낫제.

노　아 그래? 강산홍 씨보다?

김　그래. 강산홍 씨도 잘 하기는 잘 했는데 강초운 성 소리는 박초월 씨 소리가 전무후무 듯끼 그 성 소리도 그래. 목이 그렇게 이뻐. 목이 굵거나 어찌거나 그런 거 없고 가냘프면서도 그렇게 이뻐, 목이.

노　그니까 잘 하고 특출한 기술이 있고 그러면 왜 이렇게 빨리 죽어. 빨리 요절을 해. 진짜 안타깝게.

김　너무 멋을 알고 살다본게 신경을 많이 써서 빨리 간갑다.

노 강산홍 씨가 이름만 있지, 그렇게 활동을 많이 안 하신 거 같애.

김 강초운이 성만큼은 이름이 안 떴을까, 그 당시에.

노 결혼을 일찍 했나?

김 결혼을 일찍 했을 거이다, 그때. 일찍 살림을 들어앉은 거 같애. 활동은 많이 안 한 거 같애.

권 선생님 고향이 어디세요?

김 순천, 전라남도.

노 근데 남원은 어떻게 오게 됐어?

김 강도근 선생한테 처녀 때, 열아홉 살 때 공부하러 들어왔제. 향교로, 처음에. 그래갖고 향교로 왔다가 인자 김영운 선생한테 광한루 그때 옛날 국악원, 광한루 옆에 국악원 있었거든. 전에 광한루 옆에가 시장이거든, 옛날에. 연못 옆에가 국악원이고. 분순이는 춤하고 설장고. 딱 춤을 추면 이쁘다. 분순이는 멋으로 쳐, 장고를. 춤을 춰봐라, 얼마나 이쁜가.

노 다 잘한다고 해, 잘한다고. 분순 언니 장구 잘 쳐.

권 근데 설장고를 서면 뭐가 더 좋아요?

김 내나 똑같애. 설장고는 수장고 아녀.

노 앞에 서면은 인기가 더 있는가?

김 다들 수장고를 많이 보지. 상쇠잽이 보듯기. 똑같은 가락이지만은 상쇠잽이를 보고 수장고를 보고 그러거든. 장홍도 씨도 소리가 좋고. 다 소리꾼들이 상쇠잽이 하고 역할들을 다 하지. 소리 자리께나 모두 헌께. 그래 인제 홍도 성하고 나하고 둘이 니마이二枚[11] 역할을 차고 나섰지.

---

11 '니마이(にまい)'는 주연 배우를 가리킨다. 정은영의 박사 논문에는 이 용어가 자세히 설명되어 있다. 인용하면 다음과 같다.

여성국극 배우 1세대에 속하는 조영숙은 자신의 자서전 『꺼지 않은 불씨』(수필과 비평사, 2013)에서 여성국극 남역배우의 공식 명칭에 대해 다음과 같이 밝히고 있다. "공연 작품이 정해지면 대본을 인쇄하게 된다. 그때 첫 페이지인 '이찌마이(いちまい)[一枚]'에는 공연단체를 이끄는 단장 이름과 작품명이 들어간다. 그리고 두 번째 페이지인 '니마이(にまい)[二枚]'에는 남녀 주연급들의 명단이 들어간다. 그리고 세 번째 페이지인 '산마이(さんまい)[三枚]'에는 비

노　근게 그 두 분은 다 결혼을 해가지고 세상하고 담을 쌓고 산 거지. 결혼하면 그때 당시만 해도 이게 내놓고 할 때가 아니니까 가정을 위해서 남편의 체면을 위해서, 또 자식을 낳으면 자식들 손가락질 받을까봐, 그러다 저러다 보면 그 좋은 기술 다 묻혀버리고.

김　그전에는 창을 하면 기생이라는 소리를 잘 혀. 전에는 당골네들이 창을 배웠고, 뭐 무당들이 배웠고 백정들이 배웠다고 해갖고 그렇게 무시했거든. 근디 지금은 인자 학생화 되어갖고는 그런 거 없제. 그런 소리 했다가는 칼부림 나제.

권　근데 또 동간이라고 하는 사람들이 잘 하지 않아요?

김　잘 혀. 좀 틀려. 재주가 틀려. 다 그 계통이라, 전부.

노　뱃속에서부터 들었으니까. 연구적으로도 나와있는데 피아노 치는 사람들도 엄마 뱃속에서 계속 피아노 듣고 나오니까 그 아이들이 커서 자동으로 음악가가 되는 거야. 그래서 자연적으로 자기도 모르게 그게 배어있는 거야.

권　남원국악원에서도 동간이라는 말 들어본 적 있으세요?

김　그런 소리 맨날 듣제. 동간들이라고 그려. 옛날에는 동간들이 소리 했제.

노　그렇지. 모르는 사람은 못 하지.

김　재주가 틀려.

중있는 남녀 조연급들의 명단이 들어가는 것이다. 그래서 '니마이=주연', '산마이=조연'이라는 의미가 성립된 것이다. 공연 활동을 시작한 지 채 일 년이 안 되는 햇병아리 시절의 1952년 겨울, 〈대춘향전〉 공연 때 이런 얘기를 처음 들었다. 광복이 된 후에도 연극인들은 일제강점기 당시 습관처럼 쓰던 일본말을 연극 용어로 계속 써왔던 것이다."(143쪽)

정은영, 「성별의 정치학과 불화의 미학 : 〈여성국극 프로젝트〉를 중심으로」, 이화여자대학교 조형미술학과 박사논문, 2015, 8쪽 각주 16.

배분순, 노영숙과 함께 광한루를 거닐며

김 여기가 국악원 들어오는 골목이라. 째깐이, 길이. 여그가 국악원. 여기 국악원 들어오는 길은 협소해, 쪼꼬만해. 그래갖고 여그가 국악원 자리인디 우리가 돈 벌어서 농악 치고 단체 생활 해갖고, 저그가 국악원이었었고. 명지호텔 자리 그 앞에 거기서 하다가 우리가 농악 치고 단체 생활 해갖고 돈 벌어서 저짝 부인병원(현재 오산부인과) 앞에 거기가 국악원이었었고. 그 다음에 여기가, 다음에 요리 왔는갑다.

노 부인병원 앞에 주조장 있고 그랬잖아.

배 응. 남원주조장.

노 그니까 내가 강백천 할아버지하고 거기서 살았지.

김 요리 와갖고 광한루 확장된 뒤에 여기 어디가 국악원이었었어. 그래갖고 그때 춘향전 연습하고 그랬어. 우리가 연습한 자리는 저 자리여. 저기 간판 섰네, 저기 저.

노 지금 공사하는 데 거기가 국악원이었어.

김 임시 국악원 있었어, 거기가. 임시 국악원. 그래갖고 저 건네로 갔지.

노 저 건너 승사교 다리 건너로 갔지.

김 그 뒤로. 그래갖고 그 다음에 저리 갔구만. 차례가 그래.

배 이환량 씨는 고개를 한들한들 하면서 "돌아 돌아 돌아, 어허 쟈는 안 도네. 돌아, 어서 돌아. 요쪽으로 돌아, 저쪽으로 돌아." 그래갖고 고개를 체머리를 흔들어. "아가, 왜 너 안 도냐?" 그럼 나는 또 따라서 선생님 흉내 낸다고 "돌았어요." 그러면 "이놈의 가시내, 못 됐네." 아이구 참, 옛날 얘기다. 이환량. 되게 사나웠어. 이환량 씨 알아줬어. 아주 공부도 많이 한 사람이고 알긴 아는 사람이야.

김 김광식 원장도 이환량 원장도, 또 있지. 그 신문기자? 이름 이제 잊어버렸네, 하도 오래 돼서. 김광식 원장 할 때 농악이 많이 돌아댕겼던가?

광한루를 거닐며 여성농악을 회상하는 김정화, 배분순, 노영숙 (위)
광한루에서 남원국악원의 옛터를 가리키는 김정화 (아래)

배 김광식 원장은 국회의원 기호 2번에 자유당 때 나왔다. 자유당 국회
　 의원 기호 2번. 김광식 원장이 원장 하면서 출마했어, 벽에다 붙여
　 졌어. 후보, 당선은 못 해도. 공부 많이 한 사람이야.

김 저 귀퉁이에서 모찌떡 구워서 팔면 많이 사먹었다, 여기서. 모찌떡
　 구워서 팔거든.

배 여기를 왔는디 선생님한테 공부하다가 "왔단 말을~" 그런게로 아,
　 잠이 오더라고. 잔게 "아가, 잠순아." 김영운 선생님이 "또 자냐?" 에
　 이 그 소리 듣기 싫은게 뒤안으로 "오줌 좀 누고 올게요." 그런게
　 "빨리 들어오니라." 근데 변소 가서 오줌 누고는 요 뒤로 와갖고 오
　 닌게 엿장사가 엿치기를 하고 있더라고. 그서 엿장사 앞에 가서 달
　 라붙어갖고 확 불어갖고 후~ 그런게 두 개를 내가 따먹었어. 아 그
　 러더니 총무, 그때 총무 공태수 씨. 공태수 씨가 자기 아버지가 한
　 약방을 했어.

김 공태수 그 양반이 시조를 가르켜.

권 시조도 배우시는구나.

김 국악인들 시조 다 배우지.

배 한자는 안 갈켰가니? 한자도 다 갈켰어. 나 댕길 때만 해도 한자를
　 김광식 씨한테 배웠어. 칠판을 앞에다 갖다놓고 옥편을 딱 갈킨 거
　 야. 그래갖고 하늘 천에서부터 배우고 그랬어. 우리 때만 해도 한자
　 배웠어. 농악만 배운 게 아니었어.

여성농악의 간판스타,
국악 엔터테이너 오갑순

가야금병창을 하는 오갑순

3

구술자	오갑순 (1943년생)
조사자	노영숙
일시	2015년 11월 10일
장소	서울 서대문구 오갑순 민속연구회

여성농악의 간판스타,
국악 엔터테이너 오갑순

남원국악원 사람들

오　옛날에 소리 잘 하고 무용 잘 하는 사람들이 저정그러져 버렸어. 그래서 고깔 쓰고 기술 발휘하면 궁뎅이가 들썩들썩 하고 돈을 가마니로 받았어. 못 먹고 살았을 때도 가마니로 받았다고. 여자들이 고깔 쓰고 이쁘게 저정그러져 갖고 그 놀음으로 봤지, 농악을.

노　제가 알고 싶은 거는 춘향여성농악이 생기는 과정을 제가 듣고 싶어요. 이제 남원여성농악에서 분리되어서 나왔잖아요? 그래서 남원여성농악이 아니고 춘향여성농악으로 된 거잖아요?

오　춘향국악원이 생겼지. 그것을 우리 양어머니가 만들었다니까. 나를 위해서 만든 거라. 강금순[1] 씨 그분이 칠선옥, 거기에 소전이 있었어. 거기에는 서커스도 들어 왔었고.

　　처음에 내가 국악원에 들어가고 할 때는 유지 분들이 다 원장님이셔. 사람이 별로 많이 없었고. 농악도 이제 소리 하시는 분들이 꽹가리 치고 장구 치고 했었고. 그 유지 분들이 우리 국악원의 원장님, 부원장님, 총무님 이런 분들이었지. 약방 하시는 공돌 선생님이라고 계셔. 공돌 선생님이 한의원 의원이시다고. 그 분이 총무 되시는데

1　앞서 나왔던 칠선옥의 주인 강선화와 동일인으로, 강도근 선생의 친여동생이다. 선화는 예명이고 금순은 본명인 것으로 추정된다.

시조 선생이시고. 또 목욕탕 하시는 조광옥 씨, 그분이 제일 잘 살았다고. 거기가 정악 하시는 분들이 한 그룹이 있어요. 그 분들이 국악원의 회원들이었다고. 인제 우리는 처음에 양금부터 배웠어, 양금부터. 그러고 나서 가야금, 가야금을 풍류부터 한 거지. 사십팔 장, 정악을 했다니까. 양금 정악을 하고 또 가야금 정악을 하고. 그러고 나서 한참 동안 있다가 강선화 씨한테 산조를 해서 서울에 와가지고 박정희 의장 시대 때 내가 와서 내가 가야금 산조를 KBS에서 일등인가 했을 거야. 남원 방송국 주최로.

그런데 그 국악원이 정월달만 되면 선생님들이 대포수 만들고 고깔 만들고 해서 회원 선생님들 집에 액맥이굿을 해. 집집마다는 아니고 부자 양반들 집에 가서 마당에 가서 치고 부엌에 가서 치고 장독에 가서 치고 뭐라고 뭐라고 하는 말이 있어. 다 선생님들이 하셨다고. 근게 김영운 선생님, 강도근 선생님, 그 사람들이 아니면 남원에서 국악의 맥을 못 이었다고. 그분들이 국악의 맥을 이었어. 강도근 선생님, 그분이 문화재가 되셨지. 그러고 저 순천에서 박봉술 선생님이 만날 오셨고. 강도근 선생님하고 조調가 같으니까. 유지분들이 소리 듣는다고 하면 강도근 선생님하고 박봉술 선생님이 주고받고 소리를 하고 그랬어. 우리 양어머니 집에서. 그니까 우리 칠선옥 집이 유지들 사랑방이야.

또 주광덕 선생님. 주광덕 선생님이 우리 집에, 칠선옥 집에 방이 많으니까 그 집에서 방을 하나 얻어갖고 기거를 하셨는데, 거기에서 「유관순 전」을 가르치시고. 「유관순 전」이 그 선생님의 특장이거든. 소고놀음도 잘 하시고 무용도 잘 하시고 그러셔요. 그래서 강도근 선생님이 지방 국악원에서 삼 개월씩 초빙이 돼서 남원에 안 계실 때, "너 나 없을 때는 유관순 전을 해라." 그래갖고 주 선생님한테 나도 「유관순 전」을 한 바탕 했잖아. 근데 이분이 못 하시는 것이 없어. 옛날 선생님들은 못 하는 것이 없어. 그냥 장구, 꽹가리, 전부 다 해버리니까 춤을 추면 멋들어지고, 소고놀음도 잘 하지, 징을 들면 징채를 가지고 멋을 내지. 뭣이든지 다 한다고.

여성농악의 시작, 남원여성농악단

오 그런데 어느 날, 그러니까 이승만 대통령 생일이 내년이라면 신문을 보고 그러더만. 금년에 우리가 액맥이굿을 했어. 액맥이굿을 할 때 우리는 만날 소고 들고 다니면서 무용 선생님 따라서도 하고 지어서도 하고 그렇게 했다고. 우리가 무용을 좀 하고 그러니까. 그랬는데 주광덕 선생님이 앞에서 장구를 치시는데 너무너무 잘 치시는 거 있지.

노 그때는 남성들만 이렇게?

오 아니, 소리 하는 사람들 모두. 장홍도 씨나 이런 사람들도 소고 치고 징치고 다들 선생님들이. 강도근 선생님도 꽹가리 치시고 김영운 선생님도 꽹가리 치시고 다 그렇게 했다니까, 그때에는 전부다. 손을 들기만 하면 다 굿이 되어 버려. 그러니까 다들 저정그러졌지. 그래가지고 내가 이제 소고를 치는데 주광덕 선생님이 너무 멋지게 잘 하시는 거라. 농악을 한 보름 동안 치는데, 내가 그 다음날, 그 원장님 이름도 몰라, 옛날에 유지이신데. "원장님 나 장구 하나 사주세요." "왜?" "저 주광덕 선생님 뒤에 따라 다니면서 흉내 낼래요." 그랬더니, 내가 체구가 작았거든. "장구가 너보다 큰데 어떻게 맨단 말이냐?" 그래서 "아, 그냥 하나 사주십쇼." 그래갖고 장구를 샀는데, 장구가 나보다 더 커. 그것을 매고 주광덕 선생님 하는 대로 내가 흉내를 냈다니까. 흉내를 내고 했더니 막 박수가 나오고 난리가 난 거라.

노 그러면 여자로서 최초로 장구를 치신 거네요?

오 최초로 장구를 친 거야, 내가. 최초로 여자로서. 주광덕 선생님을

1960년 남원여성농악단이 참가한 제 1회 전국농악경연대회 기사(「농악경연대회」, 『동아일보』, 1960. 3. 27.)
"농악경연대회 26일부터 27일까지. '대한농악예술협회'에서는 농악의 보존 향상과 농민의 사기 앙양을 위해 제1회 전국농악경연대회(도 대표 농악예술대항전)를 26일 상오 10시부터 27일까지 서울운동장(야구장)에서 개최한다."

보고 그대로 따라 했다니까. 흉내를 내고 그렇게 하니까 우리 원장님들이 보고 '아, 여자로만 이렇게 해서 여성농악을 하나 만들면 되겠다.' 그래갖고 신문을 보더만은 내년에 이승만 대통령 생일 때 공설운동장에서 농악대회[2]를 하니까 여자들로만 해가지고 단체를 만들자 그랬다고. 그때 시대에는 농악은 남자만 하는 것이지 여자가 하는 게 아니었잖아. 그런데 내가 장구를 치면서 춤을 추고 그러니까 멋이 있었던가봐. 그래서 여자로만 농악을 하자 해서, 여자들로만 단체를 만들었다고.

노 여성농악이 생긴 게 최초?

오 그러니까 내가 장구를 처음으로 맸다니까. 주광덕 선생님을 보고. 나는 주광덕 선생님 가락인데, 판굿을 하게 되면 거기에 응용을 해서. 자기가 머리 영리한 사람은 다 한다고, 많이 배우니까. 그렇게 해가지고 서울에 와서 여자들이 고깔 쓰고 저정그러지고 하니까 사람들이 좋아서 미쳐버려. 공설운동장에서 그냥 대통령상을 딱 줘버렸네. 나는 개인놀음을 하니까 나한테 개인상 줘버리고. 난리가 나고 전국이 떠들썩했어, 말도 못하게. 그래가지고 남원의 방송국이

---

2 이때의 동영상 자료를 인터넷에서 검색하여 여성농악단의 공연 장면을 짧게나마 찾아볼 수 있었다. 「경축 리 대통령 각하 제 85회 탄신」, 『대한뉴스』 258호, e영상관, 1960. 4. 1.

고 지방에서 다 해가지고 칠선옥, 우리 집 앞 소전 앞에서 '시민 위
안의 밤' 공연을 했는데 난리가 나버린 거야. 뒤집어져 버렸어. 여
성농악이 대통령상을 탔다고, 신문에 5대 신문에 다 나버리니까.

춘향여성농악단으로 분리

오 남원여성농악단에서 이제 알력이 좀 생겼어. 그게 인자 우리 양어
머니한테 김영운 선생님이 형부라. 그래서 되겠느냐, 뭐 이런 식으
로 해가지고는 "거기 나가지 마라. 나가지 마. 오빠, 여기서 춘향국
악원 하나 세워. 너는 나가지 마." 이렇게 되어 가지고 춘향국악원
을 세우고 농악단을 조직을 했어. 그때 나금추 언니는 광주에 있었
는데, 내가 나금추 언니한테도 "언니 우리 춘향농악단 분리가 되니
까 이리 오쇼." 그래가지고 나금추 언니가 춘향으로 왔어. 여기서
징을 치다가, 끝쇠도 하고 나중에 상쇠로 올라왔지. 그렇게 조직을
해가지고 춘향여성농악이 흥행해서 난리가 나버렸어. 사업부는 가
난하고 요거 할 수 있는 애들을 모집을 해. 또 틈틈이 데리고 다니
면서 가르친다고.
선생님들 전부 다 모시고 다녔지. 정오동 선생님을 우리가 춘향여
성농악에서 모셔버렸어. 합숙을 삼 개월 동안 들어가서 가르치는데
정오동 선생님이 가르치시고. 그리고 장구 선생님은 김병섭 씨를
모셔왔는데, 잠깐 하고 남원국악원으로 가셨어. 그래서 할 수 없이
장구를 내가 가르쳤어. 정오동 선생님은, 그렇게 멋이 있을 수가 없
어. 참 멋있어. 춤도 멋도, 탕 탕 풀고 가다가, 뭔 가락 하나 착착착
하고, 또 풀다가 또 다른 가락 하나 내고. 이래야만 그것이 멋이 나.
장구도 마찬가지야. 내 설장구는 판굿 속에 있는 가락이 다 들어가
있어, 쪼끔씩 전부다. 10분 이상으로 끊어서 했지만은 한 바탕이 들

어가 있어. 그러는데 인자 다 마무리가 되어서 춘향여성농악이 나오니까 난리가 났지.

소리를 하고 다양하게 다들 해야 돼. 옛날 사람들은 장구도 잘 치고 다 했잖아. 그것만 했지. 요새는 학교 다닌다고 해가지고 그렇게 못해. 배불러서도 그렇게 안 하고. 우리는 조직을 딱 하면은 빈 집으로, 저 외딴 집, 마당 넓은 데로 한 채를 빌려갖고 밥 하는 사람 두고 들어가 버리잖아, 삼 개월 동안. 연습을 하루 종일 해요, 하루 종일. 그러니까 삼 개월 동안 하다 보면 시로도[初步]들도 잘 하게 된다고. 지금 그렇게 할 사람이 어디가 있느냐고. 배불러서도 안 해. 그때는 농악단 공연에 서면 초보들도 무조건 5백 원씩을 줬다고. 초보는 5백 원을 주고 그 다음에 좀 할 줄 알면 천 원씩 주고, 그 다음에 강초운 씨나 우리 같은 사람은 2천원이었어.

노 저는요. 춘향여성을 몇 년을 다녔어도 돈을 받아본 적이 없어요. 야참비 외에는. 지금 생각해보면 저를 누가 챙겨주는 사람이 없으니까 나를 돈을 안 준 거 같아요.

오 왜 그랬을까? 왜 그랬는지 모르겠네. 애를 가르칠 때는 처음에는 무조건 돌무를 씌워서 돌리라고 그러고, 못 하면은 막 따라다니라고 그러고. 귀가 뚫어져야 돼, 조금씩 조금씩. 나중에 소리도 강도근 선생님한테 배우고 내가 조금씩 가르치기도 하고 그랬지. 그리고 강초운 씨 아버지, 강백천 선생님. 그분 새납에다가 대금에다가, 우리 강도근 선생님 소리에다가, 모시고 다니면서 공부를 다 하고. 비만 왔다 하면은 소리 공부 하고 또 뭐 작품 짜고 그랬다고. 옛날 선생님들은 다 멋들이 있어 노니까 가락을 만들어서 저정그러져. 소리 하는 사람이 춤 못 추는 것이 아니야. 다 잘 해, 전부 다. 그래서 우리 춘향여성농악이 뒤집어져 버렸지, 더 소문이 나버렸잖아.

노 인기가 아주 하늘을 찔렀잖아요. 농악 여성 그룹으로.

오 아, 그러니까 강초운 씨 가락에 맞춰서 내가 장구를 치면 객석에서 난리가 나. 그때 당시에 마산에서는 정읍농악 전사종 씨 있지? 전사섭 씨, 전사종 씨, 그 농악단을 불러서 같이 합동공연을 붙인 거라. 마산 소방서에서 기금을 하려고. 정읍농악이 유명하니까 춘향여성하고 두 팀을 단매[3]를 해가지고 공연을 하는 거라. 판굿이 두 개가 끝나면 전사섭 씨하고 나하고 둘이 설장구를 시켜, 객석에서.

노 쌍장구로?

오 나오라고 해갖고 쌍장구 한번 해보라고.

노 같은 장소에서 같이, 정읍농악하고 춘향여성농악하고 서로 번갈아 가면서 한 거군요? 섞지 않고?

오 그렇지. 안 섞고 우리 팀은 우리 팀대로 하고 쉬고 있으면, 그 팀은 그 팀대로 하고 나서 쉬고 .

노 그 팀에는 남자들만 있고?

오 남자들만 있고 돌무 돌리고, 여기는 여자들만 있고. 그러니까 그 사람들도 소방서 기금을 만들려고, 돈을 벌라고 그렇게 한 거라. 단매를 해서, 마산에서. 그런데 전사섭 씨도 그때 남자로서는 인기가 많았다고. 그러고 전사종 씨가 또 얼마나 꽹가리가 뒤집어지냐고.

노 야물지 야물어, 아주 그냥.

오 전사종 씨가 꽹가리 살살 살살살 거기서 달아준다고, 거기서. 그러면 전사섭 씨하고 나하고, 전사섭 씨한테 장구를 언제 배워본 적이 없는데, 전사섭 씨 하는 대로 하는 거라. 잔가락이 많잖아. 많아도 따라가. 박자 리듬 가락이 한배가 차면은 어떻게 나온다는 게 머릿속에 오잖아. 그 사람을 따라서 맞춰주는 거라. 안 맞춰 봐도 머릿속에 한 배가 오니까 "얼씨구, 좋다!" 난리가 나. 미리 하나도 안 맞춰봤어도.

노 전사섭 선생님은 후두둑 가락을 너무나 잘 하시잖아요.

---

3 공연 팀 전체를 돈을 주고 불러오는 것을 말한다.

오   이제 그래갖고 더 인기가 많아지고. 그래서 돈을 가마니로 받았다니까. "장구의 왕자 오갑순이." 부산을 들어가면, 인기가 좋으니까 여러 번 들어가는데, 세 번 들어가면 "또 왔다, 오갑순이." 이래 가지고 인기가 많았지. 그래가지고 면면촌촌, 읍내에서, 소방서에서 보름씩 계약을 하는 거라. 기금 조성하느라고 보름씩 계약을 해가지고 걸립을 했잖아. 논배미에다가 포장을 치고 손님이 많으면 한 달 간 하고, 하루에 4회 공연씩. 그 다음에 빨라야 보름씩. 장마가 지면 선생님들 모시고 다니니까 소리 공부하고, 모두 그런다고. 그때는 다들 소리 하는 사람들이기 때문에 「농부가」, 「물레타령」 다 했다고. 뒤집어지게 안하면 안 된다니까. 멋으로만 가지고 저정그러졌어. 전부 소리를 해가지고.

그니까, 그때는 돈도 없는데, 못 살았어도 왜 그렇게 사람들이 좋아했는가 몰라. 하루에 4회 공연을 하는 거야. 농악만 치면 너무 지루하니까 무대에서 여러 가지를 해요. 가설무대를 지어가지고 한 시간 반 정도를 토막극을 했어. 돌남이 역할, 홍보 쫓겨나는 대목. 그 다음에 부채춤도 추고. 나는 가야금병창을, 「사랑가」를 강도근 선생님한테 배웠어. 소리 하는 사람이 많아서 나는 소리는 안 하고 가야금병창을 했는데, 강도근 선생님이 가르쳐줘서 「사랑가」를 내가 병창으로 했잖아. 나중에는 너무 너무 인기가 좋아져가지고 그때는 내가 멋도 많이 부리고 액세서리도 많이 달고 이러니까, "저거 오갑순이 번쩍거리는 것이 이 대통령 상이라고" 사람들이 그랬어. 그 지방에 세 번씩 들어가면 "왔다, 오갑순이 또 왔다." 맨날 "장구의 왕자 오갑순이 또 왔다." 그래가지고 돈을 벌어서 우리 어머니 집에서 논을 스물두 마지기 샀다는 말이 있어. 하여튼 돈을 긁었다니까. 그래서 남원여성농악이 난리가 나버렸지.

칠선옥에서, 국악 스타로의 준비

오 단체를 만든 우리 양어머니가 참 똑똑한 사람이야.

노 보스 기질이 있어요, 여자 분이.

오 아주 똑똑한 양반이었어. 어릴 때부터 내가 이걸 배우려고 한 것이
    아니에요. 우리 형제가 9남매인데 내가 맏이에요. 그래서 양딸로 가
    게 됐는데, 우리 어머니가 나를 양딸을 삼았지. 우리 어머니가 하시
    던 칠선옥은 장날만 장사하잖아. 순천의 박봉술 씨가 오고 그러면
    유지들이 소리를 들으려고 칠선옥으로 와. 맨 소리여. 그러면 나는
    부엌 아궁이 앞에서 불을 때다가 앉아서 싹 들어. 그때 당시에 홍타
    령이고 육자배기고 뭣이고 다 꿰어버린다고. 그래가지고는 어느 날
    소리를 배우라고 해서 한다고 그랬지. 그래놓고 한참 하고 있는데
    우리 아버지가 소식을 듣고 내가 소리를 배운다니까 오셔갖고 난리
    를 치시지. "너 어쩔라고 그러냐?" 그래서 내가 그랬지. "아버지 내
    가 이거 성공해갖고 돈도 많이 벌고 유명한 사람 되겠다고." 그때
    임춘앵 씨 단체를 보여주더라고. 국극단, 임춘앵 씨가 신이야, 신.
    그래서 저렇게 못 하는 것이 없이 잘 해야 되고 유명한 사람이 될
    거라고 했어. 그때는 그런 거 하면은 안 좋아했잖아, 사당질이라고.

노 그니까 국극단이 먼저 있었네요?

오 있었어. 임춘앵 씨 단체. 그래서 내가 더 열심히 여러 가지를 했지.
    내가 총기가 좋아. 내가 정이 많은 사람이라 놔서, 소리 잘 하는 언
    니가 있으면 부러워서 따르고. 시조가 징그럽게 하기 싫은디 시조
    선생님은 나 데려다가 시조를 가르치고. 그래서 내가 시조로 오동
    도에 가서 특상을 받았잖아. 무용 선생은 무용 선생대로 그러지, 장
    구는 장구대로. 장구 잘 치는 양반이 농악도 잘 하는 철공소 아저씨
    가 있었어. 그 양반이 장구 선생을 하는디 자기도 또 가르치고 싶어
    해. 자기 제자로 두고 싶어서. 장구를 잘 배운다고, 내가.

칠선옥에서 함께 지내던 이희숙이 소장하고 있던 오갑순 사진(오른쪽에서 첫번째) (위)
오갑순을 그리워하며 사진 뒷면에 적어놓은 이희숙의 글 (아래)

노   뭐든지 배우면 흡수를 잘 하고 잘 배우시니까.

오   소리 배우는 사람들이 절로 백일 공부를 들어가면, 인자 전주에서
     어디서 다섯 명씩 돈을 걷어서 강도근 삼촌한테 배우러 삼 개월 동
     안 남원산성으로 들어가고 그랬다고. 강도근 선생님이 양어머니한
     테 "얘는 기질이 좋으니까 잘 가르치라고. 맨 일만 시켜먹고 시간을
     안 주니 언제 배우냐? 요번에 쌀 서 말만 내라 학비 안 받을 텐께 백
     일공부 시키라고." 그런 적도 있었어. 그러니까 산조는 어머니 잘
     때 일곱 시부터 아침 네 시까지 타고. 아침에는 목 푼다고 요천수
     물로 가잖아. 잠을 언제 잘 시간이 없었어. 우리 양어머니가 불 때
     라고 그러면 어머니가 음식 할 때 나는 불 때면서 거기서 한숨 자고
     그랬지. 잠을 언제 잘 새가 없었어. 잠이 부족해도 그렇게 공부했다
     고. 그렇게들 했으니까.

진통제를 맞고서라도 장구는 쳐야…

노   남원에서 하여튼 유명한 일화를 들었어요. 옛날에 설장구를 얼마나
     지독하게 치셨냐면, 여름에 하도 장구를 치니까 염증이 생겨가지고
     고름이 나는데도 장구를 치셨다고.

오   장구 매는 겨드랑이 쪽으로 염증이 났는데, 가제gauze에다가 고름
     을 짜갖고, 가제에다가 고름을 짜면 얼마나 아파. 그때 마산을 갔는
     데 첫날 하루 공연을 했어. 근데 여기서 곪은 게 터져버린 거야. 겨
     드랑이 옆으로, 열채 쪽이 아니고 여긴데 그래도 장구를 그냥 쳤어.
     양어머니한테 말 안 하고 나 스스로 고약이랑 붙이고 했어. 근데 여
     름에 그게 커져가지고는 막 고름이 질질 나니까 새벽에 병원으로
     싣고 간 거라. 어매, 이거 잘못 하면은 죽는다고 그래갖고 심을 열
     두 바늘을 박았잖아, 여기에다가.

1961년 민속예술경연대회 단체 사진 중 일부 (전라북도 소장)
사진의 오른쪽에 장구를 매고 있는 사람이 오갑순이다.

노 지독하다고 소문이 났었어요. 그래도 장구는 꼭 치고 그랬다고.

오 우리 양어머니가 방방 뛰어. "아프면 진작 말을 할 것이지 호미로 막을 거 가래로 막는다고." 난리가 나버렸어. 병원을 갔다 오느라고 1회 공연 때는 내가 못 나갔지. 여기에 열두 바늘, 열두 심을 넣어갖고는. 그래서 나 없이 1회 공연을 했는데 오갑순이 안 나왔다고 사람들이 전부 돈 내놓으라고 악을 썼다네. 사람이 몽땅 들어왔는데 돈 내놓으라고 난리를 치니까 어쩌면 좋냐고. 어떡하느냐 말이야. 그래서 난리가 난께 2회 공연 때는 오갑순이가 나온다고 선전을 해놨대요. 그래서 아픈데도 할 수 없이 2회 공연 때는 내가 나갔지. 장구가 뒤에 몇 개가 되니까, 네 명 정도 되니까 나는 그냥 시늉만 할라고 나갔어. 근데 개인놀음 할 일이 큰일이야.

노 장구 매는 것 자체도 힘든데 그걸 어떻게 치냐고요? 실밥을 꿰매 갖고는.

오 심을 열두 바늘을 넣었다니까. 그래가지고는 내가 나왔다니까 박수를 치고, 돈 내놓으라고 악을 쓰던 사람들이 조용해. 이제 막 판굿을 했지. 판굿 치고 나니까 세상에 피가 여기서부터 줄줄 나. 그래도 그것을 다 했다니까.

노 그 일화가 남원에서 유명해요.

오 그 다음에 전주에서 완산동 천변에 포장을 쳤어. 근데 천변에다가 사람들이 쓰레기를 버리니까 거기에 못이, 큰못이 있었던가 봐. 판굿을 한참 하고 있는데 발바닥 물렁물렁한 데로 못이 들어가서는 발등으로 나와 버렸네. 오매오매, 공연 중간에 치다가 그래가지고. 그때는 사람이 많으니까 한 오십 명씩 쳤잖아. 버꾸도 한 열댓 명씩 되지. 구성원이 많으니까 판굿 할 때는 내가 살짝 빠져도 몰라. 사람이 구물구물하게 많으니까.

노 최고 많을 때는 인원이 몇 명이나 뛰었어요?

오 한 오십 명 정도, 판굿 할 때. 그래서 인원이 많아야 돼. 장구는 다섯 명 정도.

노　쇠는 서너 명 되고?

오　서너 명도 더 될 때가 있어. 왜냐면은 사람을 키워야 되니까, 못 쳐
　　도 자꾸 잡고 다니라고 그래. 자꾸 커야 사람이 빠지더라도 미리 대
　　비한다고. 그래갖고 병원에 가서 주사를 맞고 못을 빼고 치료를 하
　　고, 피가 철철 나는데 진통제를 맞았어. 오매, 통증이 있는데! 3회
　　공연인가 4회 공연을 하는데 2회 때 판굿 중간에 그래가지고는 내
　　가 개인놀음을 못 했어. 근데 오갑순이 개인놀음이 안 나오니까 돈
　　내놓으라고 한다고 난리가 나버렸네. 그래서 못에 찔려가지고 병원
　　에 가서 못 빼고 치료를 받았다고, 조금 있다가 올 것이라고 했어.
　　근데 사람들이 안 나가. 한번 본 사람들은 극장에서 내보내야 되는
　　데 죽어도 안 나가는 거야, 돈 내놓으라고. 그래서 3회 때는 짚신을
　　구해갖고 솜을 여기다 두툼하게 넣었다고. 솜을 넣고 반창고를 붙
　　이고 그래갖고 동여맸어. 그 발을 해갖고 또 공연을 했다고. 내가
　　안 나가면 돈을 물어줘야 하는데 어쩌냐고. 소방서에서 기금 만든
　　다고 계약을 하고 왔기 때문에 우리는 돈을 다 받았잖아. 그니까 돈
　　값어치를 해야는데 돈 물어내라는데 어쩌느냐는 말이야. 환장할 일
　　이지. 그런 에피소드가 있었고.

더 넓은 무대로, 서울에서의 활동

오　내가 그 뒤에 서울에서 성공해갖고 전라도에 내려가면, 객석에서
　　"오갑순아, 내 논 팔아가거라." 자기들 논 팔아가라고.

노　'내 재산 다 주겠다.' 이 말이죠?

오　응, 그런 사람도 있었고. 공연을 하루만 하고 오면 못 본 사람들이
　　극장을 다 부셔버리고. 서울에 올라와서 전성기가 또 됐지.

노　네, 텔레비전에도 자주 나오셨고.

오 60년대 박 대통령 시대부터 전성기였지. 70 몇 년도에 장학생을 한 오십 명 길러가지고 선생님들 돼가지고 한 4년 동안 가르치니까 민속촌 처음 오픈했을 때 거기서 다 내고. 그렇게 가르쳐서 많은 기술자들 키워냈지.

노 그러면 몇 년도에 남원 춘향여성농악에서 떠나셨어요?

오 그거는 잘 모르겠네. 열아홉 살에 떠난 거 같네.

노 제가 춘향단체 들어갔을 때 이미 떠나신 후였거든요. 그때 저는 숙선 언니하고 같이 공연도 했고 그랬는데 그때가 떠나시고 나서 얼마 안 됐을 때인가 봐요. 제가 누구한테 들어갔냐면은 강백천 씨한테, 손녀딸하고 같이 공부하러 들어갔어요, 칠선옥에서 나를 그리로 얘기를 해주더라고요. 그러니까 떠나신 후였던가 봐요. 제가 육십오년인가? 육십 사년인가 그때쯤 들어간 거 같은데요.

오 일찍 올라왔어. 내가 서울로 올라와가지고 박초월 선생님한테 입문을 했어. 내가 박초월 선생님 학원에를 갔지. 파고다 공원 옆에서 학원을 하시는데, 나도 학원에서 합숙을 했어. 합숙하고 여름인데, 여름에 한강 백사장 전체가 극장인데, 거기서 두 달 동안 공연을 했어요. 박초월 선생님이 거기 단장을 하셔갖고. A급은 다 나와. 국악인들이 거기에 막 뒤집어지는 사람들만 나와. 그래서 같이 공연을 하고, 비가 오면은 가설극장이라 공연 못하니까 공부하고, 공연 없을 때 공부하고.

　서울에서 나는 내 공부를 하고 내 길을 갔지. 공연에서 병창은 우리 박귀희 선생님이 계시니까 선생님이 주로 하시고. 선생님이 안 하실 때는 나도 병창을 하고 그러지만 어디서라도 나는 설장구를 쳐야 돼. 이매방 선생님이 오북을 치시면 제일 라스트거든. 저 양반이 객석을 뒤집어버리면 내가 또 마지막에 나가기가 힘들어. 그러니까, 내가 먼저 칠란다고 그러면은 저 양반이 또 먼저 칠란다고 하시고. 맨날 그러니까 김연수 선생님이 "그러면 자네들이 항상 하루는 먼

춘향여성농악단 시절 오른쪽부터 오갑순, 박복례, 양명희(이희숙 소장) (위)
여성농악단 동료 배분순과 함께(배분순 소장) (아래)

저 치고 하루는 뒤에 치고 그렇게 허소. 오늘부터 제비 뽑아." 그래 갖고 "그러면 선생님이 연장자시니까 먼저 치십시오." 그렇게 했다니까. 박 대통령 때 소록도 위문 공연을 갔는데, 김연수 선생님이 단장을 해가지고 유명한 사람들만 갔는데 사람들이 많이 왔어.

노　나병 환자들.

오　세상에 그 많은 사람들이 설장구를 뭣을 아는가 앵콜을 시켜요. 그래갖고 두 바탕을 하고 나와서 보니까 우리 일행들이 싹 가버리고 없어. 그래갖고 소록도에서 편지가 오고 나도 답장을 해주고 그랬었다고. 에피소드가 많아.

노　혹시 옛날 비디오로 해놓은 거 없어요?

오　비디오가 어디가 있어, 비디오가? 사진도 없고 상장도 어디로 갔는지 모르고, 전부 다.

노　그러니까 자료가 없어요.

오　없고 사진도 하나도 없지.

노　인기가 대단했는데.

오　이제 박초월 선생님한테 입문하고 박귀희 선생님한테 입문하고. 신관용 바디, 성금연 바디, 신쾌동 선생님 병창, 서공철 선생님 병창, 김윤덕 선생님 산조. 이분들 장기를 내가 다 배웠어요. 배우지 않으면 안 되겠어, 여러 바디를 해야 해서. 여기 다니고 저기 다니고 합숙을 하면서 말도 못 하게 고생 많이 했다고. 내가 공연을 잘 하니까 선생님들이 나를 서로 빼가고, 돈은 아쉽지 않게 벌었다고. 공연을 하면서 공부를 하려니까 맨날 잊어먹더라고. 그래서 돈을 챙겨갖고 전세방을 얻을 돈을 가지고 하숙을 해버렸어. 일 년 이상을 하숙을 해갖고 선생님들께 두배 세배를 줘. 그때 돈이 오천 원씩이었어요. 쌀 한 가마니에 이천오백 원. 딱 10분 가르쳐. 선생님들이 바쁘시니까 공연 없는 날만 일찍이 오라고 그래. 가보면 배울라는 사람이 주욱 서있어. 오천 원씩 주고 10분 가르친다고. 그러니 간에 차? 그러니까 나는 두 배 세 배를 줘버리고 다른 사람 제치고 선생님 쉬는 때에 몽땅 배워버렸어. 집으로 초빙해서 배우고. 그렇게 해서 한 일 년 반 동안을 밥만 먹으면 연습하는 거야, 하숙집에서. 하숙하는 사람들이 시끄럽다고 나를 쫓아낼라고 난리여. 난리인데 할 수 없었지.

그렇게 해갖고 종묘에서 공연을 하는데 그냥 소문이 쫙 나갖고는 지프차가 와서 날 데려가고 그랬잖아. 그니까 나는 국악인으로서 한이 없어. 맨날 공부해야 되고 연습해야 되고 남한테 져서는 안 되잖아. 밤 새워 연습해야 해. 집에서도 가야금 놓고 선생님들한테도 배우고. 배운 거 며칠 밤새도록 연습해서 그냥 써먹잖아. 그러니까 우리 박귀희 선생님이 "너는 뒷박글 배워 가지고 말글로 써먹는다."고 하셨어. 박귀희 선생님이 나라면 그냥 말도 못 했잖아. 국악에서 가야금병창 분과가 없었는데 우리 학생들이 튀면서 분과가 만들어졌잖아. 우리 박귀희 선생님이 "내 소원이 있다." 그러서서 "뭡니까?", "판소리 분과 밖에 없어서 나도 들어갔으니 병창 분과 하나 만들자." 그래서 병창 분과 만든 거 아닙니까. MBC에 내가 얘기를 해가지고 대사습에서 가야금병창 분과 학생 분야를 만들고, 정말 전국에 가야금병창 제자를 내가 많이 길러냈잖아.

노 제가 70년도에 서울에 있었거든요. 그때 보면 인기가, 국악인으로서는 인기가 아주 최고셨어요.

오 나는 정부 행사를 많이 했지. 못 하는 것이 없었어. 내가 오북도 이매방 선생님 제자한테 배웠어. 이쁘게 생긴 사람이 박 대통령 시대에 저기 우이동에서 학원을 하는데 그 사람이 오북을 쳐. 그 사람이 나 설장구 하는 거를 보고 "품앗이를 좀 하자." 이러더라고. 그때 그 사람 학원에 가서 오북을 다 배워버렸지. 우리는 설장구를 하니까 그거 금방 해. 가락도 홑가락이고 금방 해. 근데 하여튼 아시안게임, 88올림픽까지는 오갑순이가 크고 작은 행사는 다 다녔어, 우리 제자들하고. 원도 한도 없이 다 했어. 우리 제자들, 나한테 온 애들은 호강 많이 했지.

　　70년도 전에 중앙청 앞에 내 학원이 있었는데 밤낮으로 잠을 안 자고 꽹가리 치고 소리를 하고 그러니까 주민들이 우리 총무 멱살을 잡고 아침으로 맨날 동댕이질이야, 시끄럽다고. 싸움도 하루 이틀이지. 그래서 사직공원 앞으로 왔더니 거기도 주택이 있어갖고 자주 싸우고. 여기 종로구 교남동으로 와가지고는 괜찮아. 애들이 와서 배우고 밤새도록 문 열어놓고 꽹가리 치고 해도 아무렇지도 않아. 그니까 학원도 아무나 못해요.

예술은 관중을 먼저 생각해야 돼.
관중이 좋아해야지.

오　3일을 쉬면은 나는 못 견뎌. 내 목소리를 유지할라면 항상 연습을 해줘야 돼. 나는 주로 가수들이 하는 데서 많이 하잖아. 나도 스타인데. 내가 정말로 내켜서 딱 만들어갖고 가서 해야지. 그래서 퓨전으로 음악 다 넣어놨잖아요. "오갑순이 가요 한번 혀라"하면 가요 해줘야 해. 가요도 한두 곡 준비해야 돼. 그리고 고수를 모셔가서 가야금병창 하고. 딱 봐갖고 분위기가 괜찮으면 중모리를 가고 안 그러면 대사에서 건너 뛰어갖고 저쪽 즐거운 데로 넘어가버려. 나는 그때그때 봐서 해. 관중이 좋아해야지 듣기 싫은 거 끝까지 혼자 고생스럽게 왜 하느냐 이거여. 예술은 관중을 생각해야 돼. 관중을 먼저 생각해야 된다고.

노　아무튼 그 때 당시는 한편에서는 반대의 목소리도 있었고 한쪽에서는 또 선구자 역할을 했으니까 환영하고.

오　내가 하는 제스쳐가 그냥 되는 줄 알아? 거울을 보고 연습해야지. 내가 어깨춤 해서 버렸다고 다 하더만은 그런 거는 아무나 하가니?

그걸 못 해. 나는 브레이크 댄스도 배우고, 내 분야에 뭣이든지 도움이 되려고 다 한다니까. 내가 무대 나가서 대한민국에서 궁뎅이를 제일 먼저 흔들었을 것이야. 그때는 남자들이 저기 있으면은 부끄러워서 지나가지도 못하던 그런 시대인데, 나는 무대만 딱 올라가면은 그렇게 했잖아. 내 앞에는 그런 사람이 없었어요. 이제는 어떻게 되었냐면은 야간업소에서 밴드들이 악보만 보는 사람들은 힘들어요. 응용을 해줘야한다 말이지. 노래가 절로 나오게. 그래서 재즈를 최고로 잘 하는 사람들하고 나하고 같이 공연을 하면 악보가 필요 없어. 즉흥으로 그냥 뒤집어져버려.

노　　재즈가 국악하고 맞을 수가 있어요.

오　　맞는 정도가 아니라 말도 못 해. 나 꽹가리 하나 들고 농부가 딱 하고 이 사람들하고 애드립을 해요. 그러면 객석에서 반란이 일어나버려. 사람들이 악을 쓰고. 그리고 저녁마다 다른 리듬이 나오잖아.

여성농악은 소리하는 사람들이 해야 돼.
이것도 가르치고 저것도 가르쳐야 돼.

오　　근데 이것은 있어. 여성농악은 소리하는 사람들이 해야 돼. 소리를 해야 돼. 판굿 한번 치고 나서 "농부들!" "예" "작년에도 풍년, 금년에도 대풍년을 이루어보게 우리 농부가나 한마디씩 멕여 보세" 그리고 "신나게 한번 놀아보세", "그러세". 여성농악에서는 그 많은 사람들이 농부가를 다 하잖아, 그냥 전부. 그리고 물레타령도 하고 뒤집어지게 저정그러지고 그랬어. 그러니까 요새 농악들은 마스게임들이야. 엇박도 없고 그냥, 잔가락을 못 넣어. 전부다 홑가락으로.

노　　요새는 옛날같이 그런 멋이 없어요.

오　　하루 종일 연습을 해야 되는데 학교 가야지 뭣 해야지 그러니까 지금은 좋은 사람이 안 나온다고. 초등학교 3학년 정도면 참 이쁘지. 그런 애들을 창을 가르치고 이것도 가르치고 저것도 가르쳐야 돼. 그러고 나서 농악이 성립이 돼야 돼. 그렇게 하면 고깔 쓰고 예쁘게 소고춤도 하고 이렇게들 하지. 상모를 돌리게 되면 이쁘게 안 돼.

노   그게 치기만 잘 쳐서 안 되고 표정에서부터 머리에서 발끝까지가 다 젖어가지고 그냥, 멋이 그냥 나와야.

오   내가 장구를 잘 한번 치고 싶어. 옛날에는 전사습 선생님이 장구를 치시고 전사종 선생님이 꽹가리를 쳐주면 그냥 내 가락이 머릿속에서 금방금방 만들어져서 다 나와 버렸어. 머리에서 그냥 다 나와 버려, 순간적으로. 요즘은 없어요, 그렇게 하는 사람이. 애들도 가르칠 때 쉬운 것만 하잖아. 그렇게 많이 가르쳤지만은 엇박 같은 거 어려운 것을 못해요. 금방 그렇게 되가니? 꾸준히 해서 익혀서 해야 되는데 어려우니까 쉬운 것만 받아갖고 해먹고 살지, 어려운 건 안 한다고. 그런 점이 아쉬워요.

노   벌써 두 시간도 넘게 얘기를 했네요. 말씀을 듣는데 아이고, 몸이 막 짜릿짜릿 이상해질라고 했어요. 얘기가 너무 생생해서 소름이 막 돋고요. 오늘 말씀 잘 들었습니다. 감사합니다.

1961년 춘향여성농악단이 참가한 제2회 민속예술경연대회 기사[4]

「전국민속예술경연대회」는 28일 제5일을 맞아 낮 1시부터 시내 덕수궁 중화전 앞 뜰에서 예정대로 충남, 전북 양도의 경연이 있었다.

충남 「농촌풍경」의 일 장면

- 충남 무용

단체 무용 1편, 개인무용 2편과 개인장고 1종목 등 다채로운 「푸로」로 경연에 나선 충남 「팀」의 공연에는 의외에도 장고의 신동 김덕수(金德洙 9, 대전 신흥초등학교 3년)군의 「설장고」에 관객들의 흥분과 갈채가 집중되었다.

김군의 「상쇠놀이」(꽹과리를 치면서 춤추는 인무) 「법고法鼓놀이」 및 「설장고立長鼓」는 30여분에 걸쳐 아슬아슬한 연기로 관중을 사로잡았다. 김군의 춤에 장고를 쳐서 가락을 맞춘 그의 아버지 김문학金文學(54)씨도 장고의 명수라니 대대로 이어받은 천품인 듯 하다.

「방아타령」, 「천안삼거리」, 「몽금포타령」 등 흥겨운 노래와 춤으로 엮은 「대전무용학원」 원생 14명의 무용 「농촌풍경」(1막 7장)은 그 의상이나 율동에 있어서 다소 이단적(?), 그러나 힘쓴 자취가 보인다.

———————

4 「장고의 신동 등장」, 『동아일보』, 1961. 9. 29.

- 전북 농악

전북의 농악은 남녀 두 팀이 등장하여 단연 이채. 남성 팀은 금산읍 농악단으로 예선 때 7팀 가운데서 선발된 50대의 능란한 팀이고 여성 팀은 남원읍 「춘향국악원」 원생들로 구성된 순 여성농악단이다.

금산농악단(단원 16명)의 연출은 13종목에 걸쳐 버라이어티를 얻어 성공적으로 음의 조화를 이룬 독특한 명인예名人藝라 하겠다.

전25종목에 「혁명공약」을 읊는 「혁명공약가」까지 들고 나온 「靑春국악원」 팀의 여성농악은 아직은 하나의 시도라 하겠으나 꼬마 이춘화李春花(7) 양 외 2명의 「농부가」와 오갑순吳甲順(18)양 외 2명의 장고는 장래가 촉망되는 열연이다.

1961년 제2회 민속예술경연대회 때의 춘향여성농악단 단체사진
서있는 사람 왼쪽부터 김영희(바라), 나금추(징), 김금순(부쇠), 강초운(상쇠), 주영숙(삼쇠), 이희숙(소고),
오갑순(수장고), 최숙자(부소고), 오경자(부장구), 박복례(수소고), 안숙선(삼장구), 〇〇〇, 전사종, 〇〇〇
앉아 있는 사람 왼쪽부터 정정순(소고), 〇〇〇(소고), 이행화(소고), 전금자(소고), 양명희(소고), 〇〇〇, 〇〇〇
(박복례 소장)

제**4**장

여성농악의
장구 스타 배분순

여성농악단 시절의 배분순

4

①차

구술자	배분순 (1944년생)
조사자	노영숙
일시	2015년 8월 9일
장소	전북 남원시 동충동 자택

②차

구술자	배분순 (1944년생)
조사자	노영숙, 권은영
일시	2016년 5월 19일
장소	전북 남원시 동충동 자택

여성농악의
장구 스타 배분순

─ **1차 구술** ─

마산 공연을 갔는디 막 돌이 왔다갔다 허고 난리더라고.

공연을 허고 있는디. 그게 4·19여.

노　언니가 농악을 제일 처음에 어떻게 해서 배우게 됐어?

배　학교 댕길 때 임춘앵이 여성국극단이 포장을 치고 가설무대에서 했
　　어, 남원에서. 돈도 안 주고 포장 밑으로 내가 개구멍 뚫고 들어가
　　서 이걸 보았어. 그랬드니 너무너무 마음에 든 거야. 내가 교복을,
　　그때 세라복을 벗어갖고 책보에다 싸고 우리 큰 언니 옷 긴 치마를
　　입고, 어른답게 한다고. 어른맹이로 헌다고. 큰언니하고 같이 살았
　　거든, 내가. 그 언니가 나를 공부를 시켰거든. 그래가지고 그거 딱
　　보니까 미치겠는 거여, 좋아서. '아, 저거 배워야 되겠다.' 그래서 내
　　가 인자 거 임춘앵 씨 보고 그랬어. "선생님 나 이거 좀 배우고 따
　　라 댕겨야겠다고" 헌게 "아가, 너 얼굴은 매꼬롬허니 괜찮은데 아직
　　너무 어리다. 더 배와갖고 오니라" 그래. 그래서 더 배울라믄 어디
　　서 배우냐고 근게 학원을 찾으래, 남원국악원을. 그래서 찾아 댕기
　　니까는 광한루 뒤에 화자 즈그 아버지, 김영운 씨 그 양반을 찾아갔
　　지. 찾아가갖고 내가 이만저만 해서 집은 아무도 모르는데 나 소리
　　가 좀 배우고 싶다고 그러니까 "그래 그러면은 한 번 배와 볼까, 한
　　번 해봐라." 그래. 그래갖고 '왔단 말을' 고걸 해보라고 허는데 "어

배워도 되겠네." 그래. 근데 거그서부터 공태수 씨라는 양반의 수양딸로 내가 들어갔어. 한약방 하는 영감님이 총무였어. 남원국악원 총무. 그래갖고 그 양반 수양딸로 들어간게 월사금도 안 내고 공부를 배웠어. 그래갖고 공부를 허고 있는데, 어느 날 갑자기 어디서 선생님을 불러갖고는 김병섭 씨라고, 그 선생님을 불러가지고 막 장구를 배우라고 허더라고. 그래갖고 막 장구를 배우고 산에 올라가서 공동묘지 있는데 가서, 양림단지. 거기 가서, 막 남들이 시끄럽다고 헌게 거기 가서 치고 내려오고, 치고 내려오고 헌데. "아따 분순이가 영리허구나" 그래. "어이고, 굿 잘 배우네" 그러더니 딱 배우고 나니까는 "아 이제 어디 농악대 가도 되겠다." 그래싸. 그래놓고는 막 한참 있드라고. 한참 있드니 선생님허고 몇 몇 간부님들허고 섞어져갖고 여수 오동도에서 오동도 그 안에 가갖고 매표를 해갖고 돈을 좀 벌어야 되겄다고. 첫 번이지, 인자. 맨 처음에.

노   그게 여성농악이 생긴 시초네?

배   시초지, 그게. 그래갖고 그때 나는 아직 장구가 좀 거시거니까 너는 버꾸를 쳐라, 셋째 버꾸를. 그래갖고 인자 소고를 쳤는데, 화자 아버지가, 김영운 선생님이 징을 치고, 인자 남자 여자 혼합을 해갖고 그러고 쳤는디, 아 대박이 났어. 오동도 다리에다가 매표소를, 딱 들어가는 입구를 막아갖고 돈을 가마니에다가.

노   그때 여자는 누구 누구였는디?

배   여자는 장흥도 씨, 미국 가 있는 김난희, 김영순이. 그 사람들이 다 어디로 흩어져갖고 찾을 길이 없어. 전주에서 또 박미녀라고 가들도 오고, 그때는 이제 막 모아들드라고, 여기저기서. 소문이 나니까 여기저기서 배우러 오고. 그래갖고 공태수 씨, 우리 수양아버지지. 그래서 또 하숙을 붙이고. 인자 선생님들이 짠 거야. 이걸 남자를 빼버리고 순수한 여자, 여성농악단을 맨들어야 된다 그래갖고 여자만 여자만 인자 농악단을 맨들었어. 그래가지고 농악단을 딱 맨들어 노

남원여성농악단 박옥경과 함께 여수 오동도에서

니까 막 여그저기서 막 불러제껴. 여 임실 끝나고 나면 저그 이리 황
등, 또 거기 끝나고 나면 삼례, 딱 그러면 이놈의 굿이 깽번으로만
돌아. 깽번에 포장을 치고.

노 아 저기 강변에? 자갈 있는 데 거기?

배 응, 강변. 거기다 인제 포장을 쳐놓고 매표소를 해놓고. 그래가지고
마산 공연을 갔는디, 마산 가니까 막 어디서 돌이 왔다갔다 허고 난
리더라고, 돌이. 공연을 허고 있는디. 그 왜 그러냐고 그랬더니 그
게 4·19여. 4·19가 나갖고 포장을 막 쌔리 걷어가고, 우리가 막 도
망을 댕기고, 죽을까 싶어서 막 "뛰어라, 뛰어라!" 허고 막 간부님들
이 난리를 허고.

노 마산에 가서 공연을 하는디 4·19가 났어?

어, 마산에 가서. 그런 꼴도 당했고만. 단원이 흩어지지는 않고, 그
래갖고 배우고 인자 그대로 있어. 공연은 멈췄지. 남원으로 다시
와갖고. 있는데 느닷없이 인제 전주서 일출암 절에서 김동준[1] 씨가
선생이고 또 인제 깽가리 뭐 북 막 해갖고 광주 김오채 씨가 또 거
그를 와갖고.

노 김동준 씨가 대금 불었던 분 아냐?

배 아니, 대금 분 사람의 형. 김동표 형. 김동식 씨[2], 김동열이[3], 김동준
씨가 젤로 큰 형, 소리 선생님. 그 양반은 소리 선생님이고 그 밑에
동식 씨하고 동열이하고만 대금을 배왔어.

노 김동표 씨가 지금 인간문화재 됐잖아. 강백천 할아버지한테 배워서.

배 그래갖고 동표 씨가 우리 농악을 치는데 새납을 불고 댕겼어. 젤로
앞에 댕김서 새납을. 그래가지고 단체생활을 하고 그러니까 여그서

---

1 김동준(1929~1990) : 중요무형문화재 제59호 판소리 고법 예능보유자. 전라남도 화순 출신으로 국악인
  집안에서 태어났다. 어려서부터 판소리를 익혔으나 오히려 명고수로 유명해져 1989년 고법으로 중요무
  형문화재 예능보유자로 지정되었다. (한국민족문화대백과, 한국학중앙연구원 참조)
2 김동진으로도 불린다. 다른 대금 연주자들과 반대 방향으로 대금을 잡고 연주하는 특징이 있었다고 한다.
3 김동표의 다른 이름이다. 김동표는 1941년생으로 중요무형문화재 제45호 강백천류 대금산조 예능보유
  자이다.

여성농악 동료들과 함께 (한 가운데의 인물이 배분순)

부르고 저그서 부르고 여성농악단이 막 소문이 나부렸어. 근게 이를테면 하나의 영리 목적이 돼야 부렸어.

노　지금 같으면 아이돌이야, 아이돌. 갑자기 여성들로만 구성된 게 너무 예쁘고 한참 꽃다운 나이니까 이쁘고 아름답고. 남자들만 보다가 갑자기 꽃을 보니까 사람들이 너무 좋았던 거야. 지금 얘기하면은 막 걸그룹들. 인기가 있었지, 처음 보니까.

배　그러지. 뭐 말도 못했어. 그래가지고 인자 김제 진봉이라는 데를 공연을 들어갔어. 내가 인제 그때는 장구를 쳐갖고 들어갔는데, 진봉면에 한 대학생이 완전히 나한테 미쳐갖고 상사병이 난 거야. 그래갖고 거기서 끝나고 이리로 왔는디 즈그 아버지하고 이리로 왔더라고. 우리 하숙방에다가 눕혀놓고 나보고 그 방에 잠깐 들어가서 머리만 좀 만져주라고 그래. 병이 나갖고 죽을라고 그런다고. 그래갖고 나는 인제 그때는 철딱머리가 없어 노니까 열 몇 살밖에 안 돼 노니까는 아, 뭐 때문에 남의 남자 머리를 만지라고 허냐고. 그 영감, 할아버지가 좀 만져만 주면 원이 없겠다고, 우리 아들 살리겠다고. 그래갖고 들어가갖고 있은게 얼굴이 벌그레갖고 막 곧 죽을라고 허드라고. 그래서 이렇게 머리에다 손을 얹은게 나를 딱 끌어안아. 아이구메! 그래갖고는 놀래갖고는, 아이고 뭐이다냐? 이게 참말로 웃기네. 왜 나를 들어가라고 허더니 총각이 나를 끌어 안는다냐 막 그랬더니, 웃어쌌고 막, 단장도 웃고 난리가 났드라고.

노　그때 단장이 누군디?

배　이환량씨라고 있었어. 체머리를 이렇게 흔들고, 여기 남원 역전 뒤에 살았어. 이환량 씨라고 유명했어. 아주 열렬하게 아주. 그래갖고 막 여기서 부르고 저기서 부르고 난리 법석이 나고 인기가 대단해갖고는 막 돈을 벌고.

내가 서울을 가버렸어.

박초월 씨한테 공부허로 간다고.

노   근데 언니 그때 여성단체 해가지고 누가 쇠를 쳤어?

배   김선희, 김선희라고 전주 애여. 그 사람이 칠 때도 그 언니가 칠 때
     도 있었고, 또 주영숙이, 지금 저 여수 개가 또 쇠를 한참 쳤고. 그때
     주영숙이가 쇠를 쳤고이, 갑순이가 장구를 쳤어. 그런데 내가 같이
     장구를 뒤에서 치다가 내가 서울을 가버렸어. 박초월 씨한테 공부
     허로 간다고. 근게 내가 제일로 먼저 서울을 갔지, 낙원동에. 그래
     갖고 거기서 인자 소리허고 있는데 그때만 해도 뭐가 뭔지도 몰랐
     는데 벽장을 연게 누렇게 대두병으로 정종병으로 하나가 있걸래 한
     잔 따라 먹었더니 아이고, 꾸른내가 나가지고 그거 인자 똥물, 대나
     무에다 받혀가지고 인분, 그것을 먹고 있더라고. 나는 뭣도 모르고
     그거 한잔을 따라 먹었더니 어떤 도둑년이 약을 이렇게 먹는가 모
     르겠다고, 내가 죄를 져갖고 똥 도독질 한번 했다가, 아이고 뒷방에
     서 숨어갖고 달달달달달달.

노   언니도 희한하네. 왜 그걸 먹어? 아가씨가 돼갖고.

배   아니 그걸 먹으면 목이 좋아진다고 그러더라고. 국악하는 사람들은
     다 그러지. 그걸 받아갖고 먹으면. 자기 똥을 하얀 삼베 베에다가
     눠갖고 그놈을 막 꼬쟁이로 깨갖고 물에다가 이렇게 짜갖고는 장광
     에다 갖다 넣어놨다가 먹으라고 글더라고. 그것도 다 먹어봤다. 인
     분, 이슬을 맞히면 뽀오옇더라고. 이슬을 맞힌 게 부허더라고. 그걸
     또 다 먹고. 아이고, 생강 갖다놓고 먹었지. 그 짓을 다 했어. 그렇
     게 욕심을 부리고 욕심도 많이 내고 그랬는데.

노   내가 들은 이야기는 대나무 있잖아. 대나무 마디가 있는 거를 공동
     변소에 넣어 노면은 그 사이로 , 대나무 뚫고 그 안으로 수분이 차고
     차고 해가지고 그게 3년이고 몇 년 딱 되면은 거기에 물이 차면 그거

를 인제 나중에 꺼내서 씻어서 잘라가지고 그 물을 따라서 몇 년씩.

배 얼마나 애를 먹었겄어. 근디 그걸 내가 한잔 도독질 해묵었으니, 어떤 도둑년이 이걸 마셨는가 모르겠다고 난리가 나고, 빨리빨리 말하라고 하는데 말할 수가 있는가.

노 언니 아버지가 멋쟁이잖아, 재밌고.

배 그래갖고 그 뒤에 막 바람이 불어갖고는 농악단을 따라댕김서 막, 내가 장구 치면 막 "돌아간다!" 추접스러갖고 내가 얼매나 얼굴이 뜨겁고. "돈다!" 장구 치고 돌아가면 나보다 더 신이 나갖고 "돈다, 돌아." 해싸면.

노 내가 사실 언니 때문에 남원여성농악에 들어갈 뻔 했는데 춘향여성농악에 간 계기가 있잖아. 그니까 남원에 광한루에서 포장을 쳐놓고 그때 단체가 그 숙선 언니가 작은 왕자였고 김미정 언니가 태자였어. 글고 희숙 언니가 공주인데 뭔 신라복이었어. 그걸 보고 나야 말로 보고 뿅 갔지. 나도 그걸 보고 뿅 가버린 거야. 나도 개구멍을 뚫고 매일 갔어. 이 세상에서 저렇게 아름다운 게 있는가 싶고, 그 어린 나이에 그니까 새로운 세계를 본 거야. 그래서 '옳지, 나도 저기를 가서 저렇게 멋있게 막 해야 되겠다.' 그 생각을 인자 딱 마음을 먹고 엄마한테 내가 조른 거야. 몇날 며칠을 그러니까 울 엄마가 나보고 그래. "이년이 뭐 당골네 될라고 그러냐고?" 당골네가 뭔지도 몰라. 그것은 원래 대대로 당골네 집안이 그런 사람이나 허지 이렇게 아무 관계가 없으믄 안 한다는 거야. 근디 네가 뭐가 될라고 그런 걸 허냐고 그래서, "그런 거 나하고 상관이 없고 나는 거기를 꼭 가야되겠다. 그니까 나를 좀 데꼬 가라고", 우리 엄마보고 얘기를 해달란게 울 엄마가 처음에는 말을 안 듣다가 내가 눈 뜨자마자 맨날 잉잉 조르니까 "내가 한번 알아보마." 그러더니 인자 언니를 만났는가봐. 언니의 큰 언니를. 잘 지냈잖아, 우리 엄마하고.

우리 엄마가 "내가 이야기를 딱 했더니 내일 모레 그 사람이 농악단을 간단다. 가니까 너 데리고 가기로 했어. 내가 말을 했더니 너 데리고 간다고 그랬으니까 그날 가자." 그래서 그날 갔더니 인자 "계시오, 계시오?" 헌게 언니 엄마가 인자 나와. 그래서 "아니 이러고저러고 해서 오늘 딸이 뭐 어디 간담서요. 애를 데리고 왔는디." 그랬드니 "예? 우리 딸은 어제 갔는디?" 근게 "아니, 오늘 데꼬 오라고 그랬는디?" 헌게 "아니여, 어제 갔어." 그 말 듣고 얼마나 내가 어린 마음에 실망을 했겠어, 세상에. 나는 마음이 들떠갖고 내일이면 내가 인자 막 단체를 가면, 그 왕자들 공주도 보고 인자 그런 데를 내가 가야되겠다고 생각을 했는디, 가서 보니까 먼저 가부렀네. 근데 왜 거짓말 하고 먼저 가부렀어?

배　왜냐 하면은 그때만 해도 너만 그런 게 아니고 나 꾀복쟁이 친구가 있어. 걔도 그거 공부를 배울라고, "나 좀 거기 좀 들여도라, 들여도라." 해서 내가 농악단을 댕기면서 본게 고생이 무진장이 된 거야. 막 여기 끝나면 또 딴 데 가서 사업부, 사업부장이 또 딴 데 가갖고 허가를 내야 되고 장소를 섭외해야 되고 그리썼고 근디 또 손님이 없으면은 야참비도 안 주지.

노　언니 때도 야참비가 있었대?

배　아 야참비 있었지. 얼마인지는 기억을 못 혀. 야참비 그런 것을 모다 갖고 뭐 안 사먹고 모아 놨다가 엄마 갖다 주고.

노　5원 10원 뭐 그랬잖아. 나 10원 할 땐가 그거 기억나는 거 같애. 삼양라면이 처음 나왔잖아. 그때 15원인가, 삼양라면이 15원인가 20원 했는디 야참비 모아놨다가 그거 사서 깨서 먹으면 참 맛있었네. 그런 기억이 나.

배　그래갖고 그 애도 거기를 들어올라고 해도 못 들어오게 허고, "그래그래 알았어, 알았어. 너 들여주께 들여주께." 말로만 그래놓고는 안 들여준 거야, 내가. "한 며칠 있으면 네가 그리 오니라. 광한루 뒤에 소리 배우는 데 그리로 오니라." 해놓고 나는 마산으로 공연 가고.

노 아, 근게 나한테도 그랬구나, 언니가?

배 응, 하나라도 공부 못 허게, 그 고생 못 허게 할라고.

노 응, 그렇게 깊은 뜻이 있었는디.

배 느그 엄마가 우리 언니하고 친했잖아. 근디 왜 저렇게 딸을 갖다가 막 "분순아 분순아 우리 영숙이 좀 꼭 데꼬 가거라, 데꼬 가거라." "예, 알았어요." 말로만 내가. 근게 인제 내일 가면은 모레쯤 데려 오라고 혀. 그러고 나는 떠난게. 고것이 이제 내 습관여. 나 떠난 뒤 에 오면 소용 없다고.

노 그니까 세상에 가니까는 어제 가버렸다네. 얼마나 실망을 했겄어. 근데 지금 생각을 허면 언니가 그때 나를 데꼬 갔으면은 내가 남원 여성농악에 갔을 거야. 근데 언니가 나를 안 데꼬 가는 바람에 춘향 여성을 들어간 거야. 결과는 그렇게 된 거야. 결국은 내가 들어가긴 들어갔어.

배 나중에 본게로 거기 가서 돌아댕기더라고. 그거 허지 마라고 그렇 게 헌 건디. 아이고 그래서 우리 언니보고 "아이, 성, 성. 세상에 그 언니 그 딸, 세상에 내가 안 데꼬 가고 그랬더니 저쪽 춘향단체에 가서 막 돌아댕기데." "아, 그려" 웃어 죽을라고 그러더라고, 우리 언니가. "아, 거기서 돌아댕기드냐?" 어떻게 우습던지. 그런 사건이 있었어. 그건 내가 보는 애들마동 못 배우게 했어. 내가 고생이 많 으니까. 저녁으로도 그 추운디 부산 자갈치 시장에서 그 호롱불, 그 솜에다가 기름 묻혀갖고. 전기나 들어왔어?

노 석유 묻혀갖고 막 뚝뚝 떨어지고, 기름이, 나도 그렇게 공연했어.

배 그런데 거기서 농악을 공연허고 그런디, '아이고 저걸 배와서 뭣해' 싶으고 막, 하나라도 말리고 싶고 나는 글더라고.

노 불 없는 데, 왜 촌에 가면은 불 안 들어오는 데, 그렇게 불을 밝히고 했잖아. 그 밑에 잘못 가면 옷 그냥 타고 그랬어.

배 그래갖고 아이고 그놈, 또 마찌마리라는 것이 있어. 차를 타고 쨍가리를 치고 장구를 치면서 온 동네를 돌아댕기는. 손이 깨질라고 그러고. 오라고 홍보한 거. 그래갖고 한 사람이라도 나는 못 배우게 할라고 그랬어. 못 배우게. 그래 지금도 여기 남원에 돌아댕긴디 개가 "야, 그때 내가 배운다 할 때 네가 좀 들여줬으믄 내가 크게 명창이 됐을 텐디" "아이, 지랄병은. 명창 되기가 그렇게 쉬운 줄 아냐? 나도 명창 못 됐다, 왜. 시끄럽다. 조용히 해라. 나 고생 덤배기로 했다. 너도 배왔으믄 얼마나 고생을 했겠냐. 내가 고맙다고 생각해라, 나를." 그려서 너도 내가 못 배우게 헌 거야.

서울로 나를 델러 왔더라고. 돈을 한 가방을 갖고 왔어.
그래갖고 대구 공연을 갔었잖아.

노　근데 언니가 끼가 있었고 또 무용하는 데도 참 그게. 무용은 몇 살 때부터 했어?

배　무용은 열일곱에 배웠지.

노　그 김계화 선생님한테?

배　응, 열일곱. 김계화씨 맞아. 김계화 씨가 이뻤지. 진짜 기생이야. 딱 옛날 말로 기생이야.

노　딱 스타일이 하늘하늘 해가지고 탁 이 버선발, 무용을 가르치는 거 보면 태가 자르르 해, 진짜. 그야말로 태가.

배　글자 그대로 딱 기생.

노　기생 모습 그대로야, 그냥. 누가 봐도 길가에서 보면 기생이네, 그게 표가 난다고.

배　그 사람한테 내가 살풀이 무용을 배왔어. 배우고 그러니까는 소고를 치고. 채상 안 돌리고 고깔. 처음에는 채상이라는 거는 없었어. 우리 전부 고깔 쓰고 했어.

장구 개인놀이를 하는 배분순 (위)
살풀이를 추는 배분순 (아래)

노   처음에 근게 여성농악이 생겼을 때는 소고가 전부 고깔이었어.

배   어. 저녁이면 아조 꽃 맨드니라고.

노   강초운 씨는 언제?

배   강초운 씨가 참 꽹가리 쳤어. 그 양반 꽹가리 많이 쳤어, 참. 참 소
     리 잘했지. 적벽가. 적벽가를 아조 뒤집어지게 헌 양반이 강초운 씨
     야. 그래갖고 참 기가 멕히게.

노   할아버지도 같이 다녔어? 강백천 씨도?

배   같이 댕겼지.

노   강초운 씨가 상쇠 치고 댕겼구나. 그때 나금추 언니도 있었대? 금추
     언니도 있었어? 그 단체에?

배   그때 없었어. 언젠가 느닷없이 나타나갖고 인제 징을 쳤어. 징, 그
     뒤로 인자 징을 치다 꽹가리를 또 어떻게 배웠드라고. 그래갖고 상
     쇠를 허더라고.

노   언니가 그러면 고향이 어디야, 고향?

배   내 고향은 인제 남원 아영면 아곡.

노   그러면 언니 춘향여성농악은 안 들어가 봤어? 단체?

배   들어갔지. 언제 들어갔냐면 갑순이가 서울 떠난 뒤에.

노   남원여성농악하고 춘향단체가 생기게 되는 갈림길에서 언니가 어
     떻게 했어? 그때 어디 있었어, 갈릴 때?

배   갈릴 때 난 서울 있었지. 서울에 있는데 누가 글더라고. 갑순이 단체
     가, 춘향농악단이 생겼는데 김제인가 어디를 가니까 우리 남원여성
     농악 단체가 들어가니까 프로그램에 딱 그 포스터가 붙었는디 갑순
     이가 딱 붙었더라고. 그래갖고 나하고 갑순이하고 같이 붙여준 거
     야. 그래갖고 최석두 씨가 분순이가 나타났다고. 최석두 씨가 단체
     단장이었지, 춘향.

     그래갖고 갑순이가 어느 날 서울로 떠났다고 갑순이 엄마가 나
     를 찾아라 해갖고는 서울로 델러 왔더라고. 돈을 한 가방을 갖고 왔

어. 그때만 해도 못 살 때니까 이를테면 돈을 케라를 얼마 많이 준 다고 그래갖고 대구 공연을 갔었잖아. 대구 칠성 시장, 그 칠성동 그 깽변 냇가. 거기서도 강선화씨가 단장했었어. 그 양반이 단장을 해갖고 또 그 단체가 좀 돌아댕겼어. 근게 돈만 준다면 그냥 요리 가고 저리 가고 서로 빼가고, 그러고 다니는데도 막 딴 데서 데릴러 오고 막. 돈 싸들고 댕기면서 그런 난리도 없었어.

노 그니까 그때 당시는 완전 스타들이니까. 지금 쇼 단체의 말하자면 스타들이니까 돈만 주고, 저 사람을 빼와야 우리가. 그래가지고 남 원 춘향여성이 생기고 나서 여기저기서 여성농악이 생기게 됐지. 아리랑이 생기고 전주 농악이.

배 그래갖고 이게 자꾸 퍼진 거야. 최초에는 남원여성농악단이 여성농 악 제일 시초여.

이렇게 기록에 남길라고 하니까 너무 고맙다.
네가 대단한 사람이야.

노 그때가 좋았어, 언니?

배 아이구 좋았지, 좋았는데 그게 없어지고 보니까 한스러워. 야 너무 안됐다. 만날 아쉬워서 맨날 정화 언니하고 만나면 "언니 그 멋있 는 거 여성농악단이 없어지고 나니까 아이구, 저 멋대가리 없는 것 들 와서 뛰어쌌고 허면은 참 나 같잖애서 보기도 싫소" 내가 그랬는 디 니가 어찌 세상에 이런 걸 캐가지고 이렇게 기록에 남길라고 하 니까 너무 고맙다. 너무 고맙고 그니까 네가 대단한 사람이야. 나는 깜짝 놀랬어. 참 고맙다야, 진짜.

노 정화 언니는 참 뭐를 했어, 단체에서?

배 수버꾸, 제일로 앞 버꾸, 남원여성농악에서 고깔 쓰고 수버꾸 했어.

노 아 그랬어. 나는 그 언니가 농악을 할 때는 내가 단체를 같이 안 다녔으니까. 그나저나 나는 인제 내가 항상 아쉬워서 내가 이걸 기록에 남겨야 되겠다, 내가 써야 되겠다 생각을 항상 갖고 있는데 우연한 기회에 하게 된 거야, 언니.

배 어찌 너는 그런 생각을 다 했어? 그 농악이 그렇게 없어지고 나니까 아쉽고 우리가 이제 죽으면은 이걸로 끝난다 싶으니까 아이구 기가 멕히드라고. 근디 네가 그런게 대단한 거여, 지금. 나는 아주 세상에 깜짝 놀래버렸어.

노 내가 감사하다니까, 이렇게 기회가 돼서. 언니들이 존재할 때, 내가 직접 가서, 다른 사람도 아니고 나도 했잖아 언니. 그런게 직접 다 내가 녹음하고 자료 모집하고 직접 하니까 더 실감을 하는 거야. 만약에 대학 교수나 어떤 사람이 자료 모집한다고 하면 또 이렇게 대화도 안 되고 또 실지로 실감도 안 나고. 근데 내가 하면 호응도 해주고 나도 감사한 거야.

배 네가 했기 땜에 겪었기 땜에 호응이 된 거야. 잘 한 거야.

노 감사해, 언니도. 배분순 언니 감사합니다. 다음에 또 취재할 때 언니가 또 얘기 좀 해줘. 생각나면 전화줘.

- **2차 구술** -

그런 사연도 있다. 이 농악 치면서.

노 언니 이 사진에 있는 점 이거 그린 거지?

배 점을 언니들이 그려줬지. 나 그게 지금도 안 잊혀져. 나를 좋아하는 애가 있었는데, 공연할 때 딱 앞에 와서 쪼그리고 앉아서 나만 쳐다보잖아. 나를 좋아하니까. 근데 점을 여기 밑에다 찍다가 나중에는 입술 위에다가 찍은 거야. 이 점이 이리 갔다가 저리 갔다가 그럼

턱에 미인점을 찍은 여성농악 시절의 배분순

어쩌냐고 언니들한테 그런게, "아이, 그 자식이 뭘 볼 줄이나 아냐?" 그러더라고. 영락없이 여기다가 찍어 놓은게 그 자식이 "어, 점이 이리 갔다, 저리 갔다 살았네!" 점이 살았다고. 하필 내가 점을 여기다가 찍어났더니 "어, 점이 살았네. 옴마, 우로 올라가버렸네." 어머, 전라도말로. 얼마나 무참한지 거기서 막 쌔리 문댔다니까. 근게 또 뭐라고 하는 줄 알어? 한 바퀴 돌면서 그걸 문대서 지우고 난게 "어, 인자 없어져버렸구만." 없어져버렸다고. 나를 좋아하는 애가 점을 건성으로 안 보고 그래. 그 점을 좋아했는갑서. 근디 점이 없은게 그 뒤로는 안 오드라고. 웃기지. 점이 원래 있는 건 줄 알았는갑서.

권   그럼 원래 아래턱에 있는 점을 보고 선생님을 좋아한 거예요?

배   어, 요거를 보고 좋아했는데 위로 올라가버리니까. 얄미워, 왜 그렇게 미워. 남의 약점을 건드리니까.

노   약점이 아니라 그 사람이 볼 때는 너무 웃기지. 여기 있던 점이 이쪽으로 갔으니.

배   그래도 나는 그때만 해도 그 사람이 싫더라고. 와서 봐주니까 좋다는 생각을 하고 있는데 내 점을 갖고 들먹이니까는 얼마나 무참할 거야. 나는 아가씨인데, 열대여섯 살 먹어갖고 얼마나 무참해. 얼굴이 홍당무가 됐지.

노   그 사람이 볼 때는 언니 얼굴만 보고 점이 어디가 있는 거를 알고 있는데 갑자기 점이 여기에서 이쪽으로 갔으니까 웃기는 일 아냐.

배   근게 왜 이 점을 하필이면 얘기를 해갖고, 이 사건이 크다고. 여러 놈을 울린 점이거든.

권   장구채 들고 찍은 사진에는 점이 없어요.

배   거기는 또 없어. 더 어리지, 그때는. 점 찍을 줄도 몰랐어. 요때는 바바리코트 입을 정도이니까 좀 까졌어.

노   한두 살 더 많은 거지.

배   연애편지가 오고 그러면은 단장님이 막 가로채버리고 못 읽어보게. 그런데 요때는 살짝 받아가지고 화장실 가서 얼른 보고 막 찢어서 변소에 다 넣고.

노 옛날에는 연애편지도 받으면 안 됐으니까.

배 연애편지 같은 걸 받으면은 난리 나버렸어. 그런게 얼른 받아갖고 그 냄새나는 화장실에서 읽는데 막, 구린내는 밑에서 올라오지, 그 것은 읽어야 되겠지. 아이고 그래갖고 찢어갖고 거기다 버리고.

노 내가 언니를 만나면 배꼽을 잡아. 점이 토끼도 아니고 이리 갔다, 저리 갔다.

배 근게 그 점이 웃겨. 요것이 사연이 많은 거야.

권 사연이 있는 점인 줄 몰랐네요. 아, 재밌다.

배 사연이 있어. 그냥 찍은 것이 아니고.

권 점을 매력으로 그렇게.

배 응, 뺀으로 그랬는데.

노 가만히 보니까 그때 당시에 50 몇 년도 60 몇 년도에 마릴린 먼로가 점이 있었거든. 그니까 마릴린 먼로 흉을 내느라고 너도 나도 점을 찍는 게 유행이었어, 그때 상황이.

권 그래서 언니들이 찍어주셨구만요?

배 응, 언니들이. 인자 선배들이.

노 영화 보고 이런.

권 재밌어요. 그때 당시에 멋 내는 거는 다 하셨어요. 지금도 지드래곤 이라고 유명한 아이돌은 눈 밑에다가 점 찍잖아요. 일부러 찍어요, 화장으로. 근데 그 선배님들이시고만요. 선두주자들.

배 그래갖고 부여에 사는 A씨야. A씨인데, 부여에서 공연을 하는데 그때 가 대학생들 방학 때라. 대학생인데 방학 때 와갖고 농악 구경을 들어 와갖고는 나를 보고는 헤까닥 해가지고는 학교를 안 가버렸어. 학교를 안 가고 막 좋아하고 그랬는데 나보고 그래. 부여 시내에 세븐 미장원 이라고 있어. "이 농악 치지 말고 세븐 미장원에 와서 미용을 배워갖고 미용사를 하라고." 그래갖고는 그 사람 말을 듣고 세븐 미용실에 가 안 있었냐. 농악단에서 도망을 가갖고. 그랬더니 칠선옥에서 갑순이 수양어머니, 그때는 수양어머니가 막 찾아왔더라고. "갑순이도 서울로 가고 없고 그런게로 니가 와야겄다. 도저히 안 되겄다." 그래갖고는 인자 갑순이 즈그 엄마하고 농악을 치러 대구로 어디로 다니고 있는데, 거기다가 편지가 하고 싶더라고.

권　세븐 미용실에다가?

배　아니, A씨한테다가. 그래서 내가 "A씨 지금도 잘 살고 계시죠?" 해서 편지를 보냈더니, 그 사람 동생이 국민학교 선생이여. 퇴근해서 들어오니까 마루에가 A씨라고 써진 봉투가 있는데, "이것은 영화 아니고서는 이룰 수 없는 일이다. 본인은 죽고 이 세상에 없는데."

노　어머, 자살했어? 언니 때문에?

배　자살해버렸어. 결혼 못하게 한게 삼대 독자 외아들인디 나를 만날라고 해도 즈그 엄마가 방에다 감금을 일주일씩 시키고. 이런 농악 치는 여자하고 지내면은, 기생밖에 안 되는데.

권　집안에서 반대를 했고만요?

배　응. 어디 기생하고 결혼을 할라고 그러느냐고 그래갖고 나 때문에 방에다 감금을 시켜갖고. 그때만 해도 내가 서울을 박초월 씨한테, 그때 종로 2가에 거기로 공부를 하러 간다고 하니까 요만한 화초를 하나 주면서 "이게 죽으면 내가 죽는 줄 알으라고" 그러더라고. 그래서 그것을 기껏 실어서 가져와갖고 본게 밑동가리가 폭 썩어가지고 없어. 그래서 이제 편지를 쓴 거야. '이상하다. 이거 미신인데 뭐 이런 일이 있나!' 이게 꽃이 죽으면 자기도 죽은 줄 알으라고 그러더니 이런 일도 있나 싶어서 편지를 했더니 영락없이 죽었네.

권　어머, 세상에! 어떡해.

배　그래갖고 인자 부여를 갔었어. 그때만 해도 논산에서 차를 타고 들어갔거든. 논산에서 부여를. 그래서 간게 그 사람 친구들이 막 어서 오라고. 물에서 귀신 건진다고 해갖고 건져갖고 산소를 해놨더라고.

노　물에 빠져 죽었구나?

배　응. 백마강. 부여 백마강.

노　아, 강에 빠져죽었고만.

배　백마강에 노 젓고 가갖고 유서 써놓고 "이 세상에서 배분순이하고 이루지 못한 사랑을 죽어서라도 해야 되겠다."고 즈그 어매한테 딱 써놓고. 그래갖고 그 편지를 여동생이 나한테 보낸 거야. 편지하고 유서하고를.

노　옴마, 언니 놀랬겠다!

배　막 소름이 찌클어. 말인게 그러지, 지나간 일인게 그러지 소름이 쫙 찌클더라고. 그런 사연도 있다. 이 농악 치면서.

권　와, 영화다, 영화. 세상에!

노　옛날에는 좋아해도 순진해가지고 그랬지.

배　그리고 또 한 사람은 또 얼매나 웃기는가 몰라. 여기 아영 봉대에 사는 B씨야.

권　이름도 다 기억하고 계시네요.

배　안 잊어버리지. 나를 좋아했던 사람이니까.

노　언니네 옆 동네네. 아곡 옆 동네.

배　응, 아곡 옆 동네. 그니까는 막 좋아해갖고 결혼하자고. 즈그 부모들은 그런 거 배운 사람하고는 안 된다고 한게 한이 맺혀갖고는 얘가 어느 날 막 죽는다고 해쌌고 어쩌고 하더니. 나는 남원에서 학원에 갔다와갖고 점심을 먹고 있는데 뭣이 문 앞에 와갖고, 방송국 앞에 "나무아미타불 관세음보살!" 하면서 목탁을 똑똑똑 때리는데 이렇게 보니까 B씨야. "어매, 너 B가 아니냐? 너 왜 중이 됐어?" 그런게.

권　스님이 되어버렸어요? 못 살아!

배　응. "너 때문에, 너 때문에 그래!"

권　보란 듯이 나타났어요? 중이 되어갖고?

배 우리집인지는 몰랐는데, 시주 받으러 왔는디 우리집을 온 건지. 하
    필 우리집에를 와서 시주하라고 목탁을 치네.

노 이 언니가 이때 당시에 미인이었어. 이때의 미인형이야. 지금하고
    는 좀 다르지만 시대에 따라서 미인형이 다르잖아.

배 이쁘다고들 해쌌어.

권 김정화 선생님이 그 얘기 하시잖아요. "어디서 저렇게 이쁜 것이 있
    는가?" 했다고. 그 얘기를 하시더라고요.

배 땀을 막 부쩍부쩍 흘리고는 쫓아왔어. 근데 이렇게 나를 딱 제치더니
    "어마, 분순아. 너냐? 어디서 저렇게 이쁜 것이 궁굴어 댕기는고 싶어
    서 내가 쫓아왔다. 나 순천도 못 가고 너 때문에." 역전에 와갖고.

권 맞아요. 역전에서 봤다고 그 얘기를 하시더라고요.

배 역전에 서 있는데, 누가 만나자고 해갖고 파라솔을 받고. 그때는 이
    뻤는가 봐. 미장원에서도 막 우르르 쫓아 나와. "어마, 배분순이 떴
    다. 배분순이 떴어." 배분순이 떴다고 막 "어마, 달 떴다!" 그래쌌고
    그랬지.

강백천의 대금

"이조말 광무 5년(서기 1901년)에 주천면 장안리에서 낳았다. 가객 행세
는 하지 않았으나 장녀 산홍山紅을 가르치어 전주에서 개최한 전국명창
대회에서 일위에 뽑히고, 또 삼녀 초운草雲을 가르치어 중앙방송국에서
개최한 전국남녀경창대회에서 또한 당당히 일위에 뽑혔으니 그야말로
숨은 실력자라 아니할 수 없다.

대금(젓대)을 불어 사람을 능히 웃겼다 울렸다 하므로 사람들은 그를
'멧벌레'라 애칭하게 되었고 인간문화재 제45호로 문화공보부에 등록되
어 있다."

(조성교 편저, 『증보판 남원지』, 1972, 778쪽.)

노년기의 강백천 (외손녀 소장)

춘향여성농악단의
열두발상모 박복례

오른쪽이 박복례. 채상소고 명인 정오동, 동료 이희숙과 함께 (이희숙 소장)

5

①차

구술자	박복례 (1945년생)
조사자	노영숙
일시	2015년 7월 30일
장소	전북 남원시 쌍교동 박복례 자택

②차

구술자	박복례 (1945년생)
조사자	노영숙, 권은영
일시	2016년 2월 13일
장소	남원시 쌍교동 박복례 자택 근처 식당과 커피숍에서

춘향여성농악단의
열두발상모 박복례

― 1차 구술 ―

춘향여성농악단, 고깔이 아니고 바로 상모를 돌렸어.

노   그거부터 언니 얘기 좀 해줘? 춘향여성농악단 창단을 어떻게 했는지?

박   창단을 우리가 할 때는, 내가 알기로는 원래는 칠선옥에서 소리만
    갈켰어, 강도근씨가. 소리만 가르치고 있었는데 갑순이하고 성남
    씨하고 인자 설장구를 서로 앞에 치겠다고 남원여성농악에서 그러
    니께 요쪽 인자 오갑순이 양엄마가.

노   그분 성함이 어떻게 돼? 강선화 씨라고 하기도 하고 금순인가 뭐?

박   강선화 씨가 맞아. 선화.

노   호적 이름이?

박   호적 이름은 나는 몰라. 강도근 씨 하고 친남매간이고. 강도근 씨
    형제가 남자가 네 사람, 여자가 둘이.

노   강도근 선생님 위에 형님이 한분 계시고, 둘째가 강도근 선생님?

박   응, 셋째가 강해근 씨. 강해근 씨 지금 서울에 살아 있어. 막내가 우
    리 형부 강윤근 씨. 우리 형부가 제일 먼저 죽었지. 막내하고 큰형
    님하고 제일 먼저 가고 그 다음 인자 선생님이 가셨지. 우리 선생님
    강도근 씨. 강해근 씨 그 양반 혼자 살아 계시지, 남자로서는. 인자
    저그저 여동생으로서는 인자 강선화 씨 돌아가시고 또 동생이 하나
    더 있어, 여동생. 그 양반은 나도 몰라. 왜냐하믄 있다는 거만 알

고. 근게 죽었는가 살았는가 그건 나는 확실히 모르겠고 한번도 지금까지.

노 근게 남자가 넷이고 여자가 둘 뿐이고. 칠선옥 그분이 뭘 가르쳤어?

박 그 양반은 가야금 산조하고 병창 가르쳤고.

노 어떤 책에는 보니까 강순영 씨 그분이 가르쳤다라고 나와 있더라고.

박 응. 왜냐믄은 저기 저 진주 그 양반이 이 양반한테 가르쳤거든.

노 아, 강순영씨가 칠선옥 엄마를 가르쳐가지고? 칠선옥 엄마가 양딸들을 가르치고, 그렇게 된 거야?

박 으응. 그렇게 됐어.

노 양딸이 넷이 있죠?

박 넷. 오갑순이 하고, 이희숙이 하고, 또 두 명 더 해서 너이.

노 그래 인자 우리가 단체를 만들자 칠선옥 엄마가 해가지고 인자 단체를 꾸리게 된 거죠?

박 그러지. 상쇠는 강초운씨.

노 그니까 그때 선생님들 모셔다가 이렇게 교육을 시켜서?

박 그렇지. 몇 달이 아니라 상당히 많이 했어.

노 그때 언니 들어간 거야? 언니는 처음에 뭐? 소고잽이?

박 응. 고깔이 아니고 바로 상모를 돌렸어.

노 그때 멤버들이 누구여?

박 상쇠에 강초운 씨, 부쇠 김금순 씨, 그 당시 끝쇠가 주영숙. 나금추 언니는 징 했어. 그 다음에 인자 설장구는 오갑순이 하고 부장구가 경자, 삼장구가 안숙선이, 그 다음에 수버꾸가 나 박복례, 부버꾸, 가는 이름도 성도 모르겠다. 어디로 가버리고 없어. 사진에는 있는디, 이름도 성도 생각이 안 나고. 정정순이 소고였고 양명희, 하여튼 소고잽이는 아주 어렸어, 그때만 해도. 어렸기 때문에 나이가 다섯, 여섯은 넘었고 여섯, 일곱이나 됐을 거여.

노 그 꼬마둥이들 어떻게 돌리고 따라댕깄디야?

빅   얼마나 잘 했다고. 오죽하면 그 구경하는 관객들이 "아가, 뭣을 먹고 그렇게 잘 허냐?" 한게 애들이 누가 가르치도 안 했는데 토끼 고기 먹어서 잘 뛴다네. 어찌야 옳아. 그래서 "워메 누가 가르치도 안 했는데 쟈들이 왜 저렇게 소리를 하느냐고?" 우리가 죽는다고 웃었어. 하도 귀엽게 예쁘게 뛰니까. 너무 너무 귀엽게 예쁘게 뛰니까.

노   아니 너무 앙증맞아. 소고 쓰고 앉아서 사진 찍은 거 보니까 너이 쪼로록 앉았는데, 옴마 진짜 빨캉 들고 안아주고 싶은 게.

박   그러지. 지금 시대 같으믄 진짜 많이 사진들 찍고 난리가 났을 것이다. 그때만 해도 이런 카메라가 없고, 우리 때는 그런 것이 없었잖아. 없은게 촬영 같은 거 일절 안 해놨지.

노   아, 언니가 한 역할이 뭐였죠? 처음에?

박   처음에 소고하고 열두발만 돌렸지. 징도 잠깐 쳤고. 나금추 언니가 나가버려서 내가 징을 쳤고. 그 언니가 그만 둔 바람에 내가 징을 치고 다녔지.

노   언니가 몇 년이나 했어요?

박   아이고, 몇 년인가도 몰라, 징그러서. 생각도 안 하고 그냥 진짜 하기 싫어서 내가 도망갔지. 도망가 버렸지. 지금같이 이렇게 선풍기라도 있었냐, 뭣이 있었냐. 뜨건 볕에 나가서 그것도 줄줄줄줄 흐르는 데다가 아이고, 낮공연 있을 때 미쳐버려. 낮에 공연만 하면 괜찮아. 마찌마리라고 그 시내 도는 거. 시내에서 할 때는 그래도 괜찮아. 시골 가봐. 저 건네 가 집 몇 가구 있고, 저 건네 가 집 몇 골. 고놈 쫓아댕기면서, 그게 제일, 거기서 지쳐버려, 거기서 나는 지쳐버렸어. 나만 지친 게 아니라 다 거기서 지쳤어. 공연 할 때는 참 기가 멕히게 좋아. 환영 받고 좋은데, 그게 그냥 아침밥 먹으면 마찌마리 시간 될 때까지 하고 와서 밥 먹고 인자 또 굿 허러 나가야 혀. 공연을 허로 나가야 되니 얼마나 지치겠어.

노   거기 들어간 계기는 어떻게 해서 들어갔어?

왼쪽부터 이희숙, 박복례 그리고 강도근·강선화의 조카 (이희숙 소장)

박   나는 인자 거기 칠선옥에서 농악대를 만드니까 단원을 모집하지. 칠선옥 강선화 씨 남동생이 우리 형부라 나는 사돈이지.

노   그 관계로 들어가게 됐고, 월급 받아본 적 있어?

박   월급이라고는, 그때 당시에 월급은 별로 없고 야참비, 야참비로 허고 인자 공연 싹 갔다 오면은 월급이 아니고 인자 싹 결산을 마쳐.

노   1년에 한 번씩인가 들어오잖아. 아니, 몇 달인가에 한번.

박   들와갖고 인자 결산을 마치고 인자 거기서 나머지 갖고 싹 나눠줘. 나눠주고 인자.

노   나눠줬어? 언니 돈 받았어? 나는 받아본 적이 없거든.

박   받았지. 나는 받아서. 왜 그랬냐면 공연하고 와서 거기 싹 하고 나면은 결산 마치고 줘. 다만 얼마씩이라도, 많은 돈은 아니었지만.

노   나는 야참비 외에는 받아본 적이 없어. 그니까 누가 내 옆에 누가 찾으러 온 사람도 없고 그니까 안 주는가봐.

박   우리는 받았어, 나는. 우리 때는 받았어. 받아갖고 그때 당시 옷도 사 입고 나름대로 인자 멋들 낼 때 아녀, 인자. 조금 크니까. 옷도 사입고.

노   그니까 언니가 춘향여성농악단 창단한 최초의 멤버네?

박   그렇지. 갑순이하고 나하고.

노   그 이후는 다시 들어가서 공연한 적 없어?

박   한번 나가고는 다시는 안 들어가. 다시는 안 들어가고 다른 멤버들일 때 자꾸 채워 넣어서 하다가. 너도 인자 나중에 들어갔잖아. 하다가 인자 끝나고.

노   그니까 끝에 내가 마무리 해산될 때까지 있었거든. 부산에서 해체될 때까지, 춘향여성농악이. 하여튼 감사합니다. 질문이 있을 때 또 부탁 드려요.

도저히 못 견디겠길래 꾀병을 앓아봤어.
그러면은 그날 공연을 안 시킬 줄 알고.

박 뙤약볕에서 공연을 하면 진짜 말로 할 수가 없어. 지금은 차라도 타
    고 댕기지 걸어서 그 뙤약볕에 이 동네 저 동네 쪼깐한 여남은 동네
    있으면 거기 쫓아가야 혀, 동네를 우리가. 분단장 하고 거기를 갔다
    와야 혀. 동네마다 구석구석 가야된게 거기서 너무 지쳐버린 거야, 내
    가. 시외로 빠져갖고 인자 여수에서 공연을 하게 되었는디 하필 뙤약
    볕에 포장을 치고 공연을 시켰으니 다른 사람 어쩐가 몰라도 나는 못
    견딘 거라, 막. 그래갖고는 도저히 못 견디겠길래 꾀병을 앓아봤어,
    한번. 어린 마음에 꾀병을 앓았더니, 그러면은 그날 공연을 안 시킬
    줄 알고. 그랬더니 전화를 했는가 어쩌는가 의사가 오더니 주사를 이
    만한 거를. 의사가 와부렀어.

노 옛날에는 왕진을 오잖아.

박 와부렀으니 안 맞는다고 할 수도 없고 꼼짝 마라 하고 팔에다가 맞
    고 난게 정이 다 떨어져버리더라고. 너무 정이 떨어지니까 그래서
    내가 이야기를 했지. 단장이 우리 사돈이었어. 여단장.

노 강금순 씨.

박 우리 사돈이었는데 사돈이라고 안 하고 무조건 단장이라고만 했지.
    그때 어린디 뭔 사돈 찾고 뭐 찾고 하는 것도 없어. 갑순이 양엄마
    지, 그 양반이. 그래서 그 양반한테 얘기를 했어. "나 도저히 못 하
    겠는데 어쩌금 해야 돼요? 나 죽겠소." 내 성질대로 하다가는 내가
    죽겄은게 나 좀 놔주시란게 광주, 화순까지만 공연을 마쳐주고 그만
    두자고 그래. 광주에서 화순으로 들어가는 때가 있어. 거기까지만
    마치고 그만두라고. 거기까지만 마쳐주면 어쩌겠냐고 그래. 알았다
    고. 거기까지 갔제. 가서 공연을 허는디 그냥 하면은 얼른 안 보내

주게 생겼어. 거기서부터 찡짜¹를 놓은 거여, 내가. 뗑깡을 놓은 거여. 화순 적벽이라는 데가 이렇게 산이 좀 있고 냇물이 흐른디 그쪽에다 포장을 쳐놓고 공연을 해.

노 원래 갱변에다가 포장을 쳐. 강변에다.

박 강변에다 치고 있는디 배도 없어, 거그는, 그때 당시는. 지금은 배 있을 거야, 아마, 관광지라. 거기를 적벽이라 하더구만. 거기서 갑순이랑 전부 사람들 오라고 이르꾸미를 하고 있는디 나는 소고니까 이르꾸미는 잘 안 해. 내가 인자 가끔 가다가 맘이 내키면은, 그때 금추 언니가 처음에는 징을 했었어. 깽맥이가 아니고. 처음에는 징을 쳤기 때문에 징을 쳐달라면 거기 가서 쪼끔 쳐주고.

노 이르꾸미도 기회를 안 줘. 자기들이 다 쳐버리지. 소고는 잘 안 줘.

박 조금 쳐주고 그러다가 더운게 물 속으로 들어간다고 간 것이 농악복을 입고 들어갔어. 공연은 해야된디 인자 뗑깡은 놔야 되겠는디 할 것이 없는게, 거기서 또 다른 데로 데리고 가면 어쩌나 싶으니까.

노 언니 그때 다우다였지, 다우다? 손목하고 발목하고 막혀있지. 근게 얼마나 덥겄어. 손목에 고무줄로 해서 레이스처럼 달려갖고. 그 얼마나 더워 땡볕에. 공기도 안 통하고.

박 다우다. 농악복 입고 물속에 풍당 들어가 버렸어. 그랬더니 누가 가서 단장한테 일렀는가봐. 우리 사돈한테. 사돈이 쫓아나와갖고 악을 써. 물속에서 빨리 나오라고. 옷이 버려 버린게. 불러제껴서 나왔어. 나온게 "어쩔라고 그러냐?"고 혀. "나 다른 데 가서 또 데리고 가면 안된게 답변을 하라 이 말이여, 나는." 확답을 받고 나서 인자 알았다고 여기서만 하고 그만 한다고. 거기서 정순이하고 나하고 사진 찍은 거 있었다고. 마지막으로 화순에서, 정순이하고 나하고 많이 친했잖아. 그래서 둘이 사진 하나 찍자 해서 둘이서만 사진을 찍었어.

---

1 "괜한 트집을 잡으며 덤비는 짓을 속되게 이르는 말"이란 뜻의 '찍자'를 말한다.

열두발은 정오동 선생님 홍 보다가 내가 배우게 된 것이고.
소고를 그때 여덟 명이 배웠어.

노 언니가 단체 떠날 때 나이가 열여섯, 일곱?

박 아니, 열다섯 살인가 돼서 떠버렸어. 열다섯 살인가 되었을 거여.
    도저히 못 이긴 거라, 내가. 그리고 인자 열두발 그놈이 쇠.

노 엽전, 엽전.

박 엽전 같으면 좋기나 좋으라고. 자전차 바퀴. 살 아니고 자전차 돌아
    가는 바퀴에 체인.

노 체인 있잖아. 그게 빠지면 바퀴가 안 돌아가잖아. 그랬구나. 우리
    때는 이게 엽전이었거든.

박 체인 그놈 갖고 해줬으니. 열두발도 배우고 싶어서 배운 게 아녀. 내
    가 방정 떨어갖고 그런 거여. 비가 오면 공연을 못 하잖아. 야외공연
    이라서 못 하니까 전부 어른들은 피곤한게 자. 여관에서 전부 방에서
    자는디 우리들은 어린게 잠이 안 오잖아. 심심하고 그런게 어른들 안
    보는 데서 우리 선생님 홍을 좀 봐야 되는 거라. 숭을 볼라고 선생님
    열두발을 돌라갖고 와갖고 살째기 갖고와서 그놈을 쓰고 이놈을 돌
    리고 선생님 숭을 낸게, 선생님이 그때 나이가 잡솨갖고 얼굴에 주름
    살이 많은 데다가 이놈을 쓰고 돌리면은 이것을 잡아챌 때, 일사를 칠
    때 얼굴이 이렇게 된 거라.

노 찌그러지지.

박 찌그러져. 그 홍내를 내고 있는 거라, 내가, 마당에서. 거기가 다른 데
    보다 유달리 여관이 마당이 컸어. 우리 단원들은 쭉 마루에 앉아있
    지, 잠들 안 자고. 앉아서 나 하는 거를 보고 깔깔깔깔 웃어댄게 어른
    들이 잠 잘 수가 없잖아. 철때기 없이 웃어제끼니. 그때만 해도 솔방
    울만 궁굴러 가도 우스울 땐디 깔깔깔깔 웃은게 선생님이 문을 열고
    봤던가봐. 문을 열고 본게 내가 그러고 있은게 '저거 가르치면 되겠

다.' 했던가봐. 그 이튿날 딱 잡고 가르치는 거야. 흉내 내는 것을 보고. 안 한다고 해도 가르치기로 작정을 한게 살살 꼬시고 "잘 한게 한 번만 해보자, 한번만 해보자." 달래갖고 그걸 시키는 거라. 그거를 꼭 배우라고는 않고 내가 안 할라고 자꾸 뻗대기질을 해싸. 뻗대기질을 하는데 "한번만 해보자. 되는가 안 되는가만 보자."고 하면서 자꾸 가르친 것이 영락없이 삼일 된게 싹 하거든. 삼일 된게 싹 하니까 그때부터 바로 그냥 집어넣어버린 거야, 프로그램에. 프로그램에다 열두 발 딱 집어넣고 하라고 하니 환장하겄지. 그걸 안 하면 돈도 못 받고 공연을 못 나간단게 울며 겨자 먹기 식으로 어쩔 수 없이 허는디.

권 케라는 좀 올랐어요? 열두발 하면서?

박 그런 것은 없어. 케라도 오른 것도 없고. 근디 내가 그거를 안 하면은 우리 단체가 돈을 못 받는다고 해. 내가 싹 빠져버리면 안된게. 하기는 하는디 인자, 바람이 안 불 때는 잘 돌려. 바람 안 불 때는 잘 돌리는디, 바람만 불면 허리에가 작신 감겨가지고. 여자이기 때문에 기운이 딸리잖아. 딸리니까 바람이 불면 종이가 몸에 와서 감어져 갖고. 그런게 이런 거 저런 거 겪기 싫은 거야. 나는 겪기 싫어.

  그러고 나는 농악대를 할라고 해서 한 것도 아니고. 갑순이랑 모다 그때는 집집마다 농악을 치고 댕기던 때였거든. 음력 정월 요때 쯤 되면 집집마다 치고 댕겨. 그때 그렇게 색동저고리에 남색 조끼 입고 오동색 바지를 입었는데, 그렇게 좋게 보이더라고. 그렇게 농악을 치고 다니는데 내 눈에 그렇게 이쁘고 좋아 보여. 좋아 보여갖고 그래서 내가 그걸 뛰어든 거야. 그래갖고 농악도 다니게 되고 소리도 배우게 되고.

  농악은 치고 댕기면서도 소리는 안 배웠었어. 우리 강도근 선생님이 부르더라고. 불러서 하루는. 그러니까 강 선생님도 지금 생각하면 참 수고 많이 했어, 나 때문에. 사돈 되거든 나하고. 부르더니 "복례 이리 와보지." 그래서 "왜요?" 저그 뭐냐, "다 농부가를 부르는

데 수버꾸가 농부가를 안 부르면 쓰겠어? 보기가 싫은데 농부가 몇 마디만 불러. 가르쳐 주께 해봐." "그건 안 할라요. 나 소리는 안 배울 거요." 그랬더니 그래도 안된께 하라고 그래. "그럼, 해봅시다." 달래면 잘 해, 맘이 약해갖고. 그래갖고 인자 또 농부가 가르쳐준게 영락없이 농부가 받아서 또 했지. 그 뒤로 인자 이 양반이 소리도 가르치기로 작정을 하고. 그런게 그 양반은 나 소리 가르치면서 참 고생 많이 하셨어. 왜냐하면 꼴통을 지켜싸서. 하면서도 내 비위가 틀어지면, 선생님이 못 이긴 거라, 나를. 아 근게 선생님 식사하러 가시면은, 텃밭이 큰놈이 있는데 배추를 뽑아버리고 없어. 우리 학원에, 동충동에 학원이 있었는데.

권 국악원?

박 국악원이 있었는데. 그러면 가만히 얌전히 선생님 오실 때까지 밥 먹고 기다려야는디 그걸 못 기다린 거야. "야, 우리 줄넘기 하자. 고무줄 하자." 하고 인자 텃밭으로 싹 끌고 나가. 하나 둘 나오다 보면 싹 다 나가. 선생님 식사 하시고 딱 와서 본게 하나라도 연습하고 있으면 좋을 거인디 하하 호호 하고 바깥에서 난리가 났어. 텃밭에서 그 난리를 친게 불러서 주동자가 누구냐고.

노 박복례가 주동자여.

권 아까 소고 열두발 가르쳐주신 선생님은 성함이 어떻게 되세요?

박 정오동 씨인가 그랬을 거여, 그 양반이. 정오동 씨여. 유명했어, 그때. 우리 어렸을 때도 유명했어.

권 그분이 남원 분이신가요?

박 아니여. 정읍서 오셨어. 장구 선생하고 그 양반은 정읍에서 같이.

노 장구 선생은 누구? 전사섭 씨?

박 응, 전사섭 씨. 두 분이서 같이 왔어. 정읍에서 오셔갖고 거기서 소고를 배웠지. 열두발은 나중에 배운 거이고. 선생님 숭 보다가 내가 배우게 된 것이고. 소고를 그때 여덟 명이 배웠어. 여덟 명이서 배

윘는데.

권   처음 배우신 거네요. 여자들이.

박   처음 가르친 거지. 처음 소고를 가르칠 땐디 전립을 쓰고. 다른 데
     는 수건을 쓰고 농악을 치는데 우리는 전립, 상모, 채상을 쓰고 인자
     그거를 가르친 거야. 근게 여덟 명이서 그걸 배웠어.

노   그러니까 언니들이 처음으로 상모를 쓴 거야.

박   처음으로 썼지, 여자로서.

권   선생님 그때 함께 배우신 여덟 명이 누구누구인지 기억하셔요?

박   하나만 잘 모르겠고, 집에 가면 사진에 있어.

권   처음 배우신 분들. 지금 남원국악원에서 배우신 거죠?

박   아니, 나는 남원국악원 단체는 가보지를 않았고, 칠선옥에서 배운 거
     지. 칠선옥이 인자 우리 사돈 되는 데다가 갑순이가 칠선옥 양딸이
     었잖아.

노   단체를 만들면서 선생님 초빙해서 다 가르친 거 같애.

박   우리 사돈이 춘향농악대를 만든 거여. 그래갖고 선생들 정읍에서
     모시고 와갖고 거기서 인제 배웠어. 소고만 여덟 명인데, 그 중에서
     리더가 내가, 수버꾸가 되었지. 아까 이름 잊어버렸다는 물 건너 살
     았다는 걔, 그 애가 내 뒤에 섰었거든.[2]

권   그때 안숙선 선생님은 버꾸 아니었어요?

박   버꾸 아녀. 장구. 숙선이는 바로 장구로 갔지.

노   여자로서 채상을 최초로 썼고 최초로 열두발을 돌렸고 그게 박복례
     씨다, 이 말 아냐? 다른 데에서는 고깔이나 수건 쓰고.

박   수건 쓰고 꽃을 달아서 그렇게 했는데 유달리 우리만 채상을 쓰고
     시작을 한 거이지.

---

2 나중에 부버꾸의 이름이 최숙자임을 기억해냈다.

춘향여성농악단 단장 강선화(왼쪽)와 박복례의 언니 (오른쪽)

강백천 할아버지 집에서 내가 셋방살이를 해.
줄 가르치는 거를 다 보지.

권 사돈이라고 하시면 강선화 선생님 남동생 그분하고 언니가 결혼을
　　 하신 거예요?

박 응, 우리 언니가. 우리 형부지, 그러니까. 그 양반 막둥이 동생이 우리 형
　　 부. 강윤근. 나는 뭐 누가 뽑고 어쩌고 한 것이 아니라 내 스스로 그냥.

권 피리도 배우셨다고 들은 거 같아요.

박 피리는 배웠는데 우리 강도근 선생님이 죽어도 못 배우게 해. 왜냐
　　 하면 내가 몸이 그때만 해도 말랐어, 키만 크고.

권 근데 열두발을 하셨어요?

박 그러니께 그걸 못 이기지. 그런데다 대고 피리까지 하면은 소리도
　　 못 하게 된다고 못 하게 했어. 좌우지간에 못하게 했어.

노 옛날 분들은 이 피리 목을 쓰고 다른 음을 내면 창 음이 안 나온다
　　 고 못 하게 하는 거지.

권 제가 듣기로 남자들은 악기를 많이 가르치는데 여자들은 악기보다
　　 는 소리를 가르칠라고 했다면서요? 그런 게 있어요?

박 얼른 말해서, 남자는 가르쳐 놨자 그때에는 돈벌이를 할 데가 없어.
　　 소리를 가르쳐 놔도 별로 돈벌이 할 데가 없었어. 너무나 이 국악을
　　 무시를 할 때거든. 우리 배울 때만 해도, 완전히 바닥 밑에다 깔아
　　 봤잖아. 무당이니, 당골네니 이래 가면서. 남자들이 안 배우지. 그
　　 중에 미쳐갖고 인자 그래도 좋아서 배운 사람들이 몇몇이 있고. 정
　　 순이네 오빠, 그 사람이 포장 치고 따라댕겨.

노 점식이 오빠?

박 응. 농악을 좋아했어.

노 포장 치고 댕기고 포장 뜨면 같이 일 하고 그랬어.

권 정점식. 정총무님 아드님?

노 응. 점식이 오빠.

박 그 지경을 하고 자기가 따라댕겨. 자기가 좋아한게. 어느 날 본게
배워갖고 상모를 돌리고 잘 하더라고. '워낙 좋아한게 어깨 너머로
배워버렸구나.' 내가 그랬지.

노 잘 했어. 야물딱지게 잘 했어. 나 하고 같이 다닐 때 했어. 그 오빠
가 수버꾸 치고. 수버꾸 할 때도 있고 중간에 남자니까 개인놀이 할
때 나와서, 개인놀이 할 때만 나와. 그 오빠가 열두발 하고.

박 내가 활동할 당시에는 감히 우리 축에 못 들어와. 들어오들 못하고
짐꾼마냥 포장 같이 치고 뜯고.

노 우리 단체 다닐 때도 일꾼이야. 근데 농악 할 때는 중간에 나와서
열두발 하고 소고 개인놀이 하고.

권 그분이 박 선생님보다 나이가 많아요?

박 아니, 동갑일걸.

권 선생님 몇 년 생이세요?

박 45년생. 닭띠.

노 근데 왜 벌써 죽었지? 지금 몇 년 됐어, 언니. 한번은 광한루 근처에
서 봤어, 차 타고 가다가. 자전거 타고 가더라고.

권 그분은 남원에 계속 계셨어요?

박 응, 계속 있었어.

노 언니 해천 아저씨, 손해천 아저씨 알지? 남원농악에 손해천 씨 알
죠? 장구 잘 쳤어. 근데 그 아저씨도 짐꾼처럼 따라다녔어. 농악은
안 치고 우리 단체에, 그 사진에 있지.

권 농악 그만 두시고 다른 거는 안배우셨어요? 농악이 지겨우셨던 거잖아요?

박 농악에 지쳐서 뭘 배울라고 했겄어. 안 배우지.

권 「공도난이公道難離」하고 뭐 배우셨다고. 강도근 선생님한테 배우신
거예요?

박 「공도난이」하고 「왔단 말」, 두 개를 김영운 선생님한테 배웠어. 김

선생님이 "그 옆에 사는 양반 애기 좀 봐주면 내가 갈켜 주께" 해갖고. 그 양반 이름이 춘희인디. 성씨는 모르겄고. 애기가 둘 있는데 밤에는 돈 벌러 나가야 되는디 애기를 맡길 데가 없는게 나한테 맡겨놓고. 그리고 배우다가 우리 언니한테 붙잡혀 왔지. 거기 가 있다는 걸 알고 우리 언니가 잡으러 와갖고. 그때는 단체 다니기 전에. 어렸을 때 농악에 미쳐갖고 그랬다니까, 농악에. 농악대를 보고.

노   이 동네 사니까 가깝잖아. 치면은 소리가 들려.

권   춤을 따로 배우시지는 않았어요?

박   농악대에서 바로 가르쳤어요. 굿거리장단 나오면은 소고 들고 추는 거. 우리는 다른 데서 배운 건 없고 정오동 선생님이 바로 가르치면서 인자, 굿거리장단이 나오게 되거든. 그러면 맞춰서 추게 되고. 같이 똑같아, 춤이. 왜냐면 앉게 되더라도 내가 신호를 해서 같이 앉고 돌아도 신호를 내가 해갖고 여덟 명이서 같이 돌아야 되고. 자반뒤지기라고 있어, 자반뒤지기. 자반뒤지기 할 때도 딱 내가 고개로 신호 딱 보내면 같이 돌아가야 되고. 춤을 추더라도 가만히 서서 춤만 추는 게 아니라 돌기도 하고 앉기도 하잖아. 그러면 신호는 내가 줘야 돼. 그래야 똑같이 앉고 내리고 그것을 해야 되니까.

권   그것은 판굿할 때 그러시는 거죠?

박   그렇지.

노   그것은 상쇠가 그렇게 하라고 지시를 해?

박   그러지. 상쇠 소리가 벌써 달라. 눈짓으로는 신호를 다 못 받은게. 가락으로 하면 내가 딱 고개 돌려주면 애들은 똑같이 나가지.

권   그때 상쇠가 강초운 선생님?

박   그러지. 강초운 씨하고 부쇠가 김금순이, 끝쇠가 주영숙이. 장구는 오갑순이, 경자, 숙선이가 끝장구. 징은 그때 나금추 언니 혼자 쳤어. 소고가 여덟. 대회 나갔을 때는 바라가 김영희.

권   바라가 따로 있었어요?

박 있었지, 처음에. 바라춤 출 때.

권 농악할 때도 같이 해요?

박 같이 하지. 같이 했는디 걔가 그만둔다고 해갖고 바라는 없애불더만.

노 남성 농악에서 유래해서 들어왔기 때문에 처음에는 그대로 하려고 했나봐. 남성 농악에는 중도 있고 총 가진 사람도 있고. 그걸 그대로 했는데 없으니까 안 한 거지.

박 우리가 댕길 때는 줄을 안 탔어. 나 댕길 때만 해도 줄이 없었어. 나 있을 때는 소고만 했었고 줄을 안 탔어. 근디 어느날 본게 줄을 가르치고 있더라고, 강백천 할아버지가.

노 할아버지가 줄도 탈 줄을 모르는디 가르쳐.

박 모르는디 가르쳐.

노 창도 못 하거든. 근데 기가 멕히게 가르쳐. 절대음감인가 봐. 강백천 씨가 절대음감이 있나봐.

박 내가 줄 가르치는 것을 봤는디, 제일 처음에는 땅에서 요렇게 가깝게 줄을 매. 문턱 높이만큼이나.

권 한 10센티 높이나 되겠네요.

박 그걸 타고 왔다갔다 하게끄름 만들어. 그리고 조금 더 타면 자꾸 올라가, 줄이. 조금 단련이 되면 자꾸 올라가. 그렇게 가르치는 걸 봤어. 할아버지가 갈켰어. 그걸 내가 봤다니까. 한 집에서 살면서. 왜냐면 강백천 씨하고 손녀딸하고 이 안채에서 살아. 그럼 나는 사랑채에서 살아. 근게 공부하는 거를 싹 보지.

노 남원국악원 역전 가까운 데 거기서 본 거야?

박 거기 부근 쪽에서. 방송국 앞에. 거기서 그렇게 가르쳤어. 학원은 동충동에 있고 강백천 선생님은 가정집에서 살지. 이 양반 집에서 내가 셋방살이를 해. 어렸을 때 이 양반 셋방에서 내가 살아. 줄 가르치는 거를 다 보지.

권 그때 손녀가 몇 살이나 됐는데 가르치신 거예요?

박   몰라. 몇 살까지는 몰라도 좌우지간에 어렸어. 국민학교 이쪽 저쪽 다닐 땐디 어렸어. 그러니까 하는 말이 있어. 농악대 치고 다니면 하도 애들이 이쁘고 쪼깐해갖고 뺑뺑뺑뺑 돌아가면 할매들이 "아가, 뭣 먹고 배왔냐?"하면 서슴없이 한단 말이 "토끼고기 먹고 배왔어요." 느닷없는 소리지. 아 서슴없이 나오더라고. 기가 멕히게.

무대로 올라가기는 갔는디, 강도근 선생님 얼굴을 본게
웃음이 터져서 '야 이놈' 소리가 안 나온 거야

박   우리 때만 해도 어리기 때문에 말똥만 둥굴어 가도 웃는다고. 우리 선생님이, 느닷없이 마당쇠가 못 나오게 됐어. 마당쇠가 못 나오게 된게 나를 갖다가 금방 가르쳐서 내났으니. 대사는 싹 다 알지. 하도 들어싸니까. 대사는 다 아는 거라. 아 그 중에 뽑은 것이 하필 강도근 선생님이 나를 뽑았네. "아이고 선생님한테 어떻게 야자를 해요? 못 해요, 나는."

권   마당쇠막.

박   선생님이 놀부를 하고 내가 마당쇠인디, 선생님한테 나는 절대 그거 못 헌게 나는 안 한다고 퍼졌는디. 강초운 씨가 아파갖고 못 나온 거야. 원래 강초운 씨가 했는데. 아파갖고 못 나온디 어쩌겠냐고. 그런게 어쩔 수 없이 하래. 하는 것까지는 좋은데 내가 자신이 없어. 나는 못하는 것은 그때도 쪼깐해도 분명히 했어, 희한하게. 아닌 건 아닌 거라. "선생님한테 내가 어떻게 '해라'를 하요? 안 해요." 사돈에다 선생님이고 어른이고. 그런디 내가 그걸 어떻게 하냐고, 안 한다고 한게. 안 하면 우리가 보따리를 싸야된께 어쩔 거냐 이 말여. 이 단원들 다 데리고 어쩔라냐고. 그 소리를 들은게 안 할 수도 없고.
     참 어쩔 수 없이 무대로 올라가기는 갔는디. 아니나 달라, 웃음이 딱 터져버리는디. 하도 웃은게 선생님이 조가 미워라고. 선생님 하고 주고받고 대사를 해야 되는데. "야 이놈아, 그것이 아니여!" 그러면 나도 따라서 "야 이놈아, 그것이 아니여!" 이렇게 받아치기를 해야된디 선생님 얼굴을 본게 웃음이 터져서 야 이놈 소리가 안 나온 거야, 내 입에서. 하기는 해야 되는디 웃음만 나와 죽겠어. 마이크는 여기가 있고. 근게 조가 미운게 놀부 담뱃대를 갖고 여기다 딱 기대갖고 해논게 더 우습지, 나는 인자. 그래서 얼른 담뱃대를 뺏어갖고 던져버리고. 하여튼 그날은 허든 안 허든 선생님 잘못여, 내 잘못 아니다 이 말여. 내가 생각할 때는. 내가 하자는 것도 아니고 한게. 좌우지간에 대충대충 하고 넘어갔어. 그 자리만 빠져불면은 선생님하고 웃길 일이 없어. 마당 쓸러 댕길 때 빗지락으로 때릴 때 외에. 근데 선생님은 안 때리고.

그래놓고 난게 나중에는 선생님이 쏙 빠져불고 강초운 씨를 놀부를 시키고 나를 마당쇠를 딱, 그렇게 딱 밀어 넣어 버린 거야. 선생님이 쏙 빠져불고 나하고 강초운 씨한테 싹 맽겨놔. 강초운 씨가 나한테 많이 맞았어, 빗지락으로.

권　연극 다른 것도 하셨어요?

박　심청전에서는 황봉사 역할. 그거는 잠깐 했어. 지금 대사 생각 하나도 안 나.

권　그럼 마당쇠막은 대사 기억나세요?

박　마당쇠는 대충 다 알지. 왜냐면 마당쇠는 쉬운 것이 선생님이 해주니까. 앞에서 먼저 한 놈 따라만 하니까. 따라만 하면 마당쇠는 하게 되어 있어. 연극은 짤막한 거. 농악을 쳐야 된게. 농악이 우선이니까 연극은 잠깐. 그놈 하다가 인자 또 이도령 시켜갖고 사랑가도 한 대목 잠깐 하고, 짤막짤막하니 해. 간단간단하게 하지 길게는 없어. 나중에 가서 인자 옛날 신라극 짜갖고 그건 좀 길었는가 몰라도 우리 할 때만 해도 잠깐씩. 근게 마당쇠 역할도 할라고 해서 한 것이 아니라 그 양반이 아파갖고 빠지는 바람에 어쩔 수 없이, 그건 진짜 울며 겨자 먹기로 선생님이 날 갖다가 집어 넣어갖고 얼마나 그날 웃었던지.

권 그 다음에는 안 웃으셨어요?

박 그 다음에는 별로 안 웃기더만. 한번 길이 나놓은께 선생님하고 해도 괜찮애. 처음에는 어찌 그리 우습던지.

권 진땀 났을 거 같애요, 무대에서.

박 진땀도 나고, 하기는 해야 쓰겄는디 웃음은 나와갖고. 내가 방송국에도 우리 선생님 갈 때 따라갔지. 두어 번 따라갔어.

노 남원에서 출연할 때, 라디오 방송이야. 방송이라 해봐야.

권 무슨 역할을 하셨어요?

박 그때 여럿이 했어. 나 혼자 한 거 아니여. 잡가 했을 거야 아마. 우리 선생님이 데리고 가서 잡가 시켰을 거여. 몇 번 갔어.

권 선생님 그때 20살 넘었을 때에요?

박 그지. 그때는.

권 춘향제 때 춘향 사당에 제사 지내잖아요? 그거는 가셨어요?

박 그거는 안 갔어. 지금까지도 안 갔어.

노 나는 갔어. 양해준 씨 때. 지금은 국악학교가 있으니까 애네들 시키지만 그때는 국악인 밖에 없어, 시킬 사람이. 일반 사람은 누가 오지도 않고. 그니까 국악원 사람밖에 시킬 사람이 없잖아. 뻑하면 시키는 거야, 우리를.

권 지금은 국악정보고등학교 학생들이 하는데.

노 지금은 걔네들이 하지만 우리 때는 그런 학교도 없었고 일반인들은 또 안 하잖아. 그러니까 뻑하면 우리만 부려 먹고.

박 그때 당시는 여기에서 춘향제를 한다고 하면서 걸어서 광한루까지 간 적이 없어. 밀려서 갔어. 떠밀려서 가고 떠밀려서 오고. 지금이야 사방간 데 볼 것이 많지만 그때 당시는 그것밖에 없으니까.

춘향여성농악단의 김순애, 이희숙, 박복례 (왼쪽부터)

"우리는 방방곡곡 구석구석 찔르고 댕겼지.
그때 당시에 명절 돌아오면 집에서 놀 새가 없어."

권　아까 기사에 61년도에 덕수궁에서 삼천명이 봤대잖아요, 농악을.
　　요새 누가 농악을 삼천 명씩 봐요.

박　그때 덕수궁에서 공연할 때 그때는 진짜 사람이 우리 쪼깐한 눈에
　　사람으로 크게 보이는 것이 아니라 잘잘한 개미 같더란 말여. 사람
　　이 쬐깐해. 덕수궁에서 공연을 할 때 보면은 사람이 워낙 많아갖고
　　내 눈에 사람이 쬐깐해. 하도 빡빡하니 많아서. 그때 당시에 우리
　　가 인기가 좋은 것이, 전국적으로 여자가 하는 데는 하나도 없는 거
　　야. 우리뿐인 거야. 대한민국에서 여자가 농악 치는 거는 우리뿐이
　　야. 그렁께 인기가 엄청 좋지. 전부 남자들은 많어. 사방 데서 많이
　　나오는디 여자는 남원에 딱 하나뿐이여. 여자농악대는. 그래논게

인기도 좋고 예쁘고 돋보이고, 거기다가 일등까지 했겠다, 좋지. 얼른 말해서 우리 김 선생님 농악은 남원 밖에를 안 벗어난 농악이고 시내에서만 했지. 돈 벌러 우리맹이로 객지로 나간 것은 없어. 여기 남원국악원 농악은. 그냥 남원 안에서만 놀았지 우리맹이로 사방 방방곡곡을 댕기지는 않았어. 우리는 방방곡곡 구석구석 찔르고 댕겼지. 우리가 미쳐버리지. 그때 당시에 명절 돌아오면 집에서 놀 새가 없어. 더, 명절 돌아오면 더 못 쉬어, 우리가.

권 그럼 소고를 언제 딱 놓고 그 뒤로 안 하신 거예요?

박 그 뒤로 한번을 안 했어.

권 한번씩 하고 싶지 않으셨어요? 그렇게 활발하게 하시다가 안 하시면 답답하셨을 거 같아요.

박 그것이 없어. 답답할 거 없어. 너무 질려 버린게. 내가 오죽하면 농악대라고 소리가 나면 구경도 안 간 사람이랑게. 안 갔당게. 요새는 아는 사람 있으니까 인자 남원에서 가끔 한번씩 들여다보기나 하지 그 전에는 그렇게 치고 댕겨도 내다도 안 봤어.

권 세상에. 선생님 국악협회 회원 아니셔요?

박 기여.

권 다른 국악은 계속 하셨어요. 근데 농악이 싫으셨구나.

박 여기 와갖고 유명철 씨 그 양반이 농악대를 운영을 한게 한번씩 가봤지 안 그랬으면 가보지도 안 해. 유명철 씨가 한번 오라고 해서 놀러를 간게 한번 써보고 돌려보라고 하는디 안 돌아가. 안 돌아가, 이것이 안 돌아가.

권 안 돌아가도 몸으로 춤을 추셨던 거는 기억하실 거 같아요.

박 그런 거는 하지.

권 선생님 그럼 뭐 뭐 배우셨어요? 피리도 좀 배우시고 소리도 좀 배우시고?

박 피리는 며칠 배우다가 선생님한테 혼나고 못 배웠단께. 잠깐 배웠는디 누가 가서 일렀어. 복례 피리 배우러 댕긴다고. 그런께 불르더니 당장 그만두라고.

노 그래도 그때 언니가 좋았을 것여.

권 좋으셨어요? 선생님 그때 기억이 좋은 기억이에요?

박 지금 가만히 생각해보면 그때가 좋기는 좋았어. 좋았는디 그 당시에는 좋은 줄을 모르고 그랬지.

권 한창 꿈 많을 때, 열다섯 열여섯 살 때, 말똥만 굴러도 웃음 날 때 지겨우실 법도 해요.

박 아니, 정도껏만 치면 된디 숨을 못 쉬게 사방에서 데릴러 와. 그러니까 사람 미쳐불겠지, 그냥.

권 김수덕 선생님 얘기를 들으니까, 보루박꾸에다가 돈을 담다가 못해가지고 베가마니를 갖다가 발로 돈을 밟아가지고 집어넣었다고 그러더구만요. 도대체 어떻게 하면 돈을 베가마니에다가 발로 밟아가지고 집어넣는지, 낙엽 치우는 것도 아니고.

박 아 저녁 때 딱 공연 시작할 때가 되면 끄터리가 안 보여. 사람들이 많아가지고. 구경거리가 없잖아, 그때 당시에는. 지금은 텔레비전도 나오고 뭣도 나오고 라디오도 있고 하지만은 그때만 해도 밥이나 좀 먹고 살아야 라디오 한 대씩 갖고 있는 집이 있지, 뭐가 있어. 구경거리가 없지. 그런데다가 여자들이 예쁘장허니 화장까지 하고 옷 예쁘게 입고 헌게 진짜 꾸역꾸역 구석구석에서 다 온 거이지.

권 그때는 매점 같은 거 없었죠? 단체에서 매점도 운영 안하고?

박 없어. 매점이 어디가 있어.

노 한참 후에 생긴 거지.

박 매점도 없고, 매점 있다고 한 때가 겨우 서커스하고 같이 맞붙을 때가 있어, 서커스단하고. 같이 공연할 때가 있어. 그러면 인자 거기 매점 가서 좀 사먹고.

권 어디 행사 같은 데 진주예술제, 구례곡우제 이런 데 가면?

박 그런 데 가면 마주쳐, 서커스단하고. 마주치고 여수 같은 데 가면 마주치고. 오동도 그런 데서. 지금은 서커스가 없어져버려서 그러지 그때 당시에는 서커스를 자주 만나, 우리가.

노 그리고 서커스가 많았어. 지금은 동춘 하나뿐이지만 중앙서커스도 있었고 많았어.

박 서커스를 가면은 우리가 돈을 주고 들어간 거 아니야. "우리 춘향농악에서 왔소."그러면 그냥 들여보내. 즈그들도 "우리 서커스에서 왔다."고 하면 그냥 들여보내고. 우리끼리는 무료로 다 하는 거이지. 그러기 때문에 "우리 농악대에서 왔는디 좀 보면 안 돼요?" 그러면은 들어가라고 그래. 우리는 비올 때 공연을 못 하잖아, 천장이 없으니까. 근데 그 사람들은 해.

노 서커스는 천장을 달아놓잖아.

권 거기는 그럼 광목으로 안 해요?

박 안 해. 갑바 같은 거 그런 거.

노 비가 안 맞게. 줄을 타니까 높은 데 줄을 타니까 천장을 하지.

박 그러니까 "우리 농악대에서 왔는디 좀 들어가면 안 돼요?" 쬐깐한 것들이 예쁘장한 것들이 여자들이 와서 그러는데 안 된다는 소리는 안 해. 들어가라고 하면 가서 구경 실컷 하고, 인자 저그들도 공연 일찍 끝난 애들이 인자 어찌금 생겼는가 싶어서 궁금해서 와. 즈그 쪽에서도. 오면은 언제쯤 올 거냐고 물어봐. 언제쯤 올 거다면 우리가 문 앞에 서있지.

노 섰던지 매표소에 얘기를 해놔. 올 거니까 들여보내 달라고.

권 그때도 기도가 있었어요?

노 그럼, 기도 없이 어떻게 표를 받아. 매표 따로 있고 기도가 있고.

박 돈 받아야 되고 표 받아야 되고 하니까.

노 기도는 힘 좀 쓰는 사람, 주먹깨나 쓸 줄 알고 말발 센 사람을 세워. 왜그냐면 껄렁껄렁한 것들이 와가지고 술이나 먹고 막 뗑깡 놓고 그러면 발깡 들어다가 갖다놔야 된게.

권 나이트클럽에서도 건장한 사람을 세우는 것처럼?

노 주먹도 쓸 줄 알고 건달기가 있는 사람. 비리비리한 사람 기도로 놔봤자 안 되지. 저쪽에서 껄렁껄렁한 놈이 와갖고 주먹 휘두르고 그러면 안 되니까.

권 그럼 이 단체 사람이 해요?

노 그러던지 아니면은 단체를 사간 그쪽에서 어깨들이, 우리가 '패깡'이라고 깡패를 '패깡'이라고 그러는데, 그런 사람들 중에 와서 있던지.

권 주최측에서?

박 주최측에서 많이 해. 자기들이 돈을 가져가야되니까.

노 우리들을 사왔잖아, 계약을 하고. 그러니까 즈네들이 어떤 목적으로 우리를 사갖고 왔기 때문에 즈네들이 다 봐야지.

박 공연 때 가서 우리가 이야기를 한 것이 "사람이 올 것이니까, 우리가 서커스를 공짜로 봤으니까 사람들이 오면 들여보내 달라."고 이야기를 미리 해줘. 그럼 그 사람들도 같은 단체들인디 안 된다는 소리를 안 혀. 알았다고.

권 근데 여기는 광목만 삥삥 둘러쳤다고.

박 광목 이외에는 없어, 아무것도. 말뚝 박아놓고 광목만 삥 둘러치고. 하늘이 삥 뚫어졌어.

노 근게 비 오면 못해, 공연을. 근데 언제부턴가 남원 단체 말고 타 단체에서 위에 천막을 치기 시작했는데 우리 춘향여성농악은 천장이 없었어.

권 김수덕 선생님 얘기를 들으면 200평을 쳤다고.

노 말뚝 박아서, 측량해갖고 말뚝 딱 박아서. 천장 치는 것은 무대 천장하고 우리 분장실.

박 의상 갈아입는 데.

노 거기만 쳐놓지 밖에 농악하는 데는 천장 없어.

권 분장실 따로 만들고 무대 만들고.

박 그런께 우리 사 간 사람들이 구석구석에 다 서 있어. 왜냐하면 광목
   을 떠들고 들어온께 전부 지켜야 돼.

권 바깥에서요?

박 안에서도.

노 안에서도 지키고 밖에서도 지키고. 애들이 잘 뚫고 들어오잖아. 나
   도 광한루에서 많이 했거든. 나도 그리로 많이 들어갔어. 근데 다
   끝날 때쯤 되면 그냥 오픈해놓고 보라고 그래. 그거라도 볼라고 환
   장해. 왜냐면 너무 아름다우니까.

권 한번 공연 나가시면 계속 다녀요, 아니면 들어왔다 나갔다가 그래요?

박 예를 들어서 여기서 운봉을 가. 운봉에서 끝나. 들어와. 들어왔다가
   또 이삼일도 쉬도 않았는데 또 어디서 데릴러 와. 또 가. 그러면 거
   기 가서 오일이고 삼일이고 또 혀. 또 들어와. 그러니까 들어왔다 나
   갔다, 들어왔다 나갔다 혀, 단체가. 계속 이렇게 막 돌아다니는 게 아
   니고. 그러다가 인자 나중에는 어찌금 길이 들었냐면은 여기서 사고,
   여기서 사고, 여기서 사고 해갖고 집에를 못 들어오고 자꾸 연결되어
   갖고 객지로 돌아. 집에 돌아올 새도 없이 여기서 계약해갖고 요리
   가고 저기서 계약해갖고 저리 가고, 자꾸 이렇게 해갖고 늘어나. 그
   러다 본께 단원들이 지치는 거지. 지쳐버리니까 '나는 못 허겄소.' 하
   고 손을 들어분 거이지. 쉬고 할 적에는 괜찮았어. 근데 이 양반들이
   돈맛을 알아갖고 계속 집에 들어오지도 않고, 또 어디서 그렇게 데릴
   러도 잘 오는가 몰라. 제발 좀 안 데릴러 왔으면 쓰겠는데 계약하면
   또 그리 가. 계약하러 오면 벌써 여기서 며칠날 끝난다는 걸 알고
   와. 여기서 끝나면 거기 가는 시간 하루만 여유 주고, 차타고 가는 시
   간만 여유 주고 그 이튿날 공연 또 해야 돼. 휴일이 없이 그렇게 하게
   되더라고. 나중에는 그렇게 늘어나 버리더라고.

권 포장 치고 그러는 새에 쉬지 않아요?

여성농악의 팬들과 함께 이희숙, 박복례

박　그런게 포장 치는 새에 하루 여유 준다니까, 하루.

노　얼마나 인기가 많았으믄 그랬겠어. 언니는 그랬지? 우리 때는 보름,
　　한달, 석달 씩 이렇게 포장을 치고, 한 군데에다가. 그러니까 또 오
　　랫동안 있었잖아. 오랫동안 있다가 또 다음 장소를 누가 섭외해. 해
　　가지고 그쪽에서 오케이 하면 가. 그게 늘어나다 보니까 사러 오는
　　사람이 그렇게 없어. 그니까 우리가 장소를 선택해서 가는 거야. 우
　　리가 선택해서 갔는데 손님이 없어. 그믄 다음 장소 갈 여비가 없는
　　거야. 그럼 우리가 여관에 잡혀. 그래가지고 저쪽 다음 장소에 가서
　　섭외해가지고 돈을 만들어 와서 우리를 데리고 가야 우리가 가지
　　아니면 죽치고 앉아서 돈 안 내면 밥도 안 줄라고 그래. 나는 또 그
　　런 경험을 했지.

부산 가가지고 우리 선생님 잡혀놓고 우리만 왔잖아.
공연을 가서 망해버렸어.

박　나도 저 부산 가가지고 우리 선생님 잡혀놓고 우리만 왔잖아. 왜냐
　　면 공연을 가서 망해버렸어. 부산까지 갔는디 망해버려 논게 여관
　　비도 밥값도 없제, 여관에서는 밥값 내놓으라고 조르제. 그 단원이
　　다 있다가는 빚이 자꾸 늘어나게 생겼제 한게. 뭐라고 하냐면은 "장
　　구하고 악기하고 싹 놔두고 오빠가 여기 있어요."

권　강도근 선생님을요?

박　응. 동생이 이 단원들 다 데리고 갈 거인게 오빠가 여기 좀 있으면
　　돈 갖고 찾으러 올게.

권　세상에 그렇게 인기가 있었는데 왜 망했대요, 부산에서는?

박　왜그냐면 잘 되는 데가 있고 안 되는 데가 있고 그래. 그런디 부산
　　을 갔는디 그때는 안 팔리고 그냥 우리 단체로 갔는가봐. 그런게 돈

이 없지. 그때는 지금맹이로 도로나 좋아? 털털털털, 차가 다니면 쿵텅쿵텅쿵텅 비포장도로, 지금같이 급행이 있어, 뭣이 있어.

노 부산에서 여기까지 다섯 시간, 여섯 시간 걸려.

박 완행열차, 버스 타고 하루 내 온께 남원에 밤에 도착하드라고.

노 덜컹덜컹하고 온께 궁딩이고 다리고 다 아파.

박 자갈밭으로 그냥 어디로 와서 그 이튿날 돈 해갖고 오빠 찾아갖고 오라고 해서, 우리 형부가 또 가서 형님 찾아오고.

권 아이고 무슨 영화 같아요.

박 운봉 가서 공연을 했는디 여기서 운봉이 엎드리면 코 닿을 데잖아. 저녁에 공연을 하고 자고 아침에 일어난께 눈이 팍 쌓여갖고 오도 가도 못하게 눈이 몽땅 와버렸으니 무슨 공연을 어떻게 혀. 그런 께 여기는 가까운게 "여관비 내일 갖다 줄 것인게 단원들 좀 보냅시다." 그런게 여관 주인이 어쩔 수 없이 보내주더만. 근디 그 눈밭을 걸어서 와갖고.

노 차가 없어서 걸어왔어?

박 못 가지, 차가. 눈이 쌓여분게. 차가 안와. 안 온게 어쩌. 단원들 다 먹여 살릴라면 돈이 안 된게 "우리 좀 갑시다. 내일 갖다가 돈 주께."

권 하룻밤 주무셨어요?

박 한 며칠 공연 했어. 했는디 차가 안 온단게, 차가. 근데 그 눈 녹을 때까지 있으믄 밥값으로 다 까먹은게 단장이 생각한게 안 되겠은게 걸어가자 이 말여.

권 그래갖고 걸어오셨어요?

박 걸어왔지. 근디 걸어온 거이 뭣이 가관이냐면은 강초운 씨 아들내 미 업은 놈, 김금순 씨 아들내미 업은 놈, 애기 둘을 업었어. 그놈을 업고 걸어 넘어오는디 재밌었어, 그래도.

노 근데 내려오니까 재밌었었지, 올라갔으믄 힘들었을 거야.

박 내려오는 길이라 눈 장난 해가면서. 두 사람이 애기들 업고 그러다가 보면 우리가 또 한번씩 업어주고. 돌아가면서 업어주고 내려왔는데. 얼마나 징한가 봐. 쪼깐한 다리들로 운봉에서 여기까지 걸어 왔으믄 밥 먹고 편안하게 자야될 거 아녀. 극장으로 달아난 거여, 갑순이하고 나하고 둘이. 그 통에 구경하고 온께 단장이 하는 말, 해도해도 너무한다고. "세상에 자박거리고 여기까지 와갖고 눈 들어가서 발 시렵다고 한 것이 밥 멕여 놓은게 극장 간다고."

노 그래도 이 사람들은 멋쟁이라 운동화 신고, 새로 나온 운동화 신고 그랬는데, 운동화도 금방 물이 배어버려. 멋쟁이들이라 그거라도 신지 아니면 고무신이여.

박 아이고 재밌어. 그래도 그때.

노 그때가 어릴 땐게 재밌었어. 돈 주고도 못할 일들 다 겪고. 그리고 언니 시대에는 먹고 살 길이 없어. 공장도 없고 어디에 취직도 안 되고, 그나마 단체가 있은게 거기가 숨 쉴 곳이고 거기 가서 놀고 농악 좋다고 하니까 신났지.

박 머시마들이 연애편지를 주면 지금같이 쪽지에다 안 줘. 쪽지를 줬다가는 우리 식구들한테 걸리니까 풍선을 불어갖고 풍선에다 주소를 싹 써서 줘. 주소를 만장같이 싹 써갖고 풍선을 준다고. 저거이 무슨 편지겠냐고 생각을 못 혀, 어른들이. 풍선을 우리가 받잖아. 처음에는 우리도 거기가 연애편지인지 모르고 받는 거이지. 받아서 보면 즈 그집 주소하고.

권 주소는 왜 써놔요?

박 답장해야 만나지.

권 아 편지 쓰라고. 세상에.

노 옛날에는 전화가 없잖아.

박 그래갖고 풍선에다 많이 받고 나중에는 들켜논게, 그 다음 놈은 무슨 짓거리를 했냐면 풍선 속에다가 쪽지를 넣어갖고 불어갖고 갖다줘.

노 다 방법이 있구만.

박　어른들이 있은게 옆에까지 못 오다가 차 출발할라면 통통통 두드려. 그러면 얼른 문 열면 선물을 휘딱 던져주고 가고. 아주 비상하게 줘.

노　나는 그 소리는 처음 들었네. 우리는 편지, 쪽지.

권　그 당시에는 펜팔을 많이 하셨군요.

노　나는 펜팔 많이 했어, 월남 펜팔. 베트남.

박　왜냐하면 그때 당시에는 집에가 전화가 있나 뭣이 있나 없거든. 우리가 그 자리를 떠나 버리면은 못 만나.

노　그러니까 주소를 달라고 하지.

우리 같이 돈 없는 사람들은
산공부 한번 들어가 본 적도 없고 들어갈 생각도 않고.

권　남원에서 많이 정착해서 사셔요?

노　아니지, 많이 떠났지. 박복례 언니나 유일하게 있지 누가 정착해서 있어. 나야 몇 십 년 만에 돌아왔지. 다 떠났어. 다 객지로 떠나버리고 없어. 근데 유일하게 이 언니가 있으니까 오며가며 이 언니 보면서 소식 전하고 보고 싶은 옛날 그런 이야기들 이 언니한테 하고.

권　김화자 선생님은 떠나셨다가 다시 오셨던가요?

노　그 언니는 단체를 안 다녔어.

박　우리하고는 추억이 없어. 근데 화자는 나뿐이 아니라 선배들을 다 챙겨. 어찌 됐든간에 옛날 선배를 잘 챙겨. 고맙게.

권　김영운 선생님이 인정이 많으셨어요?

노　그럼. 그분은 순해. 한 번도 "너 왜 그러냐?"고 뭐라고 하고 따지고 하신 적이 없어. 평생 돈 벌라고 해보도 않고 오직 자기가 하는 예술, 그리고 애들 가르치는 거. 그때도 월사금을 받았어. 월사금이 있었는데 거의 다 대부분 못 주는 아이들이야. 즈네들도 다 못 사니까 뭔가 한 가지 배워갖고 벌어먹고 살겠다고 하는 사람들이기 때문에 그렇게 돈 달라고 하지를 않았어. 지금 같으면 안 받을 거여. 학원비 안 냈으니까 오지 말라고 그럴 텐데, 그러지도 않아.

박 어쨌든간 배울라고 하면 갈킬라고 노력을 하셨어.

노 즈네들이 떠나지 않고 배울라고 하면 끝까지 가르칠라고 그래. 근데 즈네들이 배우고 나이 먹고 하면서 선생님의 고마움을 아니까 챙길라고 에쓰지, 다들 먹고 살기 힘들었어. 월사금 낼 돈이 어딨어.

권 강도근 선생님은 제자들 데리고 독공 들어가고 그러셨어요? 백일공부 이런 거?

노 돈이 되는 사람들은 선생님 모시고 들어가서 독공하지.

박 독공을 하는 사람들은 선생이 데리고 가는 것이 아니라 제자들이 하고 싶어라 하면은 자기가 준비를 해야지. 선생님 월급까지.

권 돈 있어야 그거 할 수 있는 거네요?

노 그럼, 선생님 모실 수 있는 여건이 돼야 하지.

박 그때 당시는 선생님 월급이라고 해봐야 선생님 집에 쌀하고 나무만 팔아다 주면 끝이여. 그것이 월급이여. 근디 그걸 다 하냐면 다 한 사람이 없어. 얼른 말해서, 안 굶을 정도로만 선생님 집을 돌봐 드린 거야, 제자들이 돌아가면서. 선생님 용돈 드리고 담뱃값 드린 제자도 없고, 선생님이 어디 가서 잔칫집 가서 노래라도 부르면 그놈 갖고 담배 사 잡수고. 학원비 갖고는 안 됐어. 그러다가 제자들 중에 밥이라도 먹고 사는 애들이 배우다가 '독공부 들어가야 되겠다. 산공부 들어가야 쓰겄다.' 하면은 일년에 한번, 이렇게 추울 때 산속으로 들어가지. 들어가서 인자 공부를 하고 나오지. 그러다 보면 인자 우리는 발 잡고 손 잡고 놀아야 돼. 선생님이 없은께. 안 계시니까, 한번 들어가면 못 나오잖아.

권 그럴 때는 못 배우시는구나.

노　근데 선생님한테는 좋아. 돈도 얼마 쥐어주고 모시고 가니까.

박　그러고 나면은 우리는 발 잡고 손 잡고 놀아, 인자. 다 애로점이 다 있어. 우리 같이 돈 없는 사람들은 산공부 한번 들어가 본 적도 없고 들어갈 생각도 않고.

권　하고 싶다고 할 수 있는 상황이 안 되는고만요.

노　먹고 살 게 없는데 뭔 공부를 가.

박　지금 같으면 "산공부 들어가게 얼마 챙겨라." 그러면 부모들이 죽기 아니면 까무라치기로 만들어서 주지만 그때는 그런 것이 없었어. 우선 먹는 것도 뭣 헌디 선생님 쌀 팔아주면 끝이란게. 쌀 팔아주고 나무 사주면 끝이여.

권　그러다가 춘향여성농악이 그렇게 인기가 좋았던 거는 대박 터진 거네요.

노　그럼, 대박이지. 돈을 가마니로 쓸어 담았다는데 말할 게 뭐 있어. 그 돈으로 백 샌[3] 집에서 논을 샀대, 언니야.

권　단체가 공연을 나가면 백 샌은 따라가요?

박　따라가지. 재무라고 해갖고 돈 다 챙겨. 본인이 싹 챙겨갖고, 여기 와서 간부들 얼마씩 주고 우리들 쬐께씩 주고 나머지는 여관비 얼마, 밥값이 얼마 계산하고 나면은 얼마가 남았든지 간에 싹 그 속으로 들어가 버려.

권　아이고, 오늘 얘기가 너무 재밌었어요. 너무 재밌어요.

---

3 '생원'의 줄임말

1961년 경으로 추정되는 춘향여성농악단 주요 구성원들의 단체사진

앞줄 안경쓴 남성이 한종식 단장, 한단장의 왼쪽 정중앙의 남성이 강도근 명창, 뒷줄 맨 왼쪽 나금추,
맨 오른쪽 오갑순, 오갑순 옆의 목걸이를 한 여성이 박복례 등

제 **6**장

국악계의 거목이 된 여성농악의
재주꾼 안숙선

안숙선, 동료 이희숙과 함께 생일 기념 촬영 (박복례 소장)

6

구술자	안숙선(1949년생)
조사자	노영숙, 권은영
일시	2015년 10월 24일
장소	안숙선 자택

국악계의 거목이 된
여성농악의 재주꾼 안숙선

소고를 치고 돌아가면 드림이 흩날리는 모습,

지금 생각해도 참 멋있었어요.

권 선생님 남원국악원에서 이승만 대통령 탄신일 기념해서 대회를 나
가신 적이 있다는데요?

안 어느 때인지는 잘 몰라도 농악경연대회에 어른들을 따라 갔었다고
기억해요. 광한루 담 옆에 국악원이 있었거든요. 거기서 연습을 했
지요. 흰 바지저고리에 남색 조끼를 입고 드림을 어깨에 하나 걸치
고 허리에 동여매고 두 개를 둘렀는데 예뻤었다는 기억이 납니다.
소고를 치고 돌아가면 드림이 흩날리는 모습, 지금 생각해도 참 멋
있었어요. 머리에는 수건을 동이고 꽃 봉우리를 만들어 달고 의상이
가장 한국적인 모양이었다고 생각이 드네요. 신발은 예쁜 빨강색,
파랑색, 노랑색으로 물들인 짚신을 신었었죠. 남원은 특색있는 우리
만의 형식을 만들어야 한다고 어른들께서 말씀하신 기억이 납니다.

　　우리가 하는 공연은 농악이 주였지만 농악을 한바탕 치고 나서
빙 둘러서서 농악장단에 맞춰 농부가, 물레타령, 잡가 등 소리도 접
목해서 부르고 여러 민요를 했던 것 같구요. 승복을 입은 바라춤도
있었고 징을 두드리면 치는 징춤도 있었죠. 진을 짜는 다른 농악보
다 몸짓이 멋있고 흥겨움이 많았던 것 같아요.

이조극이라고 해서 춘향전, 흥부전 이것만 했어.

근데 강백천 선생님께서 떠나시고 나서부터, 사극을 했지.

권 (사진을 가리키며) 이분 선생님은 아니시죠?

안 저예요.

권 작은 태자?

안 사다함 태자로 분장한 사진이네.

노 언니가 저번에 얘기했던 거 그거 역사에서 찾아봤어. 선덕여왕 때.

권 화랑이라고 하더라고요.

안 이게 이 내용이 뭐냐면은, 나는 어떤 나라에 살았어요. 근데 모함을
    받아가지고 눈을 지져버리고 바닷가에다가 버려버렸어. 근데 그 옆
    나라 공주가 바닷가 산책 나왔다가 살려주고 사랑도 하고 눈도 뜨
    게 해주고 복수하고 나라를 찾는다는 얘기.

노 귀양 갔어, 언니가. 근데 눈이 안 보여, 말하자면. 공주가 찾아와서
    사랑, 사모해. 맞아, 눈이 멀었어. 그래갖고 막 "누구요?" 그러고.

안 (판소리로) "눈이 멀었다 허여 사랑조차 멀었든가?" 그래.

노 하여튼 그때 그 연극을 내가 가서 보고 뿅 가갖고 반해가지고 날마
    다 거기 갈 궁리만 해. 옛날에 광한루 옆에 포장 쳐놓고 했었잖아.
    지금 보자면 후문 쪽인데, 그 시장통에. 눈만 뜨면 그거 때문에 눈
    에 삼삼거려서 미치겠네. 그래갖고 그거 때문에 내가 단체를 들어
    간 거 아냐. 그거에 반해갖고.

권 이 의상을 보면은 되게 공들여서 만든 것 같아요. 이때 당시에.

안 우리가 이 의상 이 브로치를, 누구 한 사람이 서울 동대문 이런 데
    가가지고 스팽글을 한 보따리 사갖고 오면은 밤새 스팽글로 만든
    거지.

권 직접 다 만들어요?

노 옛날에는 우리가 다 만들었어.

창극 「사다함」의 여주인공 이희숙과 남주인공 안숙선

안 옷에다 스팽글을 달고 동그란 브러치도 풀로 붙이고 바느질해서 밤 새워 만들었지요.

권 화장은 그럼 누가 하신 거예요?

안 화장은 연출 선생님이 계셔요. 주태문 연출 선생님.

노 주태문, 그 선생님이 계셨어. 그 화장이 너무 신기해갖고 맨날 들여 다보고 그랬는데, 석유로 지우더만.

권 남자 선생님이에요?

노 응 남자 선생님.

안 그래. 그 화장품이 아주 싸구려 물감으로 만들었는지 얼굴을 다 버렸어.

권 주태문 선생님도 소리를 하실 수 있는 분이에요?

안 주태문 선생님은 연출.

권 아, 소리는 못 하시고요?

안 소리는 누가 짰는지 기억이 안 나네. 처음 극을 할때는 이조극이 라고 해서 춘향전, 홍부전 이것만 했어. 사극은 그거 하면은 아주 가볍고 예술성이 없다고 절대 안 했지. 근데 강백천 선생님께서 떠나시고 나서부터, 사극을 했지. 연출 선생님을 모셔 와가지고 우리가 연습을 하고.

노 그리고 화자 언니, 그때 뭐 장군이었는데 맨날 공동묘지, 지금 양림 단지, 지금은 국립국악원이 되었지만 옛날에 공동묘지잖아. 거기 가서 맨날 언니들 연극 연습하고.

안 우리 칼싸움 연습하러 그리 많이 댕겼는데. 그 묘지 뒤에, 거기 넘 어가면 거기서 막 "이야!" 이렇게 소리치면서 멍청스럽게도 진짜 쇠 로 칼을 만들어서 칼싸움을 연습했어. 부딪치면 불이 툭툭 튀겨.

다른 것도 하고, 창극도 이 대목 저 대목 했다가 그러죠.

우리는 훈련을 하면서 공연을 한 거죠.

권   공연 순서 좀 알려주세요.

안   처음에 시작하면은 줄부터 타요. 전기가 없는 데는 횃불 들고 하고.
     줄을 다 타고 나면 그 다음에 무대로 와서 풍류, 음악 해. 그리고 합
     창도 하고 독창도 하고 무용도 하고, 그런 거 하고 난 다음에는 이
     제 창극해, 단막창극, '어사 장모 상봉 막'이랄지 아니면 춘향전 1막
     이랄지, 그거 하고 난 다음에 마당으로 내려가서 그때부터 농악이
     시작되는 거라.

권   진짜 스타일이 다르군요, 나중에 하고. 할 수 있는 게 많으니까. 다
     채롭다고.

안   처음에 우리가 농악을 꾸밀 때에는 그런 어떤 축제 같은 데, 서로
     교류 할라고 그것만 만든 것이고, 이제 흥행을 하러 돌아다니려면
     그것만 하면 안 되잖아. 그러니까 인제 어른들이 전부 밤에 모여라,
     그러면 인제 흥보가도 짜고 춘향가도 짜고, 창극을 한단 말이야.

권   지금은 국악, 판소리가 무형문화재로 딱 되어 있는데, 저는 얘기를
     들으면서 어떤 느낌을 받느냐면 요즘 연예인 느낌. 이때 당시 선생
     님들 활동 하실 때에는 완전히 스타. 그래서 사람들이 되게 좋아하
     는 인기가수? 이런 느낌을 받아요.

안   그렇지. 그럼.

노   대단했지. 이 언니들이 어느 지역에 떴다하면 이 마을 저 마을 할
     것 없이 동네가 다 마비가 돼서 다 와.

권   음, 팬들이?

노   응. 그때는 텔레비전도 없고 아무것도 없잖아. 근데 도시에서 인기
     스타들이 왔으니까.

안   총각 오빠들이 있잖아. 그런 사람들도 다 오고 이쁜 언니들 보고 쫄

여성농악 동료들과 유달산에서 (이희숙 소장)

쫄쫄 따라오고 막 그랬지.

권　그러면 광고는 어떻게 해요?

안　일본말로 마찌마우리를 돌지. 시골로 이동할 때는 트럭을 빌려서 그걸 타고 그 위에서 치고 들어가는 거야. 아니면 걸어서 동네를 돌고.

권　그러면 사람들이 선생님 이름이랑 알아요?

안　모르지, 그때는.

권　그럼 춘향단체만 알고요?

노　그때는 간판을 거는 것도 아니고 마찌마리 돌면 소리 듣고 오는 거야.

안　그러고 거기다가 "천재소녀 안숙선, 천재소녀 주영숙" 쓰고.

권　써 붙여요?

노　앞에다가 인자 앞에다가 써서 크게.

안　써 붙이지. 가설극장 앞에다가. 옛날에는 공연을 연속으로 하니까 하루 5회도 하고, 한 회 끝나고 나면 잠깐 먹다가 또 손님 들어 오면은 계속 빙빙 돌리는 거야.

권　하루 종일요? 영화도 아닌데.

노　당연하지. 어리니까 했어, 언니. 아휴 진짜.

권　요즘 아이돌 보면 무슨 생각 드세요, 선생님? 지금 아역배우들이나 요즘 가수로 데뷔하는 친구들은 열 살, 열한 살 이때부터 해가지고 준비해서 가수 활동하잖아요. 그런 친구들 보면 선생님 어릴 때 생각나세요?

안　우리도 그냥 마구잡이로 한 게 아니라 비 오는 날이나 공연이 없는 날은 다 불러. 꼭 뭐 시켜야 될 게 있으면. 그러니까 강백천 선생님도 "이리 오너라." 그래서 그때 가면 화초사거리를 가르쳐 준다거나 육자배기를 가르쳐준다거나 또 뭐 할 거. 그리고 강도근 선생님은 많이 창작을 했어. 창작, 강도근 선생님은 뭘 했냐면은, 뭐 인제 꽃타령을 하는데 꽃 사시오가 아니라, (판소리로) "이 꽃 이름은 해당화요" 뭐 이런 다음에 저리 물렀거라, 그러면 인자 장미가 또 나와서 막 노래를 하고. (판소리로) "이꽃 저꽃 많다 해도 우리나라의 무궁화가 제일이다, 이기었네 이기었네 무궁화가 이기었네." 창작. 노래도 만들어서 많이 합창으로 올려보고 다양하게 손님을 끌려고. 재밌어야 손님이 오지.

권 작곡을 직접 하셨네요.

안 작곡도 하고, 꽃타령도 작곡도 하고 무슨 다른 것도 하고, 창극도 이 대목 했다가 저 대목 했다가 그러죠. 그게 우리는 훈련을 하면서 공연을 한 거죠.

칠선옥의 그 이모가 엔터테인먼트,
머리가 좋고 그런 것을 하려는 감각이 있죠.

권 선생님 연습 할 때요. 어떤 분들은 춤만 추시는 분들이 있고 아니면 소리를 전문으로 하는 분이 있고, 그렇게 좀 달라요? 국악원에서?

안 원래 국악원에서는 다 가르쳐, 뭐든지. 왜냐하면 사람이 많이 없으니까 일인 다역을 해야 되니까. 농악도 가르치고 춤도, 전부 전체 하면은 같이 춰봐라 그래서 가르치고, 악기 같은 거는 가야금 하는 사람. 그때는 뭐 주로 가야금이고 어른들이 거문고 타고 대금이고 그러지. 해금은 많이 안 한 거 같애.

노 강백천 선생님은 하여튼 호랭이셨어. 자기는 창을 한 마디도 안 하시면서 가르치기는 또 잘 가르치셔.

안 소리 잘 가르치세요.

노 그러니까 잡가를, 육자배기 뭐 이런 거를 잘 가르치셔.

안 판소리도 하지. 에지간한 판소리. 아니 그리고 저기 안중근 열사가 이런 거 다 강초운 씨를 다 가르쳐냈잖아. 이준 열사가도 가르치시고

권 근데 강초운 선생님이 언니가 있어요?

안 언니 있지요. 강산홍, 강초운, 강정희 세 자매분이 계셨지요.

권 근데 선생님이 서울 올라오실 때쯤 해서 남원에 계시던 스타들이 다 서울로 가버리셨어요?

노 다 서울로도 가고 뿔뿔이 흩어지고. 왜냐면은 남원에서는 더 발전이 없으니까.

권 생각해보면 이쪽 연예계가 완전히 서울로 다 옮겨간 느낌? 선생님 말씀대로 남원에서도 프로덕션 같다는 생각을 많이 했거든요.

안 프로덕션 같았어, 진짜.

권 예. 근데 그 프로덕션이 망해가지고 서울에 있는 새로운 곳으로 다 옮겨가지고.

노 서울은 넓고 그때만 해도 외국으로 가는 길이 열렸잖아.

안 칠선옥의 그 이모가 엔터테인먼트, 머리가 좋고 그런 것을 하려는 감각이 있죠.

노 엔터테인먼트 말하자면 사장이야. 남보다 감각이 빨랐어.

권 강도근 선생님을, 예전에 박재윤 원장님이 창극 장수라는 표현을 쓰셨거든요. 요즘으로 하자면 문화산업을 하는, 문화 기획 같이 그런 거를 강도근, 강백천, 강선화 선생님 이런 분들이 프로덕션을 운영하는 거 같다는 생각이 들어요. 요즘 마치 YG나 엔터테인먼트 JYP처럼 연습생들 연습시켜가지고 데뷔시키는 것 같아요.

노 딱 그런 거야. 그런 모형이야.

안 그런 거라니까.

노 축소되어 있던 게 지금 커진 거지. 선구자 역할들을 하신 거지.

안 지금도 많은 사람들이 국악발전을 위해 애쓰고 계셔요.

권 그러네요. 오늘 늦은 시간까지 감사해요. 말씀 잘 들었습니다.

②외가쪽 영향 전통음악 입문

내가 국악에 눈 뜰 무렵인 1950년대 말 당시 전국적으로 명성을 떨친 남원국악단 단장은 사촌 이모였고, 대금산조 인간문화재 강백천과 동편제 판소리 인간문화재 강도근은 이종 삼촌이었으며, 가야금의 명인 강순영은 친 이모다. 이런 환경 때문에 나는 남원국민학교에 들어갈 무렵 자연스럽게 전통음악에 입문하게 됐다.

나는 학교에서 공부를 착실히 잘해서 남자아이가 반장하면 부반장을 했다. 체구는 조그만 해도 공부를 잘한 편이어서, 성적은 상위권에 들었던 것으로 기억한다. 외가쪽 영향을 받아 노래라면 어디서나 내가 뽑혀 나갔다. 소풍을 가면 커다란 능이 내가 노래하는 무대였고, 잠깐 쉬는 시간이면 안숙선이 노래시키라는 요청이 많았다. 일부 선생님들은 곧잘 나를 번쩍 안아다 교무실 책상에 세워놓고 노래를 시키시기도 했다.

당시 남원 요촌 뚝방 옆 공터에서는 굿판이 많았다. 사도세자, 장화홍련, 춘향전 등 창극공연을 비롯해 양을 팔기 위한 구

기 힘들었다. 나중에는 내 손가락이 가야금 줄보다 더 단단해졌지만….

당시 나는 가야금 배우기가 썩 기쁘고 좋았다기 보다는 어른들이 시키는 것이니까 꼭 따라야 한다는, 거역해서는 안된다는 생각이 강했던 것 같다. 사실 당시엔 전통 음악에 대한 사회적 편견이 있었는

1958년(9살때) 밀양예술제에서 소리하는 필자

2005년 4월 11일 전북일보 기사 중에서

④잊지못할 최용호 국악원장

적벽가의 '활쏘고 불지르는 대목'을 배웠고, 수궁가는 거의 다 배웠다. 여자들이 하기 따분한 것을 빼고는 거의 다 배웠다. 흥부가도 다 배웠고, 춘향가와 심청가는 중요한 대목들을 위주로 배웠다. 그렇게 소리 공부를 하던 당시, 국악원을 다니는 일반 국악동호인들은 우리가 소리하면 그에 맞춰서 북을 쳐보려고 애쓰기도 했다.

그 때 내가 만난 분 가운데 동충동 시절의 남원국악원장을 지낸 최용호 원장(당시 전북일보 남원지국장)은 우리 음악을 아주 깊이 사랑하신 분, 나에게 많은 도움을 주신 분으로 지금도 내 기억속에 깊이 남아있다. 최 원장님은 어느날 김소희 선생님의 소리가 녹음된 레코드를 틀어 주시더니 "소리가 얼마나 맑고 격조가 있느냐, 절제할 줄 알고…. 그래서 나는 만정 선생의 소리를 아주 좋아한다"며 "대가의 소리를 자주 듣고, 그를 목표로 공부 하거라"고 말해 주었다.

그런 격려를 들으며 내가 소리를 해야 하는 의미를 어렴풋이나마 깨달은 나는 이후 공부에 더욱 열심이었는데, 어느 날 연습 도중 북채로 손등을 호되게 때려 손등이 찢어지는 큰 사

키우려고 애썼던 것 같다. 내가 서울을 라와서 만정 선생님으로부터 들은 "아무리 소리를 잘하고 예술이 뛰어나더라도 인격을 갖추지 않으면 다 허망한 것이다"는 말씀도 같은 맥락이라고 생각한다.

최 원장은 예술가를 어떻게 키워야 한다는 분명한 기준을 가지고 있었으며, 어떤 때는 풍류방에 가서 어른들 틈에 끼어 풍류를 배우게 하고, 이한량이라는 분에게서 양금을 배우게 했다. 내가 이런 수업을 받도록 한 것을 보면 최 원장은 국악에 많은 애정을 가지고 있었고, 국악을 진심으로 아낀 것 같다. 또 국악을 보급하는데 심혈을 기울였던 것 같다. 그런 것을 보면 국악인 스스로 공부하는 것도 중요하지만, 주변에서 훌륭한 국악 재원을 발굴하고 키워내는 국악 동

지방공연에서 어른들의 장단에 맞춰 소고춤을 추는 필자.

소리 해야하는 이유 깨우쳐주신 분
국악에 많은 애정…보급에도 앞장

2005년 4월 18일 전북일보 기사 중에서

춘향여성농악단 창극의 주인공,
4대 상쇠 이희숙

통치마 저고리 차림의 이희숙

7

구술자	이희숙 (1949년생)
조사자	노영숙
일시	2015년 9월 11일
장소	전남 순천시 이희숙 자택에서

춘향여성농악단 창극의 주인공,
4대 상쇠 이희숙

무대 위에서 국악으로 소리도 허고 연극도 허고 무용도,

그러면서 마지막 판에 농악을 치고 그랬어.

노   여기는 순천 이희숙 님을 뵈러 제가 먼 길을 왔습니다. 제 선배이기
    도 하시고 오랫동안 남원 춘향여성농악의 상쇠도 치시고 연극도 하
    시고. 오늘 먼 길 왔으니 잘 부탁해 언니.

이   네. 고향은 남원이라도 순천 와서 산 지가 수십 년 되었습니다만도,
    아무 할 말도 없는데 영숙이가 찾아와서. 옛날 했던 그대로 얘기하
    면 되는 거니까.

노   언니 몇 년생?

이   내가 49년생. 나이가 두 개. 하나는 47년생, 하나는 49년생 그려. 호
    적 나이는 언니 꺼.

노   두 개를 쓰고 있구만. 원래 고향이 임실이야, 언니?

이   원래 고향은 남원이고 엄마가 임실 가서 살으셨고.

노   아, 남원이었고. 칠성옥이 아니고 칠선옥이지?

이   응, 칠선옥.

노   그리고 강금순 씨, 강선화, 이름 두 가지로 쓰시지?

이   강금순, 강선화.

노   남원 춘향여성농악단이 만들어진 계기는, 과정을 알아, 언니? 남원

어린 시절의 이희숙 (위)
어머니와 함께 (아래)

여성농악에서 분리돼서?

이   그렇게 분리되어가지고 항시 라이벌이었고 내가 갔을 적에는 이미 춘향여성농악단이 창설이 돼가지고 그때 인자 정오동 선생님 오셨고 정읍의 전사섭 선생님 오셔서 그거 배우고, 인자 오갑순 언니도 있었고, 숙선이도 있었고 다 함께 다 그렇게 동료로서 있었지.

노   단체가 있었는데 언니가 인자 간 거네?

이   그렇지. 강금순 씨 집을 내가 양딸로 갔을 적에 그때는 오갑순 언니 혼자 그 집에 있을 때 내가 오갑순이 언니 밑으로 인자 동생으로서, 칠선옥의 딸로 들어갔어. 가갖고 거기서 계기로 공부를 하게 된게. 농악을 치러 나가면은 강도근 선생님한테 소리 공부도 허고 농악도 치고 공연도 허고, 들어오면은 또 들어와서 학원에 다니면서 공부 허고 농악 배우고 전립 배우고 그런 시절이었지. 특별난 게 뭐가 있게. 특별난 게 없는 때야. 그러고 다 나이 먹어 들어가고 농악 치고. 전국 방방곡곡 우리가 안 다닌 데는 없지. 진해 군항제, 전국 경연대회.

노   언니, 이미 춘향여성농악이 창설된 상태에서 언니가 들어가게 된 거고, 서울의 대회에도 나갔어?

이   그렇지. 대회는 다 갔지.

노   언니 처음 갔을 때 상쇠가 누구?

이   강초운 씨, 돌아가신 강초운 씨.

노   아, 그래, 언니. 기억할 수 있어? 강초운 씨하고 부쇠는 누구?

이   부쇠는 김금순 씨일 거여. 그러고 인자 끝쇠는 누구인지를 잘 몰라.

노   주영숙 언니도 언니 들어갔을 때 이미 있었어, 언니?

이   주영숙이가, 나하고 친구야. 그런데 그때 당시에 주영숙이가 아마 있었을 거야, 끝쇠로.

노   그러게, 끝쇠로, 삼쇠.

이   끝쇠로 그렇게 치고 그랬을 거야. 근게 인자 또 왜냐면은 소고 치다가 장구 치고 장구 치다가 쇠 치고 다 그랬제. 꼭 누구는 쇠를 쳐라,

누구는 소고를 쳐라, 누구는 장구를 쳐라 그런 게 없었고, 자기의 취향에 맞춰서 자기가 잘 치면 올라가는 거여.

노 춘향여성농악단은 근데 창으로 원래 기본이 돼 있잖아, 바탕이.

이 바탕이 창으로 돼 있었어.

노 그렇기 때문에 연극이고 뭐든지 이런 것을 다 잘 할 수가 있었지. 잡가라든가 농부가라든가 창이 기본으로 됐기 땜에 한 가락씩 다 못하는 사람 없이 다 잘 했지, 골고루.

이 그러고 농악도 첫 시작 할라면은 공연 시작하면서 무대 위에서 국악으로 소리도 허고 연극도 허고 무용도, 그러면서 마지막 판에 농악을 치고 그랬어. 줄도 타고, 줄도 탔어. 강백천 선생님 계실 적에 손녀딸이.

노 언니 대금도 배웠대매? 대금을 차라리 쭉 배웠으면 좋았을 텐데.

이 그렇지, 대금도. 대금을 쭉 배울 수도 있었는데, 돌아가신 강도근 선생님 때문에 못 배웠어. 소리 허는 사람이 악기를 배우면 목을 베린다고 해가지고 대금을 못 배왔지, 못 배왔어. 우리가 손으로 하는 것과 입으로 하는 것은 굉장히 소질이 있었어. 근데 결국에는 못 배웠어.

노 언니는 몇 년 동안 단체 다니다가 관뒀어?

이 내가 한 십 년 됐냐?

노 내가 일본 갔다와서 언니하고 같이 다닌 기억은 없는데, 갔다 오고 나서 칠선옥 앞에서 포장 쳐놓고 우리 또 공연했어.

이 다시 만나갖고.

노 응, 다시 그렇게 했어. 그때 내가 언니하고 다시 공연을 했거든. 언니 상쇠 치고.

이 십년 이상 쳤어, 농악을. 그렇게 쳤제. 그러고 인자 애기 아빠 만나가지고 결혼해갖고 순천으로 오면서 손을 놓았는디, 다시 일본에 가게 돼가지고 또 다시 만나서 농악을 치게 돼가지고 일본을 갔었지. 가끔 치고 싶어, 농악이. 김오채 씨 만나고 그러면 나보고 숨은

여수 오동도에서 이희숙, 강선화, 박복례와 여수에 거주하는 남성 팬

인재라고 그랬어. 근데 인자 안 치니까 못 친디, 한번쯤은 치고 싶은 마음도 있어, 다 모여서. 놀음놀이로.

인자는 못해. 못해도 치고 싶은 마음은 있어.
어디서 농악 치는 소리가 나면 귀를 기울이고.

노 내가 우리 형제계 할 때 1월 1일날 만나면 우리 전부다 걸궁 한번 치자 해도 그때는 "에이 무슨 소리냐?"고 나보고 막 뭐라 해쌌드만 이제 세월이 좋아지고 또 그런 걸 보면은 언니 그 아름다웠던 시절. 언니가 지금 생각해 보면 가장 좋았던 시절이 그 시절 아냐? 10대 때가 가장 아름다웠던 시절인데.

이 그렇제. 그때는 그랬는데 지금은 가끔 한번씩 치고 싶어.

노 근데 몸이 말을 안 들을 거여.

이 몸이 말을 안 들어서 못 허제, 인자.

노 아니 근데 몸이 둔해도 하기는 하더라. 그 가락이 몸에 배어 있어.

이 물론 그렇겠지, 인자. 가락하고 발짓 몸짓은 그대로 남아있겠지.

노 하루만 딱 하면 벌써 나와. 몸이 전에처럼 날렵하지는 않아. 둔해도 나
    오더라고. 내가 남원 사람으로서 유일하게 서울에서 여성농악 재현한
    다고 해서 호남단체 아들 김운태랑 같이 했었거든. 근데 몸은 둔해도
    나와, 가락이. 중요한 건 어릴 때 한 사람은 죽을 때까지 몸에 배어 있
    고. 내가 참 아쉬워. 그렇게 아름다운 농악, 정말 발놀림이나 손놀림,
    머리에서 발끝까지 놀림이, 그런 가락이 없어, 남자들한테는 찾을 수도
    없고. 다시는 그 아름다운 모습을 못 볼 것 같아서 어쩌면 참 안타까워.

이 안타까워도 밑에 우리 후배 되는 애기들이 기가 멕히게 사물놀이고
    농악이고 하잖아.

노 사물놀이는 앉아서 치는 거고 우리처럼 한 시간씩 두 시간씩 뛰는
    사람은 없어.

이 옛날에 우리같이 진허게 그렇게 치는 굿머리는 없지. 옛날에는 굿
    머리라고 했잖아.

노 우리 그때 치면은 40분에서 한 시간씩 쳤잖아.

이 조금 단축시키면은 40분, 글 안 허면 1시간 정도씩 쳤지. 오방진도, 오
    방진을 돌면은 다섯 바퀴 돌 꺼 세 바퀴만 돌면 40분 쳐주고 그런 거야.

노 옛날에는 공연을 6회도 하고, 하루 종일 농악만 칠 때가 있었어.

이 그렇게 하루 종일 치면 굿머리를 줄이지. 굿머리를 줄이는 거여. 그
    러니까 애기들이 뛰기 싫으면은 나한테 "언니, 굿머리 줄여, 줄여."
    항시 그랬지. 농부가도 줄이고 굿머리도 줄이고. 양산도 가락도 세
    번 돌릴 거 두 번만 돌리고.

노 굿머리가 뭐여?

이 굿머리는 이끌고 나가는 것이 굿머리제. 굿머리가 있어야 애기들 데리
    고 상쇠가 리드를 할 거 아녀. 굿머리가 없으면 애기들을 끌고 나갈 수

상쇠 이희숙과 동료들. 남성은 앰프 장치를 해주던 남원 레코드상 주인

가 없지. 굿머리가 인사굿, 삼채, 질굿, 양산도, 가락이 그것이 굿머리야.

노　언니 가락이 뭐 뭐 있는지 얘기해 봐봐.

이　인사굿 치고 양산도 치고, 옛날에는 십자굿도 있어. 오방진도 있고 그러고 나서 개인놀이.

노　양산도도 있고 오방진도 있고 오채질굿도 있고 또 뭐지? 호호굿도 있었고.

이　그런 걸로 해서 굿머리가 이어지는 거야.

노　하여튼 그걸 다 넣으면 한 시간 이상이 걸리는 거야.

이　제대로 치면 한 시간이 넘게 걸려분게 줄여서 치는 거제. 또 인자 지루해지면은, 만약에 호호굿을 친다허면 지루해지니까 굿머리를 빼버려. 그때는 그랬어. 애기들이 지루하니까 피곤하면은 굿머리를 빼고 치면은 한 30분도 칠 때가 있고 그려. 치고 나면 디지게 혼나 고 그려, 짧게 쳤다고.

노　하루에 5, 6회 공연하고 나면 다리가 가래톳이 생겨.

이　시간을 끌 것은 농부가에서 끌어야 되고 굿거리에서 끌어야 되거 든. 근게 하기가 싫으면은 애기들이 인상을 찌푸리고 나를 쳐다봐. 그랬어. 애기를 하다보니 그런 것도 나와.

노　언니가 상쇠니까 언니한테 해달라고 그런 거지. 5, 6회 뛰고 세상에 다리가 아파서 꼼짝도 못하고 일어나지도 못하는데 희한한 것이 농악 소리만 딱 들었다하면 그 아픈 것이 어디로 가불고 뛰어. 참 희한해.

이　그런 거야. 그러니까 다 그런 멋들이 나오고 거기 따라서 치고 그랬어.

노　별도로 무용을 배우거나 별도로 안 배워도 내 몸에서 우러나오는 가락과 멋이 언니들한테만 있는 거라니까. 어디서 찾을 수가 없어.

이　지금에는 춤도 가락도 배우지만은 우리 때에는 갈쳐주는 사람이 없 기 때문에 우리가 멋을 만들어서 친 거야. 굿머리 가락에. 지금은 뭐 날고뛰는 사람들이 있어갖고 하지만 우리 때에는 누가 이렇게 쳐라, 저렇게 쳐라 그런 사람이 없었어. 근게 굿머리 가락이 나오면

창극 「사다함」의 여주인공 이희숙

손짓 발짓이 우리 몸 자체에서 나온 거니까. 그런 시절이었어.

노　공연할 때 마지막에 농악을 친게 아니라 처음에 농악을 치고 나서 연극을 했잖아?

이　그럴 때도 있었고 처음에 연극을 하고 농악을 칠 때가 있고 그랬어. 거기에 분위기 봐가지고.

노　보통 공연 순서는 어떻게 됐어?

이　공연 순서는, 처음에 나가서 새타령부터 시작해가지고, 소리도 나가서 하고 잡가, 무용도 하고 그랬지. 연극도 하고. 순서가 정해진 것이 없어. 이거 뺍시다 그러면 빼고 또 하고 그랬지. 하기 싫으니까 그때는 많이들 빼고.

노　보통 공연 순서가 그러잖아? 농악하고 나서 그 다음에 소리 잡가 처음에, 그 다음에 무용을 하든지 가야금을 하든지, 그러고 나서 또 연극하고 이렇게 순서가 되잖아요?

이　그랬어. 농악을 치고 나면은 화장을 한 것이 다 없어지고 하니까 연극 먼저 하고 농악을 칠 때가 있었어. 장소와 때를 가려서 농악 먼저 치자 하면 농악을 치고, 소리 먼저, 앞에 연극이랑 하자 그러면 앞당겨서 하고 그랬어. 꼭 정해진 것은 아니었어.

노　언니들 그 기가 막힌 가락을 어떻게 하면 좋을까?

이　인자는 못해. 못해도 치고 싶은 마음은 있어. 어디서 농악 치는 소리가 나면 귀를 기울이고.

노　그러지, 언니. 어디서 뭔 소리가 나면 나도 모르게 몸이 가. 귀가 기울여지고 몸이 요롷게 가.

이　전주대사습 같은 데 농악을 치면은, 굿머리가 나오면은 '아, 옛날에 쳤던 굿머리다.' 대충 들어보면 우리가 쳤던 그런 굿머리 가락은 없더라, 없어. 잘 안 나와. 만들어서 많이 개조되어서 나오지.

우리 또래에 농악 쳤던 사람이라면
남원 춘향여성농악단을 모르면 안 돼.

노　강초운 씨하고는 얼마나 다녔어?

이　기억을 못 하지, 오래 돼놔서.

노　그분 다음에 상쇠가 누구야? 강초운 씨, 그 다음에 주영숙 씨, 그 다
　　음에?

이　그 뒤에 또 주영숙이 없는 뒤에 누가 쳤는가? 나금추 언니가 잠깐,
　　잠깐이었을 거야. 그러고 내가 쳤지.

노　언니가 네 번째네. 4대네.

이　그리고 내 뒤에, 내가 순천으로 내려오고 난 뒤에 누가 쳤어.

노　장영숙 언니가 쳤어.

이　장영숙이가 아닐 거야. 김 누군가 그럴 거야.

노　언니 가고 나서 내가 단체 쭉 갔는데, 장영숙 언니여. 전주에서 온
　　장영숙. 언니 인자 떠나고 나서 내가 그 뒤에 다닌 거지. 언니 결혼
　　하고 난 다음에 내가 단체를 다녔기 때문에. 전주에서 그때 사람들
　　이 오기 시작한 거야.

이　춘향여성농악이 가다가 망해지고 깨지고 이런 것은 없었어. 꾸준하
　　니 운영을 하다가 막판에 해체를 했겠지만은.

노　막판에 내가 인자 있었잖아. 막판에는 칠선옥 엄마가 한 게 아니고,
　　한 단장. 그분 이름이 한종식 씨더구만. 이름을 이제 알았어. 김수
　　덕 씨한테 알아보니까 한종식 씨야. 그분이 하다가 칠선옥 어머니
　　가 왔다갔다 하시다가, 그러고 부산에 가서 누군가가 단체를 맡아
　　서 이 사람 저 사람이, 몇 사람이 했어. 그래갖고 결국은 부산 가서
　　깨졌어. 강백천 할아버지하고 손녀딸이 부산에서 따로 떨어지고 내
　　가 또 마지막에 좀 다니다가 그러고 완전히 깨진 거지.

이　춘향농악도 인자 나이 어린 사람들이 성장이 되고 결혼도 해서 나

와야 되고 이러니까 그때는 이제 해체할 시기가 됐었어.

노 춘향단체가 생겨서 한창 전성기를 이룰 때 전주고 어디고 막 많이.

이 많이, 어중이 떠중이 많이 생겼어.

노 많이 생겼어. 아리랑단체도 생기고 호남단체, 백구단체, 뭔 단체가
한창 많이 생겼어.

이 지금도 우리 또래에 농악 쳤던 사람이라면은 남원춘향여성농악단
을 모르면 안 돼.

노 여성농악으로서 최초로 창설을 했고. 그 인기가 지금으로 생각하면
은 아이돌은 아무것도 아니었어, 그때 시대에. 엄청나게 인기 있었
잖아, 가는 곳곳마다. 그때는 텔레비전도 없었던 시절이니까. 이 마
을 저 마을에서 잔치가 벌어지고, 우리 마찌마리 하면은 사람들 줄
줄이 따라댕기고. 우리 창피하니까 손으로 얼굴 가리고 다님서. 그
래갖고 이 동네 저 동네 트럭 타고 댕기고 마찌마리 돌고 이르꾸미
하고 그랬잖아. 엄청나게 인기 좋았어.

이 그런 시절을 생각하면은 앉아서 치더래도, 앉은놀음이라도 한번 하
고 싶어.

노 언니 제자라도 좀 갈키지 그래?

이 아, 이제는 틀렸고 그럴 것도 없고. 내가 한 십 년 전, 솔찬히 오래
됐어. 그 사람이 장흥인가 사는 초등학교 선생이었어. 근데 내가 농
악 친다는 소리를 듣고 나를 찾아온 거야. 그때는 가게 할 적에 바
빠서도 못 하지. 자기가 부지런하니까 나한테 쇳가락을 배워가지고
가서 사물놀이를 이룬 거야. 그런 때가 있었어. 아마 그 양반이 나
한테 많이 미안할 거 같애. 그래갖고 그 양반이 애기들을 사물놀이
를 갈쳐갖고 학교에서 친다고 하더라고. 그랬어.

노 좌우지간 우리 세대가 끝나면 여성농악이라는 것이 이제 없어지니
까, 언니나 나나 건강할 때, 한 살이라도 덜 먹고 살아있을 때 녹음
을 해서 책이라도 내고 또 국악성지에 역사의 자료로 남겨놓으면

그게 보람된 일이 아닐까 하고, 언니 불편하지만 이렇게 찾아다니면서 하는 거야.

이 　잘 했어. 좋은 일 하고 인자 각지에 살고 있으니까 찾아다니려면 욕보기도 하겠지만, 너같은 사람이 있기 때문에 우리 후세들이 보면 "아, 옛날에 남원 춘향여성농악단에 우리 선배님들이 계셨구나." 그런 말을 할 것이고. '우리 선배님이 있었구나.' 후배들이 그런 생각을 할 거야. 네가 욕봤어. 인월에서 여기까지 더트고 오느라고 욕봤고 또 더터야 될 거 아니냐. 서울도 가고 미국도 가고 다 가거라. 조심히 가고.

노 　고마워, 언니. 하여튼 건강하시고 또 다시 만나. 감사합니다.

박복례, 노영숙과 담소하며

이 　나금추 언니가 쳤고, 그 다음에 주영숙이가 쳤고. 나금추 언니가 어쨌든 간에 어느 시절이든 살짝 쳤고, 그 다음에 주영숙이가 치고 주영숙이가 서울로 가분 뒤에 내가 쳤지. 하여튼 나는 소고만 치다 바로 그냥 쇠를 쳤던 거야. 근데 쇠를 칠라고, 내가 소고 치면서, 이르꾸미 헐 적에 순전히 내가 쇠를 다 쳤지. 그런게 바로 내가 상쇠를 올라가서 쳐분 거야.

노 　우리 칠선옥 앞에서 공터에서 공연을 하는데 그때는 언니가 쇠 쳤어. 그때 나 언니랑 같이 공연했어. 그때 일본 갔다 와서 얼마 안 되어가지고, 바로.

이 　그랬을 거야.

노 　칠선옥 엄마가 강금순이라고 한다, 강선화라고 한다고 나오거든. 그걸 확실히 언니한테 물어보고 싶었고

이 　두 가지로 썼어.

노 그 집의 딸은 오갑순, 이희숙, 양딸이 너이나 있었어.

이 하고 싶은 말은 나이는 우리가 많지만 멋쟁이들이 한번 모여서 한번 쳐봤으면 쓰겠어. 웃으면서. 박복례 언니 열두발 돌리고.

박 열두발은 돌아가. 왜냐면 그거는 쇠가 달렸기 때문에. 근데 작은 것은 안 돌아가.

노 나 이래도 내 몸이 안 돌아가지, 농악 딱 치면 나가. 희한하더만, 그거 희한한 일이여. 내가 하고 싶은 얘기는, 일본에 다까라즈까라고 있잖아. 여성들로만 구성이 된 뮤지컬이고 우리 여성농악처럼 연극도 하고 그런 단체가 있어. 걔네들은 중학교부터 나라에서 가르쳐. 그러니까 나이를 먹어 퇴직을 해도 거기 선생으로 남든지 죽을 때까지 나라에서 월급을 주고 그래. 진짜 기가 멕히게 해, 연극을. 우리 국극단처럼. 내가 그걸 보고 홀딱 반했어. 대기업에서 하든지 국가에서 하든지 맨날 운동선수만 기를라고 하지 말고 사라져가는 우리 민속을 돈 좀 들여 가지고, 후세를 만들라면 나라에서 돈을 투자를 해서 월급 줘가면서 선생으로 모시고, 초등학교 중학교에서 애들 데리고 와서 교육을 시키면 살아날 수 있다고 생각을 해. 할 수는 있는데 그런 사람이 과연 있냐 이거지.

이 우리 세대에 이 말을 안 하면 누가 할 사람이 없어. 그래도 옛날에 몇 십 년 전에 이런 일이 있었구나, 진실되게.

노 내가 지금 하는 일이 그거야. 언니 죽고 나 죽고 다 죽고 없어. 그러면 이게 입으로 입으로만 전해졌다가 잊혀지는 거야. 그러니 나는 이걸 사명으로 갖고 하는 거야. 언니들 살아 있을 때 또 내가 건강할 때 요걸 꼭 밝혀서 다음 세대라고 다시 부활할 수도 있지만.

이 부지런히 찾아다녀봐. 응당 해줄지 안 해줄지는 몰라도 부지런히 다녀서 책도 나오고 그러면 좋지. 사람들이 차후에 이 글을 읽으면 '아, 이런 때가 있었구나.'

노 지금 이 아들도 있지만 이 세대는 몰라. 우리 세대는 텔레비전이 없

안숙선과 의형제 맺은 기념(1963.11.23 촬영) (위)
이희숙과 동료들 (아래)

던 시대이기 때문에 언니들이 떴다 하면 동네방네가 소문이 나가지고 공연하기를 학수고대해. 일 다 팽개치고 그거 보러 와.

박 그때는 아무것도 없으니까.

이 그때는 우리가 대한민국 방방곡곡 골골이 안 다닌 데가 없고. 진해 군항제나 전국민속경연대회 다 갔지. 우리가 구례 곡우제 때나 이럴 때 동춘서커스하고 딱 만나서 공연을 한다. 공연을 하는데 만약 동춘서커스가 손님이 없어. 그럼 우리가 이르꾸미 해서 몰아다 준 거야. 그런 시절이었어. 그때는 그렇게 하고 살았어.

안숙선이가 「성공비결」을 했을 적에 나하고 찍은 사진 세 판이 나오더만. 태자마마 했을 적에, 저하고 나하고 의형제 맺어갖고 손잡고 한복 입은 거. 저하고 나하고 찍은 사진 세 판이 쫙, 처음에 이렇게 나와. 내가 「VJ특공대」에 95년도에 내가 나갔었제. 안숙선이하고 나하고 의형제 맺고 한복 입고 찍은 옛날 사진, 그것이 아주 날렸었다니까. 지금은 다 내려버렸지, 인자. 그 사진 있어. 그 사진은 내가 죽고 난 후에라도 우리 애들한테 추억이 되었으면 하지.

노 언니도 가끔 텔레비전에 나와. 지방방송에도 나오고.

이 지방방송도 나오고 「VJ특공대」.

노 언니가 지방방송에 나오면 "음마, 저 우리 희숙 언니!", 옛날 주막처럼 해갖고 나와.

이 나도 몇 번 나왔어. 인터넷 쳐보면 나오고.

노 그나저나 언니 올해 몇 살?

이 예순아홉, 47년 생. 나이가 두 개가 되어 놓은게. 실제로는 소띠야, 49년생. 주민등록상으로 47년 생으로 되어 있어. 내 진짜 나이로는 내년에 예순일곱 살. 나이가 두 개야.

노 언니, 강도근 선생님에 대해서는 아는 거 있어?

이 강도근 선생님한테는 우리가 열심히 공부하고, 강백천 선생님한테는 내가 젓대를 배웠잖아. 젓대를 배울 때는 항시 혼났지. 왜냐하면

"가시내들이 목으로 소리를 내야지, 이거를 배우면은 목 공부를 아
냐고." 내가 이거 젓대를 계속 배웠으믄 끝까지 배웠을랑가도 모른
디, 내가 이거 굉장히 잘 불었어. 이것을 삼현육각 다 배우고 그때
다 배웠어. 근데 안 써먹으니까 다 잊어버리지.

박 나도 피리 배우다가 선생님한테 혼나고.

노 그랬구나. 언니 오늘 고마워. 만나서 반가웠어. 건강해.

이희숙 상쇠 당시 춘향여성농악단 단체사진 (이희숙 소장)

호남우도 부포놀이의 명인,
상쇠 나금추

상쇠 나금추
(2009년 〈호남우도농악 천하의 상쇠 나금추〉공연 준비 당시 모습)

8

구술자	나금추 (1938~2018)
조사자	1 · 2 · 3차 - 권은영, 4차 - 권은영 · 가미노치에 神野知惠
일시	2001년 1월 16일, 2001년 1월 20일, 2002년 8월 20일, 2013년 12월 3일
장소	1 · 2 · 3차 - 전북도립국악원, 4차 - 고창농악전수관

호남우도 부포놀이의 명인,
상쇠 나금추

광주국악원 입학, 가족들의 반대를 피해 남원국악원으로

권 선생님 춤도 잘 추시잖아요? 그런 춤은 누가 그렇게 가르쳐줘요?

나 춤은 애초에 내가 광주 태생인데, 이걸 배우고 싶어서 국악원을 들어갔어, 광주국악원을 집 몰래. 내가 입학을 하고 싶다고. 단체를 따라 다닐라고 하니까 약도바, 약장수한테 내가 물어봤어. 이거 따라 다닐라면 어떻게 따라 다니냐고 한게, 첫째는 국악을 해야 되고, 둘째는 이렇게 들어와서도 시다¹를 한 삼년 해야 된다. 말하자면 심부름 해주고 신발도 닦아주고 옷도 챙겨주고 이런 것을 한 삼년을 해야 무대에 설 수 있다. 첫째는 국악을 할 줄 알아야 무대를 선다. 전부 국악으로 춤도 노래도 하니까, 지금 뮤지컬 같이 그런 식으로 하니까. 여성국극단도 그렇고. 아, 그럼 국악부터 배워야 되겠다고 광주국악원을 갔어. 입학을 딱 했어, 몰래. 학비를 타다가 입학금을 주고 한 거야. 학교를 다니기 싫다고 이거만 알켜 달라고 떼를 쓴게 오빠랑 언니랑 "그러지 말고 네가 정 학교 다니기 싫으면 양재 학원을 다녀라. 양재를 배우면 좋겠다." 양재 학원비, 학원비를 줬어. 양재 학원을 간다고 하고 거짓말을 하고 국악원으로 간 거야.

---

1 일본어 'した(下)'로서 '아랫사람', '보조하는 사람'을 가리킨다.

거기를 갔는데 소리를, 사랑가를 배우는데 머릿속에 안 들어가는 거야. 국악을 다 해야 된단게 거기서 또 승무를, 한애순 씨 오빠[2]라는 분이, 나 이름도 잊어버렸네. 광주 한애순 씨가, 판소리 하시는, 그 집 오빠가 이 승무를 엄청 잘 췄어. 그 집 오빠가 승무 선생님을 하는디 그 승무를 배우는디 나를 보고 잘 한다고 하더라고. 그 승무를 다 뗀 거야. 북을 막 치는데 손이 북에 쓸려갖고 피가 다 묻고 이런 정도로 해서, 열심히 잘 해서 발표회도 하고 그랬어. 승무, 그것도 배워서 했고 내 깜냥에는 부지런히 한 거여, 국악을. 단체를 갈라고.

근데 한 육 개월 정도 돼서 뽀록이 나갖고[3] 두들겨 맞어, 오빠한테 장작개비로. 아무 데도 못 가게 막 두들겨 패는 거야. 그래서 매가 무서우니까 안 한다고 그랬어. 둘째 형부가 나한테 그래. "처제, 그러지 말고 커피 원료를, 그때만 해도 많이 취급할 수 있으니까, 내가 대줄텐게, 광주 다방에다 밀어 넣고 한 달에 한번씩 수금하고 이런 식으로 해라. 그 원료는 대줄게." 그것은 하기 싫어, 또. 일단 이것만 배우고 싶어. 그러자 광주 하천에 약장시가 들어왔어. 약장수가 들어와서 그 사람 따라서 돈 백만 원 집에서 감춰서 포켓에다 넣고, 집에서 보통 입던 옷은 겉에다 입고 다른 옷 하나를 속에다 입고, 보따리를 못 싸니까. 껴입고는 그냥 저녁밥 일찍 먹고는 살금살금 가갖고는 그 사람들 밤에 남원으로 간다고 그래서 따라서 남원으로 와버렸어. 그것이 계기가 된 거야.

그래갖고 남원에 정착이 딱 됐는디, 판소리도 잘 못하지, 남원에 연고도 없지. 그런게 그 사람들이 여기 남원국악원이 있는게 국악을

<hr />

2 한진옥(1911~1991) 광주광역시 무형문화재 판소리 보유자인 한애순의 오빠이다. 전북 순창군 금과면에서 태어나 4세쯤에 옥과(전남 곡성군의 옛 명칭)로 이사하여 이곳에서 자랐다. 9세 때 장판개 문하에서 「흥보가」를 배웠고 이장선, 이띠보, 신갑도, 이창조 등 당대 최고 명인들의 춤을 사사하였다. 옥과와 남원 인근에서 춤, 판소리, 고법 등을 연마하다가 여러 경연대회를 통해 명성을 쌓았다. 남원권번에서 9년간 무용 강사를 하였고 협률사, 창극단에 참여하여 순회공연을 하다 옥과로 낙향하였다. 1940년대 초반에 광주로 이거하였고 이때부터 쭉 광주국악원, 전남민속예술학원, 광주시립국악원 등에서 무용 강사로 재직하였다. (성기숙, 「호남의 명무 한진옥 연구」, 『한국민속학』 33집, 한국민속학회, 2001, 참조.)
3 들통이 나서

배워라. 배워서 네가 어느 정도 하면은 단체도 올 수 있고 다 한다. 남
원국악원에 딱 데려다 줬는데, 남원국악원 선생님이 김영운 씨라고.

권   판소리 하시는 분?

나   응. 강도근 선생님은 향교에서 하시고, 두 분이 있었어, 선생님이.

권   남원국악원에서는 김영운 선생님이 가르쳤고만요?

나   응, 그래갖고 그 선생님한테 갔는데, 그 선생님이 그때는 병환 중이
시더라고. 앉아서 포도시 공부 가르치고 그런 식이었는데, 거기서
사모님하고 선생님이 하얀 고무신을 신어. 그럼 지금같이 따순 물
이 나오나? 수도꼭지에 찬물만 나오지. 그 찬물에다가 짚수세미로
비누 묻혀갖고 닦아서 탁 엎어놓으면 그거 신고 나가고 이런 식으
로. 그래갖고 판소리를 거기서 배웠어.

남원여성농악단의 징수로 데뷔

나   한 일 년 배웠는가, 일 년도 못 배웠는가, 하여튼 갑자기 농악이 생
겨갖고는 대통령상 받으러 간다고 언니들이 다 모였어. 그래갖고
거기서 짠 거야. 남원국악원 앞에서. 그때는 내가 징을 친 거지. 박
자도 모르고 아무것도 모르고. 박자 몰라도 잘 친다고, 거기서 일러
주고 짚어주고 그러면 그 소리를 얼른 알아서 했던가봐. 그래갖고
서울을 갔어. 이승만 박사 말기 때. 그래갖고 전국경연대회에서 대
통령상을 먹었어, 남원이. 상을 타고 남원 딱 도착해서 그대로 갖고
가야는데 그 언니들은 해체된 거야. 그러고 나서 얼마동안 공백이
있다가 갑순이네 엄마가 해서 춘향 단체를 한 거여.

가미노   남원국악단 했을 때는 여자 분들만 계셨어요? 아니면 남자 분들도?

나   그때도 남자가 조금 섞여 있었어. 소고 치는 애들이. 앞에서 상쇠하는
사람, 설장구 치는 사람은 다 여자였고, 대부분 여자가 많았고 한두 명

　　　　남자가 섞여도 몰라. 입어 버린게. 그래서 여성단체라고 하고 갔었거든.

가미노　상쇠는 누가 잡았어요?

나　상쇠는 장홍도 씨라는 분이.

권　그분 연세가 많았어요? 선생님하고 나이 차이가 얼마나 나요?

나　장홍도 언니 동생하고 나하고 친구였은게. 못 되어도 한 대여섯 살?
　　그 정도 차이가 났겠지?

권　그분은 결혼 했었고요?

나　결혼 했고 애들도 있었고.

권　소리도 하고?

가미노　잘 하셨어요? 상쇠하는 분?

나　그분들이 장구도 잘 쳤었고 꽹과리도 박자 맞춰 쳤었고 이런 식이
　　었었어. 다양하게 뭐든 했어. 또 판소리 하시는 분 대부분 친정에
　　서, 친정식구들하고 같이 살더구만. 자기 별도로 사는 게 아니고.
　　다 친정 식구들하고 살더라고. 친정 동생이 장구를 쳤어. 키가 큰
　　데, 그애도 전주로 시집가갖고 묻혀서 살아. 인자 그애 시집가서 살
　　아버리고 나 나와 버리고 그래갖고 남원은 멀어졌지.

　　　　단체 조직해갖고는 선배들이 상쇠 치고 부쇠 치고 이러니까 그
　　선배들한테 많이 눈여겨 배웠고. 박자나 알고 치기는 쳤지만은 가
　　락이 어떻게 생긴지 그것도 모르고 따라만 다녔었지. 근데 또 잘 한
　　다는 말 듣고 댕겼었어. 선배들 흉내 냄서. 그런 식으로 배웠고

　　　　정식으로 선생님들 초빙해서 배운 거는 미국 간다고 우리가 인
　　자 단체 구성해갖고 돌아 댕기고 어느 정도 기술 단련되고 그랬을
　　때 미국 초빙해서 간다고 해서 그때 정식으로 장구, 꽹과리, 열두발
　　상모, 이런 식으로 초빙해서 선생님들한테 배운 거지.

권　선생님, 아까 말씀 하신 선배들, 언니들이 남원국악원 언니들이에요?

나　남원국악원 언니들도 있었지만, 판소리를 배워서 생활 하신 분들,
　　결혼해서 그 언니들은 가정이 있고 자식도 있고 남편도 있으니까,

그런 언니들이 세 명인가 되었었어.

권 그럼 국악원 소속은 아니고 국악원에서 배워서 남원에서 활동하신 분이?

나 응. 그래갖고 세 분이나 계셔갖고 한 분은 강초운 씨라고 아버지도 국악인이고 대금도 잘하시고 옛날에 유명하신 분이었어, 남원에서. 딸 강초운 씨도 판소리 잘 했고 강초운 씨 딸도 줄도 잘 타고 어렸고. 또 숙선이는 장구를 배워서 쳤고 숙선이 동생은 소고를 치고 다녔고 오갑순이는 설장구를 쳤고 최초로 남원국악원에서 잠깐 해서 대통령상도 받고했다가 해체가 됐어. 남원에 들어오니까 일단은 다 각자 가정이 있으니까 해체가 됐어. 언니들이 들어가니까. 다시 갑순이네 수양엄마가 갑순이를 수양딸로 키웠으니까 단체를 하나 구성해서 하나 해주어야겠다는 맘에 새로 구성을 한 것이 춘향여성농악단이라는 이름을 걸고 했었어.

강초운의 뒤를 이어 춘향여성농악단의 상쇠로

권 선생님, 남원 춘향에서 배우실 때는 상쇠가 누군지 기억 안 나세요?

나 처음에 강초운 씨. 소리 잘하시고, 강초운 씨. 강백천 씨 딸.

권 강초운 선생님 하실 때 선생님은 부쇠 하셨어요?

나 나는 징 쳤어, 그때. 처음에 농악단 들어가서 징 쳤고. 춘향여성농악단 들어가서 강초운 씨가 상쇠 했고, 그전에 국악원에서 그때는 장홍도 씨. 장홍도 씨가 상쇠를 했었지. 최초에는 장홍도 씨가 했고 춘향여성농악단으로 분리하면서 초운 씨가 했어.

권 춘향에서는 선생님 상쇠 안 하셨어요?

나 했지. 초운이 언니가 꽹과리 치고 내가 징 치고 하다가 한 일 년 됐나? 그러다가 바로 내가 상쇠 잡았지.

권 그러면 강초운 선생님 치는 거 보고 배우신 거예요?

나 그 당시에는 그랬지. 선배들 치는 걸 보고 배웠지.

권 따복따복 알려주나요?

나 그런 거 없어. 그냥 듣고. 또 이르꾸미 할 때, 이르꾸미 할 때 많이 들어.

권 이르꾸미할 때 강초운 선생님은 안 하나요?

나 왜, 가끔 하지만 대부분 밑에 동생들이 하지.

권 1961년도에요, 전국민속예술경연대회 있었잖아요? 전라북도 대표로 춘향 단체가 나갔다고 들었어요. 선생님 거기에도 나가셨어요?

나 어. 그래서 남원 팀이 1등 먹었지. 이 박사 때, 이승만 박사, 그때 최초로 농악단이 1등을 해갖고 와서 막 붐이 일어난겨. 그 전에는 아리랑 여성농악단이네, 백구여성농악단이네 없었어. 그 이후에 생긴 거지.

권 그전에는 여자들이 농악을 안 쳤잖아요?

나 여자들이 농악을 많이 안 했는데, 그때는 남자도 있고 여자도 있고 혼합이었어. 혼합이었고 여성농악단으로 하자 해가지고 여성농악단으로 했는데 그때는 수효가 많지 않고 그랬는데, 우리 대회 갔다 와서는 오갑순이네 수양 엄마가 오갑순이를 위해서 춘향단체를 만든 거야. 칠선옥 아줌마가. 그래갖고 춘향 단체가 갈라지면서 남원 단체가 깨진 거지. 사람이 빠져나오니까. 춘향여성농악단 단원들이 남원 단체에도 다녔었어.

권 여섯 살, 일곱 살 어린 사람도 공연을 같이 했나요?

나 소고들은 아주 꼬마였어. 그 이후에 몇 년 흘러가지고는 애들 학교도 안 보내고 달고 다닌다고 말들도 있었지만 그때 당시에는 했었어.

권 강초운 그분이 강도근 선생님 집안이에요?

나 집안이여. 칠선옥 주인, 강금순이라고 그분도 다 집안이야.

춘향여성농악단에서 : "상쇠가 가운데서 놀잖아.
바라가 춤을 추는데 내가 바라에 맞았어. 찢어졌어."

나 그때 하여튼 남원에서부터 계속 상쇠를 한 거니까. 처음에 징 치고 다닐 때도 선배들이나 선생님들이 재질이 많다고, 잘 치겠다고, 그런 소리를 들었었거든. 그래갖고 바로 상쇠로 올라갔지.

권 남원 같은 경우에는 바라춤도 추고.

나 남문 거리 학원 김순애 씨, 그분이 바라춤 잘 춰. 그분이 그때 우리랑, 그분이 바라춤 췄어. 줄은 강초운 씨 딸이 타고. (정강이 부분을 가리키며) 여기가 바라로 찍힌 데여.

권 왜 바라로 찍혀요?

나 상쇠가 가운데서 놀잖아. 바라를 치면서 춤을 추잖아. 상쇠는 대원들만 보고 신호하다가 바라가 탁 돌리면서 춤을 추는데 내가 바라에 맞았어. 찢어졌어. 그래갖고 피 엄청 나고 막.

권 피 철철 났겠네요. 지금도 흉터 있고만요. 그러면 전주로 옮겼을 때도 전주에서도 무용을 했나요?

2013년 「나금추 부안농악 정기발표회」에서

나 토막극이라고. 무용 같은 거는 안 했고, 농악 한 바탕 치고 나면 '춘
  향모 막' 같은 거, '뺑파 막' 같은 거, 아니면 '마당쇠 막' 같은 거, 그
  런 거 토막극을 했어.

권 남원에서는 춤도 추고 줄도 타고 많았는데 전주에서는 창극만?

나 응, 남원에서는 강백천 씨가 새납을 부르시고 손녀딸이 줄을 탔었거
  든. 강초운 씨가 판소리도 허고, 또 바라춤도 추고, 농악을 하면서 그
  런 거를 많이 했거든. 근데 인자 여기는 그런 것이 없으니까 토막극.

권 남원에서도 토막극을 했나요?

나 그때 잠깐 잠깐 하고 판소리 하고.

권 강도근 선생님, 김영운 선생님요?

나 다 따라다니셨거든, 같이. 단체를 할 때 우리는 소리를 배웠어. 단체
  를 다니면서도 아침에 일어나서 소리 공부부터 하고 농악 치러 가고
  그랬어. 그때는 다 농부가를 했거든. 오방진 탁 쳐놓고 농부가 전부
  한 마디씩 받고 돌아가면서 소리를 헐 줄 알아야지 돼. 그래서 옛날
  서부터 소리를 싹 했어.

미국 공연의 무산, 전주 단체로 이적

나 본격적으로 우리가 선생님을 초빙해갖고 공부한 것은, 그때가, 미국을
  갈라고 서울 비원에서 우리가 합숙훈련을 했었어요. 그때 김재옥[4] 선
  생님이라고, 작고하고 안 계시지만, 그때도 나이가 많으셨거든요. 그분
  이 꽹과리를 잘하시는 분이셨어요. 그분을 초빙해다가 배웠어요. 그때
  는 우리가 나이가 어리고 깊이를 모르니까 그 선생님이 얼마만큼 중요

---

4 1910년 6월 6일 생으로, 본적은 전북 정읍 소성면 중광리이다. 1967년 경에 광주시 서성동에 거주하고 있
  었다. 김도삼을 사사하였고 광주국악원 농악 강사를 지냈다. (홍현식·김천흥·박헌봉, 「호남농악」, 『무형
  문화재조사보고서』 6집[33회], 문화재관리국, 1967, 207쪽 참조.)

하다는 거를 모르고 무조건 선생님 말만 따르믄 되는 줄 알고, 선생님 이름이 뭣이고 사시는 데가 어디고, 이런 거를 우리는 끝까지 모르고 단체에서 초빙해다가 갈치니까 배우고 이런 식으로 합숙훈련을 했었 거든요. 서울 가서 3·4개월을 비원에서 연습하고 헸는데 그때 선생님 들 초빙해다가 배우고 그랬거든. 그런데 미국에서 초청한다는 사람이 우리를 초청을 안 했어요. 그래가지고 고전하고 내려왔어, 지방으로.

권 그러면 다른 농악단은 다 없어졌어요? 해체됐어요?

나 당분간 해체됐지. 우리가 빠져부니까. 중요한 배우들이 빠지니까.

권 선생님, 남원에서 상쇠도 하고 그러면 상당히 유명하셨을 텐데요?

나 그랬지. 남원에서 상쇠하고 유명해지니까 뽑혀서, 각 단체에서 말 하자면 우수 선수들만 뽑아서 미국 간다고 서울로 모인 거라니까. 서울로 갔다가 미국을 못 가고 나니까 전주 아리랑여성농악단에서 나를 빼온 거지. 거기를 가지 말고 여기서 단체를 하자. 그래가지고 여기 주저앉아서 단체를 준비 하는 동안에 우리 애 아빠하고 그런 저기가 있어서 결혼을 한 거지. (미국으로 공연 가려던) 그 사람들 이 다시 내려와서 전주에서 아리랑여성농악단을 만들었어. 내가 상 쇠 치고 유지화가 부쇠 치고. 그때는 유순자 그런 사람들은 호남여 성농악단은 그 뒤에 생긴 것이고.

그렇게 다니다가 생활봉사단으로 온 미국 여자 아가씨가 젠 무 코엔이라고 이름이, 그 사람하고 남자 존, 존이라고 불렀거든, 우리 가. 그 사람하고 둘이 들어오니까, 우리가 이렇게 하지 말고 한미여 성농악단으로 명칭을 고치자.

권 아리랑에서요?

나 응. 그래갖고 한미여성농악단으로 고친 거거든, 명칭을. 한 1년, 2 년 동안 다녔을 것여, 한미가. 순회공연을 했어.

권 그때 단장님이 누구였대요? 한미여성농악단?

나 그때 장금동 씨가 하다가, 아리랑을 장금동 씨가 하다가 이방근 씨한테 넘겼어. 친구 사이니까. 그리 넘겨갖고 그 양반이 단장 하고 다니고. 우리 애기아빠는 가끔 놀러오고 그랬어.

권 선생님은 아리랑 상쇠를 하시고요?

나 응. 그래갖고 내 다니다가 각자 결혼해서 애 낳고 어쩌고저쩌고 하다 보니까, 또 한참 이것이 붐이 일어나고 흥행하다가 벌이가 없고 그러니까 자연적 그만둔 거여. 끝까지 호남여성농악단, 유순자 하던 거, 그것이 끝까지 남아 있었다가 해체됐고 아리랑도 끝까지 남아 있었다가 해체됐고.

권 전주여성농악단? 대한여성농악단 이런 데는?

나 그러니까 많이 있었어. 대한여성농악단, 호남여성농악단, 백구여성농악단, 아리랑여성농악단, 다 있었거든. 대한은 잠깐 잠깐 하고 지나간 거 같여.

권 전주여성농악단은 어디 문서에 보니까 단장님이 장금동 선생님으로 되어 있어요. 61년도엔가 만들었더라고요.

나 우리 집 양반이 하다가 이순태 씨라고, 이순태, 그분이 잠깐 하다가 이방근 씨한테 넘겨준 거야.

권 그러면 전주여성농악단, 그리고 아리랑여성농악단, 그 뒤에 한미여성농악단이 다 단장이 비슷하군요?

나 응, 한미여성농악단도 내나 해야 이방근 씨가 단장을 했어.

권 전주여성농악단은 선생님이 상쇠를 하셨어요?

나 전주여성농악단은 상쇠를 했지. 그때 한참 여성농악단이 활발하게 활동할 때, 그니까 안 거친 데가 없지.

권 선생님이 춘향여성농악단에 계시면요. 저쪽에서 스카우트 해가기도?

나 응. 스카웃 해가는 거지, 한 마디로. 그 단체가 잠깐 쉰다던지 잠깐 해체가 됐을 때 다른 단체로 가고, 이런 식으로 해갖고 각 단체를 다 거친 거야. 정읍여성농악단까지.

권 근데 선생님 남원국악원은요, 남원 쪽은 좌도굿이 굉장히 세잖아요. 그런데 어떻게 우도굿을?

나 그때 남원여성농악단은 우도굿이었어요. 우도굿이 너름새나 모든 것이 이뻐요. 예뻐서.

권 그럼 처음에 남원여성농악단에서는 정읍 사람들이 와서 가르쳤을 거 아네요?

나 남원여성농악단이 최초로 생겼었어요. 그전에는 혼합이었어, 남자여자 혼합으로. 서울에 있는 전사섭 씨, 전사종 씨, 홍유봉 씨라고 채상하시는 그분, 그런 분들하고 같이 단체를 다녔었지 여성농악단이라고 딱 분리를 안 했었거든요. 근데 인자 한 61년도 정도부터서 여성농악단 붐이어갖고 굉장히 붐이 일어났었거든요.

권 선생님 백구에서도 상쇠 하신 적 있으세요?

나 백구에 가서 봐준 적 있지. 봐준 적은 있어.

권 상쇠 없다고 해가지고요? 몇 개월?

나 응. 그리고 인자 어디서 공연을 하면 백구, 아리랑, 이렇게 많이 모일 때가 있어. 강릉 단오제 같을 때는. 그럴 때 많이. 또 전라북도 내에 사람들이니까 자주 보기도 하고.

권 백구, 아리랑 이렇게 다 모이면 공연을 같이 하나요?

나 장소가 다르지.

권 아, 극장 따로 만들어놓고.

나 그렇게도 할 수 있지만 한 곳에 따블double은 안 되지. 거기 이미 들어갔으면 장소를 다른 데로 잡고 그러니까. 특이하게 큰 행사 같은 게 있을 때는 서로 돈 벌기 위해서 공연하고 그랬거든.

"구석구석 안 간 데 없었어요.

조그만한 면소재지까지도 다 갔었거든."

나　포장걸립할 때는 어떻게 했냐면 부지, 장소를 얻어요, 공터를. 그래
　　가지고 포장을 쳤지. 도루바꾸를 말뚝을 해가지고 포장을 치고 기도
　　きど[木戸]를 보고 돈 받고 공연하고 그랬거든요. 근게 비가 온다던지
　　눈이 온다던지 그러면 못 했어요. 비를 맞아서, 지붕이 없으니까. 극
　　장을 빌리면은 그때만 해도 돈도 많이 들어가고 또 식구가 대식구이
　　다 보니까 극장 안에서는 할 수도 없고, 좁아서, 무대가 좁으니까. 그
　　래가지고 밖에서 많이 했고. 안 간 데 없이 포장걸립이라면 다 했죠.

권　서울이랑 이런 데도 다 가셨어요?

나　그럼요. 서울 뚝섬이네 어디네, 안 간 데 없었어요, 우리.

권　경상도도 가셨어요?

나　그럼요. 하여튼 구석구석 안 간 데 없었어요. 오래 돼서 이름을 잊
　　어버려서 글치, 조그만한 면소재지까지도 다 갔었거든. 그렇게 하
　　고 다녔어. 그때 고생 많이 했죠.

권　여성농악단 본격적으로 하시기 전에 남녀 혼합으로 했을 때는 '누
　　구 패' 이렇게 이름이 있던데요?

나　정읍농악단이 그때 여성농악단 분리하기 이전에 정읍농악단이 혼
　　합이었어요. 남자 여자.

권　그때 상쇠는 누구셨어요?

나　그때 상쇠가, 정읍여성농악단에서는 상쇠를 내가 했는데 그 혼합단
　　체에서는 상쇠를 누가 했는지 잘 모르겠어. 하도 오래된 거이라. 여
　　성농악단에서는 제가 했거든요, 상쇠를.

권　유명철 선생님이라고 남원에 계시잖아요. 그 선생님하고도 같이 활동을?

5　공연장의 출입구를 지칭하거나 출입구를 지키는 사람을 말한다.

나　그럼요, 많이 했죠.

권　여성농악단이 생기기 전에 이렇게 하신 거예요, 아니면?

나　생기고. 유명철은 생기고 나서 알았어. 그분은 좌도고 우리는 우도 니까 연주를 같이 한다기보다는 어느 무대에서 개인 솔로solo로 했 고, 말하자면 포장걸립을 할 때.

권　개인놀이 같은 거만 같이 하셨다고요?

나　예. 솔로 같은 것은 같이 했지. 어디서 초빙을 허면. 인자 한 바탕에 서 연주는 안 했고.

권　같이 무리 지어서는 안 했고.

나　안 했고. 옛날 우리 걸립하고 댕길 때는, 포장걸립하고 댕길 때는 임방울 선생님, 유명한 국창이시잖아요. 임방울 선생님도 초빙해다 가. 말하자면, 얼른 쉽게 말해서, 손님을 많이 끌기 위해서 그랬겠 지, 관객을. 유명한 선생님들 오신다면은 많이 보러 오니까.

권　그러면 이렇게, 날 춥고 그러면 공연 못 하시잖아요?

나　추워도 했어, 우리는, 눈 맞고. 비가 올 때는 못 허는데 눈 맞고는 했 어요. 눈 맞고 할 때 제일로 손이 시려워. 다른 데는 움직이니까 괜 찮은데 손은 바람을 일으켜야 되고 꽹과리 든 손이 다 죽어, 얼어갖 고. 그래도 했어요, 그때는.

권　한겨울에도 하셨어요?

나　예. 그때는 그렇게 돈에 욕심이 없는데도 이게 좋아서 그랬던지, 어 째서 그랬던지 그런 고생을 하고 다녔어요. 그리고 또 뭔 어려움이 있냐면, 단장님이 그냥 가서 자체 공연을 한다면 추울 때는 우리 그 냥 쉬자. 밥값 없으면 설령 하루 굶고 쉬자 할 수도 있는데, 이분이 우리를 사가요. 15일에 얼마, 계약을 하고, 그걸 보고 단매라고 그랬 거든요. 단매가 들어가. 그믄 예를 들어서 50만원에 우리를 사간다.

권　팀 전체를요?

나　팀 전체를, 며칠에 얼마. 그믄 계약을 50만원에 했으면, 50만원만 일단 우리를 주면은 더 벌어도 이 사람 것, 못 벌어도 이 사람이 물어내고, 이런 식으로 우리는 많이 다녔거든요, 포장걸립을.

권 단장님이 사시는 거예요? 아니면 다른?

나 지방에서. 지방자치단체 같은 데서 사. 누구라도, 누구라도 흥행을 한번 하고 싶다 하는 사람이 사가거든요. 손님이 많이 들고 그러면은 좋고 손님이 없어서 적자 보면은 그 사람이 많이 적자를 보는 거죠. 밥값이야 뭐야, 일당 해갖고. 그런 식으로 많이 다녔는데 그런 데서 단매를 갔을 때는 사 간 사람이 트집을 잡아. 벌이를 다 못하면. 돈을 많이 벌면 그런 거 저런 거 묻고 가는데 돈을 많이 못 벌면 상쇄가 안 나왔다는 둥 버꾸가 몇 개인데 하나가 아파서 못 나왔다, 뭐 이런 말을 하니까. 그런 데서 아무리 아프고 추워도 나가야돼. 그런 어려움이 있었어요, 계약 때문에. 어디서 불러가지고도 하고 그런데 없으면 우리가 자체로, 말하자면 강릉 오월 단오제 같은 데는 우리가 가서 자체 공연도 하고 그랬거든요.

권 겨울에도 공연을 하면 집에는 언제 가셨어요?

나 그러니까 거의 일 년 만에 한 번이나 갈까? 명절 때나 갈까? 명절 때도 공연해야 되니까 안 된다고 하지만 명절 때 한 번씩 다녀오기도 하고. 또 교대로, 꽹과리가 다섯이면 하나가 갔다 오고.

권 예전 어르신들 보니까 포장걸립 하시는 분들도 겨울에는 들어왔다가 봄 되면 나가고 그러시던데요?

나 많이 그랬죠. 옛날에 그랬는데, 그렇게 들어왔던 이유는 흥행이 안되니까 사람이 없었고 그때도 돈벌이가 잘 되었으면 들어올 리가 없지. 안 되니까 들어온 거고. 따뜻해야 사람들이 바깥에, 난장에서 보지 추우면 못 보잖아요. 난방시설도 없고 그러니까. 그래서 들어온 것이지, 사실상 그때도 돈벌이가 됐다면 안 들어갔지. 겨울에도 눈 맞고 했는데.

권 선생님 정월대보름이나 그럴 때 지신밟기는 안 하셨어요?

나 그런 거 많이 했죠. 내가 지금 금마에 공연을 들어갔어, 우리가. 그
   동네에서 좀 해달라고 할 때가 있어. 그럴 때는 거기 가서 공연 없
   는 시간대에 지신밟기, 당산굿, 이런 거 다 쳐주고 그랬어. 그런 것
   은 잘 치건 못 치건 인자 징, 꽹과리 소리를 내면 집안이 좋다고 하
   니까 대부분 동네 사람들이 풍물을 치고 막 그랬거든. 우리가 들어
   가면 우리한테 쳐달라고 하면 가끔 쳐주고 그랬지.

포장이 막 몇 뭉치가 돼요.

그놈을 트럭 하나에다 불러갖고 싣고 댕기고

나 우리 그때 걸립할 때는 사람이 무지 많이 필요한 것이 장소를 얻으
   면 집을 지어야 되잖아요. 집 짓는 사람들이 따라다녀야 돼요. 그
   사람들이 이중 삼중으로, 연기를 하면서 농악을 치면서도 장소 들
   어가면 남자들은 일도 하고. 공연도 하고 일도 하고. 그래서 공연하
   지 않는 사람들도 일 하는 사람들이 많았었어요. 우리 앞에 먼저 나
   가서 장소 얻어갖고 허가 내야 되고, 불법으로 할 수는 없으니까 먼
   저 가서 허가 내고 그런 분들, 사업부라고 그랬거든요.

권 그럼 사업부가 한 분이셨어요?

나 사업부가 한 분요. 단장님 있고, 사업부 있고, 총무 있고, 또 고야,[6]
   말하자면 야방[7]하는 사람. 야방, 그게 일본말인데, 극장을 지키는 사
   람. 밤에 끝나고 우리 들어가면 극장에 아무도 없잖아요.

권 아, 경비같이?

나 경비. 둘 셋 조를 짜서 같이 인자 거기 현장에서 자는 사람들. 근게
   사람이 아주 무지 많았어요. 짐 옮기고 내리고. 쉽게 말하자면 포장

---

6 일본어 'こや[小屋]'로서 임시로 세운 가설극장을 말한다.
7 일본어 'やばん[夜番]'로서 밤에 번을 세워 지키는 일을 말한다.

이 이렇게 막 몇 뭉치가 돼요. 그놈을 트럭 하나에다 불러갖고 싣고 댕기고. 그놈 떨어지면 버리고 또 새로 하고 이런 식으로. 집 지을 때 필요한 거 나무도 있고, 기둥 같은 것도 막 한 차가 돼요. 세워야 되니까. 그래서 아주 짐이 많으니까 사람도 그마만큼 많았었지.

권 그러면 공연자는 몇 분이나 되셔요?

나 공연자는 삼십오 명에서 사십 명 정도.

권 지금 대회 나가는 수준이네요?

나 예, 그렇죠.

권 공연을 하면 보통 한 장소에 며칠이나 머물러요?

나 한 장소 가면은 잘 되는 데서는 한 달도 할 수 있고, 잘 안 먹어주고 안 알아주는 그런 데는 빨리 빼야 되겠다, 밥값만 나가고 경비만 나 가니까 빨리 빼야겠다고 하기도 하고. 또 때로는 밥값이 없어서 단 원들이 잡혀갖고 고생을 할 때도 있고 그랬어.

권 그럼 주로 여관에서 숙식을 하나요?

나 그렇지 그때는. 여관에서 숙식을 했지.

권 선생님 그런데 나중에 유순자 선생님 세대를 보니까는 아예 천막을 집처럼 지었더만요?

나 그 이후에, 우리 다닌 그 이후에 집처럼 지어갖고 그 천막 밑에서 자기도 하고, 여관비가 많이 나가니까 그랬지. 그전에 우리 다닐 때는 전부 단원 들은 여관에서 자고 고야 지키는 사람, 야방, 그 사람만 극장에서 자고.

권 선생님, 고야를 지킬 때 극장 모양 좀 이야기해 주세요.

나 극장 모양은 그냥 그대로 도루바꾸 포장걸립이야. 천장 안 쳤어. 처 음에는 천장도 안 치니까 비가 오면 새고 덥고 그랬는데. 베도 많이 들어가고 장비도 많이 들어간게 우리 댕길 때는 그냥 말뚝만 박아. 높이, 둘레만 쳐. 그러니까 높은 데 올라가서 볼 수도 있는 거고 애 들이 막 들어오기도 하고 그랬어. 근게 군데군데 지키는 사람들이 있었어. 못 들어가게 지키고 그랬어.

권 선생님이 주로 활동했을 때는 천장을 안 쳤구만요? 뺑 뺑 둘러 포장만 쳤구만요?

나 많이 그랬어. 많이 그렇게 다녔어.

권 극장에서 주무시는 분들은 위가 터진 상태에서 주무시는 거네요?

나 위에는 다 개방은 됐지만 자는 데는 가려놨지. 커튼 같은 식으로 가려놨어, 자는 공간만.

권 처음에 남원여성농악단 할 때도 토막극을 했었나요?

나 그럼요. 했죠.

권 토막극을 하셨으면 처음부터 무대를 지어갖고 하셨겠네요?

나 토막극 하는 것만 지었어. 요만하게. 공간이 크니까 넓으니까. 한쪽에다가. 그 위에 올라가서 사회자가 사회도 보고 연극 같은 것도 하고 그랬지.

권 그림을 대충 그려보면, 공터가 있으면 여기다가 포장을 쳤어요? 기둥을 세워가지고?

나 다 쳤어요, 포장을. 여기가 마당놀이를 하는 공연장이면, 중앙에다가 무대를 하나 지었어, 조그마하게.

권 크기는 대충 얼마나 돼요?

나 크기는 인자 이거 한 네 배?

권 교탁 네 개 정도.

나 길게 두 개 보태고 앞으로 조금 더 나오고. 그 정도로 지어갖고 그 위에서 했어. 그럼 그 밑에가 공간이니까 무대 밑에서 야방들이 잤지, 자고. 이 옆에가 임시 매점. 내나 우리 단원들이 했었어. 포장 안에 한쪽에 있어. 매점이 있어. 음료수, 막걸리, 이런 것을 파는 곳을 짓고.

권 무대 높이는 얼마나 됐어요?

나 무대 높이는 이놈(나무 교탁) 한 세 개 포개 놓은 거?

권 얼마 안 되었겠네요. 사람 허리만큼?

나 얼마 안 되지. 거기서 올라 댕기고 내려 댕기고 뛰어 댕기고, 연극

하면서. '마당쇠 막' 같은 거 하면, 말하자면 놀부가 마당쇠를 때릴
라고 하면 마당쇠가 무대 밑으로 내려가기도 하고 올라가기도 하
고, 별로 안 높았어.

권   관객들이 앉은 자리는요?

나   의자 대신 가마니를 깔아놨지. 다 앉아 있어.

권   입장할 때는 표를 받을 거 아네요?

나   그러지, 앞에 기도에서. 입구를 내놓지. 입구를 내놓고 사람이 섰지. 무
     대 뒤에가 옷 갈아입고 그러니까 분장실이야. 무대 양쪽으로 통로가 되
     어 있고 저쪽에 가서 매점이 하나 되어 있고. 저만치 해서 간이 화장실,
     화장실까지 지어놔야지. 그리고 저쪽에 입구, 손님이 들어오고 나가고.

권   선생님 그때 단장님 있고?

나   총무 있고, 부단장 있고, 사업부, 앞에 장소에 가서 허가 내고 한 사
     람, 사업부라고 해. 기도 보는 사람도 있어야 해. 기도가 4명 정도,
     둘 둘. 4명이고 야방, 원래 야방은 한 세네 명인디, 단원 남자들이
     굿 치는 남자들이 같이 교대로 해주고 그랬어. 야방은 그 사람들이
     하는데 집 짓고 집 뜯고 할 때는 같이 다 달려들어서 했어.

권   농악 하시는 공연자 중에서도 야방을 같이 하고? 남자 분들이?

나   야방은 안 했지, 공연자들은. 야방은 안 하고 일은 같이 하지.

권   공연자들은 한 30명?

나   한 30명.

권   남자 분들도 섞여가지고요? 남자들은 공연할 때 보통 뭐를 해요?

나   소고. 돌모, 채상소고, 뒤에 따라다니면서. 그 사람들이 소고 치고,
     일 할 게 있으면 젊은 애들이 같이 해.

전통을 살려야 되니까 그냥 아무렇게나 못 입고
신라복이라고 입으면 되지 않겠느냐.

나 복장 같은 것은, 지금은 다양하게 복장이 여러 형태로 나왔는데 그
때는 바지저고리에다가 조끼, 남색 조끼, 하얀 바지저고리에다가.
지금은 행전이라고 치더만. 그것도 없이 우리는 그냥.

권 그니까 신라복이라고?

나 응 신라복이라고, 그때 우리가 포장걸립 하고 어느 정도 지나가지
고는 조끼 입고 저고리 입고 이러니까 복잡하잖아. 옛날 신라복 같
이, 신라 식으로 이만큼 길게 해서 선을 대서 그냥 이렇게 하면 편
할 거 아니냐.

권 그건 누가 고안을 하셨대요?

나 특별히 누가 고안한 것보다는 우리가 편한 식으로 해 입자. 근데 전
통을 살려야 되니까 그냥 아무렇게나 못 입고 신라복이라고 입으면
되지 않겠느냐. 그렇게 한 거여.

권 밑에 불룩하게 대님 안 매고.

나 안 매고, 그냥.

권 보통 우도농악은 고깔 쓰시잖아요? 근데 여성농악단은 어디서부터
꽃만 이렇게 달고?

나 그전에 우리 할 때는 테머리라고 있어, 꽃수건, 테머리. 머리에 쓰고
꽃으로 이쁘게 만들고. 장구, 징 다. 쓰는 것은 쇠만 썼고 징부터는
테머리를 했거든. 옛날부터 테머리를 하고 옛날 어른들도 많이 했
었는데, 고깔은 더울 때 그늘지고 좋기는 한데 이동할 때 고깔이 굉
장히 망가져요. 부피가 크고 보관이 아주 어렵고 또 종이 색상이 아
주 빨리 바래. 한번만 햇빛 보면 그냥 색이 변했거든요. 그래서 그
런저런 애로를 덜기 위해서 테머리를 똑같이 쓰자. 그래갖고 오갑
순이랑 다닐 때 테머리 썼었어요.

권 그러면 춘향여성농악단 할 때 테머리를?

나 예, 테머리 했어.

권 상모가, 처음 여성농악단 생길 때도 상모가 있었어요? 뒤에 소고잽이들이요?

나 고깔소고는 고깔소고대로 있었고 상모 돌리는 사람들이 뒤에 따라 붙었어요. 왜냐하면 상모는 좌도에서 많이 썼는데 정오동 씨라고 열두발상모를 하신 분도 있고, 그런 분들이 해갖고 상모를 한게 이쁘고 귀엽고 해서 상모를 했었죠. 서울에 있는 안숙선 명창도 장구를 우리하고 같이 치고 다녔고 그 동생도 채상을 돌리고 그랬었거든요. 그때부터 채상소고는 있었어요. 많지는 않아도, 고깔소고가 열댓 명 되면은 채상소고는 대여섯 정도. 그렇게 판 구성을 하기 위해서.

권 편성이요, 꽹과리 몇, 징 몇, 이렇게 있잖아요?

나 있죠. 꽹과리가 다섯이면, 예를 들어서, 징이 둘, 장구가 여섯, 장구가 하나 둘 정도는 많아도 괜찮아요. 꽹과리하고 장구하고 너무 얼뚱하게 차이가 나면 구성이 안 맞는다 하거든. 소리가, 꽹과리 소리가 좀 세게 나기 때문에 장구가 하나 둘 더 많아도 상관없고 그런 식으로. 꽹과리 다섯에, 북이 세 개에서 두 개. 징 두 개. 그 다음에 소고, 소고는 많을수록 좋으니까 푸진게.

권 유명철 선생님이 개꼬리상모에다가 브로치를 달고 다니시더라고요. 같이 공연하시던 여자분들이 달아주셨대요. 지금은 복색 갖추면 따로 장식을 안 하잖아요, 색드림만 하고. 그때는 브로치를 달기도 하고?

나 많이 달았어요. 얼른 말해서, 사람 취향이 다르듯기 그런 거 많이 달고 싶어하는 사람이 있잖아요. 그런 사람은 브로치 같은 거, 핀 같은 거, 예쁜 거 있으면 전부 테머리에다가.

권 그런 거는 별로 규제가 없었나 봐요?

나 규제는 없었어. 예쁘게, 똑같이 복색을 하면서도 좀 색다르게 예쁘게 보일라고 하는 것이지. 자유로워.

권 드림 같은 거는 딱 맞췄을 거 아녜요, 색드림?

나 청색, 노랑색, 빨강색 세 가지를 했거든요. 그거는 뭐냐면 하늘하고 땅, 그런 뜻으로 하는 거예요. 원칙으로 할라면 따뜻한 색이, 위에가 태양이 빨가니까, 빨간색을 위에가 하자는데, 이 복색에 따라 빨간색이 안 어울릴 때가 있으면 노란색으로 매고 그랬죠. 주로 노란 거를 둘렀어요. 그 색띠는 태양과 하늘, 땅을 상징하는 것이거든.

권 신발은?

나 옛날에는 짚세기밖에 없었으니까 짚신을 신어야 하고. 우리는 짚신은 안 신었어요. 짚신은 모래가 들어오고 조그만 젖어도 물이 들어오고 또 빨리 떨어지고. 운동화, 실내화.

권 지금 신는 것 같은 거요?

나 응 그런 거. 흰 양말에다가, 그렇게 신고.

권 예전에 말씀 들었을 때, 오갑순 선생님이 뭐 다는 것 좋아하신다고?

나 주저리라고 했어, 우리가. 별명이 주저리여. 그때는 우리 시장을 가면 악세사리집에 가면 백 원짜리 십 원짜리 악세사리가 많았어. 나비, 물방개, 이런 식으로 많이 있어. 그 이쁜 것을 다 사. 그런데 우리는 고깔을 안 쓰고 테머리를 썼어. 이렇게 해갖고 꽃을 여기다가 만들어서. 그럼 그 테머리에 전부 악세사리를 붙여. 정말 많이 붙여. 개는 정말 붙이는 걸 좋아해. 그래갖고 우리가 오죽하면 주저리라고, 주절주절 달았다고. 좋은 것만, 이쁜 것만 있으면 브로치고 뭣이고 사다가 달았어.

권 그래도 뭐라고 안 해요?

나 그래도 뭐라고 안 했어.

권 반지 끼고 이런 것도 괜찮아요?

나 그런 것도 뭐라고 안했고 우리는 반지고 뭐고 그런 것도 상관이 없이 꼈지만은 대회 나갈 때는 옛날식으로 했어. 짚신도 신고 무

명옷도 입고 했지, 우리 공연하고 댕길 때는 상관없었어. 대회 나
갈 때만 그런 걸 가리고, 귀걸이도 빼라 목걸이도 빼라 이런 식이
었지.

권 선생님은 상모 쓰시니까 테머리에다 뭘 달 수는 없었겠네요? 그럼
멋은 어떻게 내요?

나 우리는 멋 안 냈어, 별로 그렇게. 멋 안 냈어. 나는 원래부터 멋을
낼 줄을 몰라. 지금도 그렇지만 옛날에도.

권 그래도 선생님 주역이잖아요, 주인공. 그럼 옷이랑 다르게 만들어
입고 이런 거 없었어요?

나 옷은 좀 편하게 입지. 윗도리도, 신라복이라고 있어. 어쩔 때는 다
같이 입고 어쩔 때는 쇠들만 따로 입을 때도 있고. 근게 그때 빨간
저고리 입었다는 소리가 다우다로 빨간 저고리를 해서 입었었어,
내가. 그러고 조끼 입고. 다르게 입어도 상쇠는 상관없으니까 그렇
게 입고.

권 선생님이 맞춰서 입으시는 거예요?

나 옛날에는 저고리가 있어서 그냥 입었고, 돈 들여서 우리가 맞춰서
입고 그러지는 않았어. 자기 있는 옷 개조해서 입기도 하고 대부분
신라복 입었는디. 저 사람들 신라복 입으면 우리는 조끼 입고. 신라
복 입고 조끼 입고, 그 두 가지 밖이었어, 의상도. 신라복이 편해. 조
끼 안 입고 그놈 딱 입고 띠 두르고. 그래서 신라복을 잘 입었는데
가끔 나는 상쇠라서 조끼도 입고, 그런 식으로 했지.

가미노 그러면 하루에 몇 번씩 공연이 있을 때는 땀 흘린 채로 그냥 있
다가 다시 공연을 해요?

나 당연하지요. 이것도 못 벗었는데요.

권 상모도요?

나 머리가 너무 아픈게 끈을 올려. 이렇게 올려놨다가 다시 내려. 그러
고 쨈매고 다시 나가고 그랬어. 잠이 너무 오면, 포장을 치면 이렇

게 접어 치는 데가 있거든. 그 접힌 데 가만히 떠들르고 가서 사람들 안 보이는 데 가서 졸기도 하고 그랬어. 점드락 못 벗을 때도, 그럴 때는 왜 그랬냐면은 오월 단오제 같은 때는 강릉에 들어가고, 밀양 아랑제 같은 데 들어가면 아침 열 시나 열한 시부터 계속 공연을 하거든. 연속 공연으로. 끝나면 다시 또 사람 나가면 또 들어오고 새사람으로, 연방 들어오고 나가고 하니까 계속 우리는 연달아서 해. 그른 본 사람은 나가고 안 본 사람은 보고. 이런 식으로 했지. 그런게 우리가 그때부터 시작하면 밤 공연 끝날 때까지 안 벗을 때가 있어. 전부 다 이 엄지발가락 발톱이 하나씩 빠졌어. 점드락 운동화를 신고 있으니 발이 불어. 그래갖고 신발이 쫄려갖고 발톱이 다 빠졌었어. 그래도 좋다고 했어. 그래도 좋다고, 그것이 뭐가 재밌는지 장난치면서 했단게.

권 여름에는 덥잖아요. 여름에 땀 많이 흘리면 쓰러진다고. 설탕물 타 놓고 소금물 타놨다는 소리를 들었어요.

나 설탕물은 모르겠고 우리는 가끔 소금은 먹었어. 물을 타서 먹는 게 아니고 찍어서 먹었어. 너무 땀을 많이 흘리니까, 물을 또 계속 먹으니까. 한번씩 치고 나면 그나마도 더운데 여름에는. 옷이 젖을 정도로 흘렸으니까 하여튼. 젊으니까, 그때만 해도 애들이고 젊으니까, 다 20대, 많이 먹어야 30대고 그러니까 체력들이 다 괜찮았던가 봐.

권 여름에도 그렇게 공연을 하셨어요?

나 여름에도 공연 했어.

가미노 땀 흘린 거 다음날에도 같은 걸 썼요?

나 저녁에 끝나고 옷을 다 빨아. 탈탈 털어갖고 널면 다우다라 금방 말라. 좀 덜 말랐다고 해도 입으면 그냥 말라져. 저녁에 빨아서 아침에 입었어.

가미노 같은 걸 계속?

나 응.

권　선생님은 싱[8] 같은 걸 만들지는 않았겠네요?

나　그런 건 안 만들었어. 꽃 하나를 해주면 그걸 빨아서 또 쓰고 빨아서 또 쓰고 했고.

소도구 만들어주시는 분은 따라 댕겼어.
징자 꼭대기도 갈아주시고 물채도 꼬아서 해주시고

권　농악 선생님이 같이 다니시지는 않았어요?

나　농악 선생님은 안 다녔어. 우리는 우리가 본 그대로 하고 후배들은 또 우리 보고 배우고 그런 식이었어. 이 소도구 만들어주시는 분은 따라 댕겼어.

권　그분을 소도구 부장님이라고 하나요?

나　그러지. 채 같은 거, 병치 같은 거 그런 거만 손봐주고 따라 다녔어.

권　그분은 공연은 안 하고요?

나　안 하고. 공연할 때 꼭 채 같은 거 준비해서 오셔갖고 떨어지거나 깨지거나 부러지기나 하면 다 해줬어. 우리하고 같이 숙식하고 계속 같이 다녔어. 징자 꼭대기도 잘못 되면 새 놈으로 갈아주시고 물채도 잘못되면 꼬아서 해주시고.

권　전재성[9] 어르신?

나　그 할아버지, 그분도 따라 댕기고 다른 분도 따라 댕기고 여러 분이 따라 댕겼는디 전재성 씨가 제일 마지막에 따라 댕기셨어.

권　그분이 입담이 좋지 않아요?

8　머리 모양을 정돈하고 머리카락이 풍성해 보이도록 하기 위해 쓰는 부분 가발. '옷의 깃 따위를 빳빳하게 할 목적으로 안에 넣는 헝겊이나 종이 따위'를 가리키는 '심(心)'의 일본말인 'しん'인 것으로 추정한다.

9　1897년 7월 8일생, 본적은 전남 장성군 황룡면 필암리이며 1967년경에도 이 주소에서 거주하고 있었다. 27세부터 김도삼을 사사하였고 대포수를 맡아하였다.(홍현식·김천흥·박헌봉, 「호남농악」, 『무형문화재 조사보고서』 6집[33회], 문화재관리국, 1967, 205쪽.)

나　애기도 잘 하시고, 장구도 짜개지면, 그때는 돈 아끼느라고 다 지어. 실로 다 꿰매. 꿰매갖고 그 사이에다 불 키는 초 있잖아. 그것을 녹여갖고 떨어뜨려. 그럼 메꿔져, 실 사이가. 아무래도 새 거 같이는 안 날망정 써. 꽹과리도 깨져갖고 소리가 안 좋으면 빵꾸를 조금 뚫어봐. 구멍을 뚫어보면 깨지는 소리가 좀 덜 날 수도 있어. 하도 많이 깨져싼게. 그렇게 소도구 봐주는 분이 따로 댕겼어. 우리는 소도구에 고장 나고, 장구채 부러지고 이런 거는 상관 안 해. 할아버지가 다 알아서 한 주먹 갖고 공연장에서 이러고 다니다가 부러지거나 떨어지면 하나 주시고 가고 그런게. 그 양반은 온 일이 그거만 해갖고 월급을 받아 잡순 양반인게. 근게 어디 가면 대뿌리 좋은 거 있으면 캐기도 하고. 닭털 좋은 거 있으면 구해서 이거도 만들고.

권　선생님 상모는?

나　옛날에는 닭털로 썼어.

권　옛날에 누가 만들어줬어요?

나　그 할아버지들이 다 만들어줬지. 소도구 보시는 분들이. 그 외에는 우리 애기아버지가 짜줬어. 애기아버지 죽고 나서는 내가 못 하니까, 내가 가끔 보는 시늉을 하다가 잘 안되면 고창 광휴한테 만들어주라고 하고.

권　옛날에 홍유봉 선생님 그분은?

나　그분은 소도구를 전문적으로는 못 하시고 소고를 가르치시는 분이었어. 소고 선생님. 홍유봉 씨, 김제 백남윤 씨, 그리 다 소고 선생님이었어. 정읍 이정범 선생님, 김병섭 선생님, 전사섭 선생님은 정읍에 계신 장구 선생님이었고.

권　마지막에는 전재성 선생님이 소도구를?

나　그분이 마지막으로 소도구를 보셨어. 참 좋았어, 할아버지가. 우리 할아버지 같이. 나이가 많았어. 머리가 하얗고, 우리가 "할아버지!" 부르면 "응" 그러고 만들어 주고. 이물 없게 그렇게 했어.

첫날에만 마쩌마리를 돌았고 둘째 날은 이르꾸미만
먼저 가서 하지. 사람들을 모으기 위해서

권　입장하실 때는 어름굿 같은 것 치잖아요?

나　우리는 어름굿이라는 것은 없고, 처음에 어느 부락을 들어가면 온 동네
　　를 돌아. 그것 보고 일본말로 마쩌마리라고 시가행진을 하는 거지, 왔다
　　는 것을 알리기 위해서. 시골 같은 데는 동네가 떨어져 있잖아. 집도 떨
　　어져 있고. 그 동네에 다 알리기 위해서 논뜰로 밭뜰로 댕기면서 온갖
　　데에다 해. 마이크 대고 선전하면서. 어디서 뭣이 들어와서 한다, 이런
　　식으로. 첫날 간 날은 싹 돌아. 돌아갖고 그 이튿날 손님이 들어오지.
　　여기서 한쪽에서 손님들 들어오는 순간에, 이르꾸미라고 했어. 손
　　님 들어오라고. 서커스단 같으면 마이크를 틀어놓고 원숭이를 앞에
　　다 놓고 그러는디, 우리는 그런 것이 없으니까 육성으로 우리가 쳐.
　　풍물을 우리가 쳐, 손님이 들어올 때까지. 삼채도 좋고 굿거리도 좋
　　고 오만 것을 다 쳐. 30분이고 1시간이고 교대로 치고 있다가 손님
　　이 들어와서 시간이 딱 되면, 7시에 시작한다고 했으면 6시에서 7시
　　까지 치고 있다가 딱 끊치고 들어와서 공연을 하지.

권　그럼 아침에 일어나서 처음에 선생님한테 문안드리고 소리 배우고,
　　그 다음에 오전 공연은 몇 시에나 해요?

나　그니까 소리 배우고 아침 먹고 마쩌마리를 나가요. 딱 차리고 온 동
　　네를 다 돌아, 걸어서 걸어서. 거기에 도착해서 많은 데를 다녔고,
　　오전에 소리 배우고 다들 분장하고 시장도 보고 준비하고, 1시 공연
　　이나 된다면 그때 맞춰서 나가고 그랬거든. 그때 지방에 막 들어가
　　면 바쁘고 치울 것도 있고 그렇지만 오래 하다 보면은 느긋해져서
　　10시, 11시, 12시 그렇게 나가기도 하고. 그때 우리는 첫날에만 마
　　쩌마리를 돌았고 둘째 날은 이르꾸미만 먼저 가서 하지. 사람들 모
　　으기 위해서, 극장에서 또는 극장 앞에서.

권 이르꾸미는 극장 속에서 하거나 극장 앞에서 하거나. 이르꾸미는 얼마나 쳐요?

나 진짜 많이 했어. 이르꾸미는 제일로 하기 싫었어. 정말. 그때는 징 치는 사람이 꽹과리 잡고 꽹과리 치는 사람이 징 잡고 서로 바꿔서.

권 지겨우니까?

나 응, 그러다보니까 서로 골고루 할 줄 알고.

권 선생님, 이르꾸미를 할 때 가락은 뭘 쳐요?

나 가락은 굿거리, 삼채 주로 많이 쳤어. 멀리서 들으면 좋잖아. 소리 가 웅장하고.

권 호허굿이나 오채질굿 이런 거는 안 치고요?

나 그런 건 안 쳤지. 너무 심심하면 오방진도 쳐봤다가 이런 식이여.

권 칠 때 그러면 후배들 가르쳐주기도 하나요?

나 그러지.

가미노 마찌마리랑 이르꾸미랑 같은 말이에요?

나 마찌마리는 동네를 돌아서 우리가 들어왔다는 선전을 하는 것이고 이르꾸미는 주변 사람들한테 음악을 흘려가지고 그 음악에 "한번 가보자, 저기 한 번 가보자." 이런 거를 주기 위해서 이르꾸미를 하 거든.

권 이르꾸미는 안에서 해요, 밖에서 해요?

나 안에서. 밖에서도 할 수 있고. 밖에서는 이층으로 지어주면 이층에서 하 고. 밖에서 하면은 사람들이 얼굴들을 본다고 잘 안하고 안에서만 해.

권 미리 얼굴 보여준다고 안 해요? 궁금하라고 안에서 해요?

나 응. 그렇게 많이 했어.

가미노 그때 방송 같은 거 하면서 "오세요, 오세요!" 해주는 사람이?

나 그런 것도 했어. 그것도 하지만 음악 소리를 흘러나가게 했어.

**특별한 일 없으면 3회 공연을 했어. 큰 행사가 있을 때는 계속,
운동화를 벗을 시간이 없지.**

권 그러면 그때 하루 일정이 어떻게 되는지 얘기 좀 해주세요.

나 하루 일정은 그때는 공연이 특별한 일 없으면 3회 공연을 했어. 오
전에 한번, 오후에 한번, 밤에, 이렇게 삼 회 공연을 했고. 또 무슨
단오제 같은 때, 큰 행사가 있을 때는 계속, 밥을 서서 먹으면서 운
동화를 벗을 시간이 없지. 그런 식으로 공연을 했어. 들어가고 나가
고 들어가고 나가고 하는 식으로.

권 연극도 하고 농악도 하면은 연극 하는 사람하고 농악 하는 사람이
따로 나눠져 있어요?

나 아니, 같은 대원들이 해.

권 농악 치는 사람이 연극도 허고. 상쇠는 연극을 못 하나요?

나 상쇠도 허지. 연극 하는 시간에는 들어가서 옷만 갈아입으면 되니
까. 분장 잠깐 하고. 다른 사람이 대사하고 역 할 때 갈아입고, 그런
식으로 짜지.

권 분장을 자세하게 안 했나요? 요즘은 무대화장을 되게 진하게 하잖
아요.

나 우리는 그 전에는, 수염 좀 붙이고, 뺑파 같으면 빨갛게 루즈 같은
거 하고, 그런 식으로 했어. 완벽하니 못 하고. 차차로 의상도 갖춰
입고 많이 완벽하게 해졌지.

권 이조극하고 사극이 있다고 하던데, 선생님 어떤 걸 더 많이 하셨어요?

나 이조극을 많이 했지. 사극은 별로 못 했지. 사극은 약장수에서 많이
했지. 말하자면 사극은 세트를 많이 요하잖아. 칼싸움도 있어야 되
고. 우리는 춘향전, 홍부전 그런 거 했지.

권 사극은 뭐가 많이 필요하니까요?

나 응, 세트도 많이 있어야 되고 사람도 많이 있어야 되고, 그런 걸 갖

춰야 되니까. 사도세자 같은 거, 그런 것도 대본 보면 다 할 수 있지만. 우리는 간단한 거, 농악 끝내놓고 구경하는 사람들 지루할까 봐 잠깐 그걸 하는 거야. 웃기는 거, 슬픈 거.

한 시간에서 두 시간, 두 시간을 해야 되니까 농악만 가지고는 지루하잖아요. 토막극 같은 거, '춘향 상봉 막' 같은 거, '춘향 막' 같은 거 그런 토막극도 했었어요. 그때는 대원들이 다 소리를 허니까. 소리 하는 선생님들 다 모시고 다니면서 배우니까.

권　그럼 연습이랑은 언제 하셔요?

나　연습은 매일 하죠. 매일 거기서 하고, 아침에 일어나서 하고. 아침에 새벽같이 깨서 선생님들이 연습 시켜요.

권　선생님들이 같이 다니면서요?

나　같이 다니셨어요. 남원에 있는 강도근 선생님이 같이 다니셨죠. 또 돌아가신 김영운 선생님도 같이 다니셨죠. 같이 다녔어요.

권　소리 선생님이요. 장구나 꽹과리나 이런 거는 선배들한테 배우시고요?

나　인자 학교 같으면 선배들이 배웠잖아요? 후배가 들어오면 가르치고, 이런 식으로 우리는 배웠기 때문에 다시 후배들이 들어오면 우리가 가르치고, 이런 식으로. 선배들이 대부분 다 이어줬죠.

권　공연을 한 시간 정도? 두 시간 정도요?

나　두 시간. 어디를 가면은 하루에 두 번. 오후에 한번 저녁에 한번, 그렇게 했는데. 자체 흥행을 하러 간다할 때, 오월 단오제 같은 때, 전주도 풍남제 같은 때 그럴 때 가면은 계속 해요, 계속.

권　하루에 두 번 이런 거 없어요?

나　없이. 끝나고 또 하고, 끝나고 또 하고. 왜그냐면 손님들이 보고 또 나가고 다시 새로 들어오고 하니까. 아침에 운동화를 신으면 저녁까지 안 벗어.

권　우도굿은 첫째 마당, 둘째 마당, 셋째 마당 이렇게 있잖아요? 그거를 계속 하시는 거예요?

2013 전주세계소리축제 공연 중에서

나　계속. 그거를, 판제 마당을 싹 하고 나서 토막극이 들어가잖아요. 연극 할 동안에 풍물 치는 사람들은 밥을 먹어요. 먹고 연극 끝나면 다시 가서 풍물 치면 그 사람들이 또 들어와서 밥 먹고, 이런 식으로 교대로.

권　그럼 개인놀이는 언제 해요?

나　개인놀이는 셋째마당 다 끝나고. 장구도 개인놀이, 소고도 개인놀이, 꽹과리도 개인놀이 다 개인놀이 했어요. 옛날에는 징까지 개인놀이 했어.

권　징은 뭐를 해요, 개인놀이?

나　무용. 치면서 무용.

권　처음에 남원여성농악단 생겼을 때도 판제가 이런 식이었나요? 첫째마당, 둘째마당, 셋째마당?

나　판제는 거의 같은디, 우리 그전에 걸립하러 다닐 때 뭐를 했냐면 농부가 들어갔어요. 농부가하고 굿거리가 들어갔어요. 둘째마당 오방진, 진굿이라는 것을 한번 하고 나서는 풍년굿을 한바탕 푸지게 치

2014년 부안농악 여름캠프에서

고 농부가 들어갔거든요.

권　풍년굿은 가락이?

나　굿거리죠. 지금 우리가 치는 풍년굿하고는 조금 다른 굿거리예요.
　　농부가 부르고 셋째마당이 들어갔었거든요. 지금은 왜 이렇게 시간
　　이 단축이 되고 이러느냐면은 대회를 선호하다 보니까, 대회장, 대사
　　습 같은 데 나가면 시간제한이 있기 때문에 그런 거를 다 못 보여주
　　잖아요. 그래서 좋은 것만 짜갖고 하다보니까 그런 것이 없어진 거
　　지. 여성농악단 할 때는, 포장걸립 할 때는 시간을 많이 해야 되니까
　　그런 거를 다 집어넣어서 할 수 있었어요. 시간제한 안 받으니까.

권　개인놀이 하실 때는 치배가 다 하나요?

나　다 하지요. 한꺼번에 주루룩 하는 게 아니고, 오전에 저 사람이 했
　　으면은 오후에는 다른 사람 시키고 이런 식으로. 실력이 있으면 다
　　했어요. 그게 공부가 되니까. 그런 식으로 걸립을 하고 다녔고 지금
　　까지 맥이 이어졌지.

국악인들이 쓰는 변, 그런 변이 있어. 변이라는 것은
일반 사람들은 못 알아듣게 암호 정도로 그렇게

가미노　고야 이야기가 나온 김에요. 이런 거를 갖고 와 봤어요. 서커스
　　　　를 연구하시는 분이요. 원래 일본어에서 온 용어 있잖아요. 시타
　　　　바리 이런 것도 있잖아요?

나　　　마찌마리도 일본에서 왔고.

가미노　아시는 게 혹시 있을까 해서 가져왔는데.

나　　　마이, 마이 알아. 우리 많이 이런 말 썼어. 오야지, 오야지도 썼고.

가미노　썼어요? 단장님?

나　　　단장님. 오야지 온다, 오야지 온다 막 그랬어. 우리가 장난치다가도.
　　　　기도, 기도는 보통 썼어. 기도 봐라. 빨리 기도 가봐라. 고야스미.

가미노　고야스미는 뭐냐면 잠자는 잠자리.

나　　　잠자는 데, 고야에다가 집을 지어놔. 안에다 집을 지어, 거기서 자.
　　　　지키면서 거기서 자고 거기서 날 새면 밥만 먹고 또 일하고. 다른
　　　　사람들 여관에서 잘 때. 시마이[10]는 끝난다고. "야, 우리 내일 시마이
　　　　한다." 그런 거 했어.

가미노　마지막 날에.

나　　　많이 쓴 말 많이 나오네.

가미노　소데 이런 말도 썼나요?

나　　　소데 있지.

가미노　무대 밑 끝자리.

나　　　바라시 썼어.

가미노　끝나고 해체하는 거.

나　　　바라시 많이 써. 우리 일본말로 많이 한 거야.

권　　　바라시는 뭐 할 때 바라시라고 해요?

10　しまい[仕舞(い)・終い] 끝, 끝맺음, 파함.

나　해체. 뜯어.

가미노　아시바 짠 거를 해체하는 거죠?

권　고야를? 고야 해체하는 게 바라시구만.

나　그건 다 일본말이었어. 지금도 많이 쓰잖아. 빠꾸[back]도 일본말이여. 서커스 같은 것도 우리는 가끔 만나. 서커스도 거기 공연 오고 우리도 공연 가면은 서로 만나. 서커스도 공짜로 들어가고 그 사람들도 우리 공짜로 들어오고. 서로 얼굴들 아니까. 서커스 좀 보자고 하면 들어가라고 해.

권　선생님 단원들끼리만 쓰는 말이 있다고 하더만요. 예를 들면 얼굴을 '상호'라고 그랬다고?

나　변이라고, 국악인들이 쓰는 변. 건달들이 쓰는 변, 깡패나 이런 사람들이 쓰는 변. 그런 변이 있어. 변이라는 것은 일반 사람들은 못 알아듣게 암호 정도로 그렇게. '상호', 그것은 '저 사람 상호가 이상하다.'는 '얼굴 타입이 이상하다.' 그런 식이여. '밴대' 얼굴, 밴대가 얼굴, '밴대 괜찮다.'는 이쁘다는 소리고. '저울대', 눈이 저울대. 코가 '홍대', 그런 식으로 써. '서삼집', 다른 사람은 못 알아들어. '서삼집 잘 놀려야는데 저거 잘못 놀려서 큰일 났다.'는 '말 잘해야 되는데 저렇게 잘 못해서 어쩔거나.' 다른 사람들은 서삼집을 뭣 보고 서삼집이라는지 못 알아들은게 뚜릇뚜릇해. 그런 말을 많이 써.

가미노　돈에 대한 이야기는요? 별로 안 나오나요?

나　돈은 우리가 별로 안 썼는디.

권　따로 말이 없어요?

나　따로 말이 없어. '해주', '해주'가 여자, '들때'가 남자, 그렇게 썼어, 변을. 어느 노인정에서, 양로당에서 우리 보고 돈 없은게 여관 잡지 말고 노인정 방이 크고 헌게 여기서 다 자라. 큰방에서 남자들 자고 작은방에서 여자들 자고 이렇게 해서 돈을 아끼고 하라고 노인정 회장이 말 해주셨어. 그래서 그러자고 하고 전부 다 들어갔거든, 식구들이 다. 공연 할란게. 노인정 회장님이 이 코가 딱 내려앉은 양반여. 코가 없어졌어. 구멍만 뻥 뚫렸어. 여기 살이 없어. 뼈가 이것이 없다등만. 여기만 뼈가 있고,

가미노　원래 그러세요, 다치셔서 그런 거예요?

나　무슨 코 병이 있어갖고 내려앉아분다등만. 그래서 콧병이 나면 사람들이 손대지 말라 소리가 그 소리래. 아무튼 약하대. 그래서 그랬는지 하여튼 코가 없고 구멍만 뻥 났어. 근디 그분이 회장이야. 근게 그런 변도 함부로 쓰면 안 돼. 그분이 그런 변을 알고 있었던가 봐. 어찌 알고 있었냐면은 기생들을 많이 상대했다든지, 아니면 변 속에서 많이 살아서 서로 해보았다든지. 그거를 아는 분인디 모르는 줄 알고 단장이 "저 감영 홍대 좀 봐라."그랬어. 감영, 영감.

권　감영도 변이에요?

나　응. 우리한테 그랬어, 인자. 못 알아들을 줄 알고. 이렇게 쳐다보고 얼른 말했어. 그랬더니 그 양반이 가만히 듣다가 단장 앞으로 가더니 "야 이놈아, 내 홍대가 어쨌단 말이냐?" 정말 무렴하더만. 할 말이 없어. "내 홍대가 이렇게 생겨서 너한테 뭐 달라고 허냐?" 그 말여. 미안하다고, 정말 잘못했다고 싹싹 빌었어. 함부로 쓰는 거 아니당게. 건달들, 노름꾼들 다 쓰는 변이 따로 있어. 노름하는 사람들은 노름하는 사람들끼리, 건달들은 건달들끼리, 국악인들은 국악인들끼리 다 다르더라고, 변이. 근게 함부로 변 쓰는 게 아니더라고.

"애 둘 낳고도 단체 다니면서 한 달 씩 봐주고 그랬어.
별도로 애기 보는 애를 구해갖고 다녔지."

나　가정이 있어도 활동했지. 근데 그런 활동할 수 있는 사람이 별로 없었고. 나 여성 단체 댕길 때만 해도 엄청 없이 살았고 식모살이, 가

정부로 가는 애들도 많고 공장 생활하는 애들도 많고 그랬어. 그러니까 돈을 안 받고라도 그거 뛰어들어서 같이 댕긴다는 애들이 많았었어. 진짜 단원들 넘쳐난다고 봐야 했어. 가르쳐서 데리고 다니고 심부름 시키고, 그래갖고 배워서 소고도 할 수 있고. 잘은 못해도 뒤 따라다니면서 칠 수는 있었거든. 그런 애들이 엄청 많았어. 공터에다가 기둥을 세우고 포장을 둘러쓰고 포장걸립을 한다고. 그런 집 짓는 애들도 밥만 주고 재워만 주면 다 따라 댕기는 애들이 많았었어.

권   남자들, 젊은 남자들?

나   응. 젊은 애들이. 그때는 정말로. 가는 데마다 우리가 공연 들어가면 그 지방에서 따라 다녀도 되냐고 문의 온 애들도 있고. 그래서 많이 다녔었어.

권   그런 사람도 월급 줘요?

나   월급 안 주고도 그렇게 따라다닌다니까. 그래갖고 참 좋아서 따라다닌 사람 많았었어. 그때는 그런 애들한테는 돈이 많이 필요 없이, 공연 하는 날은 야참비가 나가. 지금 생각하면 돈 만 원 정도 나가.

권   공연 하는 사람만요?

나   공연 하는 날, 공연 하는 사람도 그렇고, 같이 지킨 사람도 그렇고 공연해서 돈을 번 놈으로 줘. 간식비, 야참비를 줘. 공연하는 날은 그래도 괜찮은디 비나 오고 흡족하게 못 하는 날은 서로 곤란하고.

권   야참비도 안 줘요? 그런 날은?

나   야참비가 없지. 그전에는 밥도 안 해먹고 사먹는 밥인디 돈이 없어 굶기도 하고 그랬었어. 그러면 우리가 야참비 받은 거 모아놨다가 우리 단장님이 애 터지고 아쉬워서 그러면은 내주기도 하고 그랬거든.

가미노   야참비가 그때 당시 얼마 정도 됐었어요?

나   그때 당시 솔찬히 많은 거 같여. 지금 생각하면은 돈 만 원 정도 가치가 있는 그런 돈을 준 거 같여. 그걸 모으면, 공연 한 날마다 모으면은 솔찬히 많았었어. 우리는 돈 쓸 줄을 모르니까. 돈을 쓴다 하더라고 시장에 가도 단체로 가야돼. 개인행동을 못 하니까. 단체로 짜서 가면 간부들이 몇 명이 따라서 가고. 목욕도 단체로 시장도 단체로 빨래터도 단체로 이런 식이었어. 개인행동을 못해.

권 선생님 그때는 결혼하시기 전인 거예요?

나 전이지. 그리고 우리가 집에다 편지를 해. 이 다음에 어디를 가서 공연을 한다고. 그러면 집에서 그리 어느 지방에 가설극장 누구 아무개한테 편지를 보내. 그러면 단장님이나 총무님이나 재무님이 먼저 뜯어보고 이상 없는 편지면은 전해주고.

권 이런 식으로 검사했어요?

나 어, 엄청 감시가 심했어. 그래서 그 전에는 연애라는 거를 몰랐어. 할 수도 없고. 그때만 해도 자유당 때 깡패들이 많아갖고, 정말로 깡패들 많은 데는 서울 뚝섬하고 부산 범일동. 공연을 끝나고는 우리가 못 오고 군인들이나 경찰들이 와서 우리를 데리고 숙소를 가고 그런 정도였어. 무서웠지. 근데 한번은 부산 범일동에서 끝나고 들어와서 얼굴도 씻고 화장 지우고 다 숙소에 있는디 우리 여자들 숙소에 마루가 길게 있어. 나무 마루야. 칼을, 정말 큰 칼을 가운데다가 팍 꼽는 거야, 마루에다. 그때는 내가 결혼을 해서 살면서 큰 애를 낳았는디, 거기서 단체 생활을 하는디, 나를 만나게 해달라는 거지. "앞에 빨간 저고리 입은 그 여자 한번만 만나게 해 달라."

권 선생님 그때 빨간 저고리 입으셨어요?

나 어. 한번 만나게 해 달라 그거여. 나는 가정주부고 단장님 친구의 부인인데. 하도 봐달라고 사정한게 우리 애아빠가 승낙해서 거기 가서 봐줬는디. 너무 무서운 거야. 그래갖고 사람들이 와서 달래고 "그런 거 아니라고, 아줌마라고 아가씨 아니라고." 그랬더니 "아줌마가 됐든 아가씨가 됐든 한번 만나 달라." 이거여. 아니다고 그러지 말라고, 잘 달래서 보냈어. 그날 밤에 내가 너무 무서운 거야. 그래서 새벽에 내가 도망을 와야 하는데 기차 시간을 물어보니까 새벽 네 시 몇 분인가 세 시 몇 분인가 있대야. 기차가, 거기에서. 근데 거기에서 기차역을 갈라면은 한 오 킬로 정도 걸어야 돼, 여관에서. 컴컴한 밤에 나는 안 자고 있다가 애를 들쳐 업고 가방을 챙겨서 가방을 이고 막 나선 거야.

권 애기도 데리고 댕기셨고만요?

나 하나. 하나 업고. 둘도 데리고 댕겼어. 하나를 업고 막 온게 어떤 아저씨 아줌마가 걸어가더라고. 동행이 있어. 막 정신없이. 누가 와서 딱 잡는 거 같애, 뒤에서. 막 무서워갖고 가는데 그 아줌마가 그려. "아이고 애기 고개 떨어지겠어. 애기 엄마, 애기 좀 잘 업고가." 근데 그 애기를 다시 업을 수가 없어, 마음이 바빠 가지고. 그래갖고 도망을 왔었어, 집으로. 그래갖고는 안 갔는데, 나중에 하도 다 죽게 생겼은게 좀 봐달라고 하도 그래서 또 가서 봐주고, 그런 적이 있고. 애 둘 낳고도 단체 다니면서 한 달 씩 봐주고 그랬어. 우리 애들 아파서 꾀벗고 설사가 나서 그러고 있는데 우리 마찌마리 하고 오면 엄마 온다고 좋아서 그렇게 하고 그럴 때도 있고 그랬어. 그러고 댕겼는데 그때는 깡패가 너무 심해갖고 정말 무서웠어, 가는 데마다.

권 애기를 업고 댕기실 때면 애기가 어렸겠네요?

나 어렸지. 한 세 살?

권 이제 간신히 걷기나 하겠고만요?

나 간신히 걷겠지. 젖 먹여서 애기 보는 애한테 맡겨놓고 우리 한 바탕 돌고 와. 또 갖다 와서 젖 먹이고. 또 공연 한 바탕 해놓고 뒤에서 화장실에서 젖 먹이고, 이런 식이었어.

권 젖이 불면은 되게 아픈데.

나 한참 시간 돼서 못 먹이면 젖이 샜어. 옷에 흐르고 막 그러잖아.

권 공연할 동안에 애기를 봐줄 사람이 있었어요?

나 있었어. 데리고 댕겼지.

권　그러면 단체에 있는 사람이에요?

나　아니, 내가 별도로 애기 보는 애를 구해갖고 데리고 다녔지.

권　선생님이 그럼 월급을 줘요, 그 사람을?

나　응. 월급 주고 옷도 해 입히고. 우리 집에서 가정부로 산 사람인데
　　데리고 왔지. 그때는 그런 애들이 많았었어. 정말 그러고 다녔어,
　　우리는.

권　저도 애기 젖 먹여봐서 알거든요. 젖 불고 줄줄 흐르면 냄새 나고,
　　여름 같은 때에.

나　브라자가 없이 그냥 올베로 싸맸거든.

권　공연할 때요? 맨날? 애기 낳을 때 말고요?

나　애기 낳았을 때만. 애기 안 낳았을 때는 괜찮았어. 애기 낳으면 불
　　고 그러니까 싸맸어. 꽉 싸매서 옷핀으로 딱딱 찔르고 했어. 베에서
　　새도 위로까지는 안 배지. 밑으로 흐르지. 살로 막 흘러. 젖 치를 때
　　보면 막 쩌르르르 하잖아.

권　맞아요. 애가 젖 물 때 되면 찌르르르 해요.

나　찌르르르 해. 그럼 알어. 흐르겠다. 그래서 알고 조심하고 그러니까
　　좀 표가 안 나고 그랬지만은 정말 힘들게 다녔는데도 어떻게 그때
　　는 그렇게 좋았던가 몰라, 이것이.

권　공연을 한번 하면 이르꾸미부터 해갖고 뒤에 토막극까지 할라면 3
　　시간 걸려요?

나　엄청 많이 걸리지. 근데 우리 공연 합굿 해놓고는 화장실로 들어가.
　　부쇠나 이런 사람들이 꽹과리 쳐주고 개인놀이 시키고, 얼른 애기
　　젖 먹여서 따독거려 놓고는 나와서 개인놀이 하고 다시 애기 좀 봐
　　주고 있다가 토막극 할 때 또 올라가서 하고 다시 애기 좀 봐주고.
　　애기 데리고 있는 사람 항상 거기서 대기하고 있으니까. 그러고 있
　　다가 공연장 들어가고 이렇게 했어. 제일로 많이 애기 떼어 놓을 때
　　는 마찌마리 돌 때, 걸어서 돌 때 그때가 애기 많이 떼어 놓고.

권 이철수 씨라고 호남 단체에서 사회를 봤던 분한테 들었는데, 단체
   가 잘 안 되면 선생님이나 유지화 선생님 같은 분들 모셔 와서 몇
   달 씩 하셨다고. 그렇게 다니신 거예요, 나중에는?

나 나중에는 그랬어. 어디에서 봐 달라, 한 달만 좀 해 달라. 우리 단체,
   소속 그런 게 아니고 계약으로 간 거야. 그러면 그 사람들이 또 가
   지 말고 봐 달라 어쩌라 그러면 몰래 도망도 오고, 지겨우니까.

권 선생님이 따님 대여섯 살 때까지는 어떤 한 단체에 있었는데 그 이후
   에는.

나 그냥 봐주라고 하는 데. 호남 단체에서 잠깐 봐주라, 정읍 단체에서
   좀 봐주라 그러면 가서 봐줬지.

권 그럼 그 전에 맨 마지막으로 '이게 우리 단체다.' 라고 계셨던 데가
   아리랑 단체인가요?

나 응, 한미까지.

권 아리랑, 그 다음에 한미.

나 다음에 한미까지.

권 그러시다가 다음에는?

나 호남, 백구, 이런 데서도 초청이 와.

권 요즘 말로 하면 프리랜서네요?

나 어.

선배들은 거의 세상을 뜨시고, 동료들도 많이 있는데…
대부분 다 시집가서 살림하고 살아.

나 우리는 몸으로는 엄청 힘들지. 사람인지라 그 힘든 걸 모르겠어? 근
   디 너무 이거 좋아서 했고. 동료들끼리 30명이나 20명 모여서 덩어
   리져갖고 오방진할 때 보면 서로 피차간에 힘들고 되니까, 치다가

얼굴을 보면은 서로 웃겨. 장구채로 똥구녁도 한번 찌르고 옆구리도 한번 찌르고. 이러다 보면은 유지화가 그려. 같이 단체 댕김서 "언니, 열두발 한번 해봐." 그려. 그럼 싹 퍼쳐서 바같으로 내보내고 나 혼자 막 부포를 쓰고 열두발 하듯기 땅에서 둥굴어. 그럼 또 애들이 죽는다고 웃고.

권　아, 그냥 부포 쓴 채로?

나　어, 웃길라고. 나는 나대로.

권　뻣상모 쓰고?

나　응, 스트레스 풀라고 인자. 그런 짓을 하고 하면 다른 사람들은 모르지. 구경꾼들은 저게 뭐 하는 짓인가 모르지만은 우리 단장님은 아니까 "왜 그런 짓을 하냐?"고 뭐라고 하고 그러지. 그럼 또 낄낄낄낄 웃고 그런 재미로 했어. 힘은 들어도, 힘든 건 잠깐이고 모이면 재미있고, 얘기하고.

권　선생님이 그 얘기 하시니까, 트위스트가 유명할 때 어떤 분은 트위스트 췄다는 소리도 들은 것 같아요.

나　심심한게 서로 그랬어, 지루하니까. 노상 그것만 한게 지루하잖아. 그리고 장난기로 했어, 그러고 많이. 어른들한테 들키면 혼나고.

권　보고 계시잖아요, 다?

나　보고 있어. 근데 가운데에 들어 있는게 잘 모르잖아. 이렇게 찌르고 그럴 때는 몰라. 막 웃고 그럴 때 알아보고. 그런 식으로 소일을 하면서 했은게 서로 끈끈한 유대감이 있어서 더 지루한 줄 모르고 한 거 같어.

권　소고 치시는 분 중에 김용순 씨라고 있죠?

나　있어, 개도 여성단체 많이 다녔어. 수버꾸 쳤어. 개가 춤사위가 이뻐. 버꾸 막 나가갖고 일사에서 딱 채놓고 굿거리 춤사위로 추면은 참 이쁘거든.

권　그런데 왜 갑자기 여성농악단이 없어져 버렸지요? 활동을 그만두게 된 이유는요?

나 그만두게 된 이유는, 그때만 해도 나도 어렸지만은, 처녀 때는 많이 활동을 하고 다니다가 과년하면 결혼들 하잖아요. 그러면 그때 당시만 해도 이걸 싫어하는 사람들이 많았어요. 처녀 때는 내가 좋아하니까 했는데 막상 결혼하면 시집에서 반대를 하니까 딱 들어앉아분 거지.

권 단체가 막 해체됐어요?

나 해체되고 그랬어. 왜냐면 자본가가 있어갖고 손해를 보면서도 끈질기게 갖고 있어야 되는디 손해 보고는 못 하니까 해체가 된 거지.

권 흥행이 나중에는 안 됐나 봐요?

나 안 됐죠. 왜냐면 텔레비전 나오고 좋은 영화 같은 거 많이 보니까. 지금도 있으면 귀하고 좋을 텐데.

권 그때 당시가 텔레비전 막 나오고 영화 나오고 그럴 때였어요?

나 그런 때였어요. 그때는 흑백 텔레비전도 귀했고 아주 잘 사는 사람이나 하나 있었고 다 없었고 그랬거든.

권 단체들이 해체된 때가 70년쯤 되나요?

나 70년 좀 넘었지. 그 이후까지 뜸뜸이 하나씩은 갖고 있었을 것여. 그러다 결국 해체가 됐지. 그니까 나 같은 경우는 결혼을 했어도 우리 집이 작은아들이었기 때문에, 그래서 내가 전주농고 가르쳐서 대통령상 탔어. 정읍 감곡국민학교도 내가 가르쳐갖고 대사습에서 세 번이나 우승했고. 집에서 애들 키우면서 살림 하면서 학교에서 오라고 하면 가서 해주고 했어요. 항상 이어갔죠.

권 선생님 옛날에 전주시립농악단 하셨지 않아요?

나 했어. 그때 같이 다녔어, 걔들. 그때만 해도 결혼 했어도 한 달에 한 번이나 일주일에 몇 번이나 두 달에 한번이나 이렇게 모인게 그때는 와서 했어. 월급 받고 한게. 그 시립농악단 없어지고 난게 다들 뿔뿔이 흩어졌지.

권 선생님 시립 하실 때 대사습대회도 나갔지 않아요? 그때도 대사습 나갔을 때 여성농악단 하셨던 그 멤버들이에요?

나 그 멤버들도 많이 있었지. 거의 많이 있었지. 거의 그 멤버들이라고 봐야지. 시립단원들 가끔 모였어. 각자 살다가 모이라고 하면 모이고 연락을 해갖고, 근데 그거 해체되고 나서는 서로 연락이 끊겼다고. 학교나 다니며 가르쳤지, 집에서 살림하고 애들 키우고 애들 뒷바라지 하느라고.

이 농악이라는 것은 집안에서 어떻게 할 수가 없잖아. 단체나 소속되어야 하지. 근게 단체에서 좀 봐달라고 사정을 하면 애 아빠가 승낙을 하면 애들 잠깐 누구한테 맡겨놓고 가서 봐주고 오고 그 정도고, 전주 농고나 감곡국민학교나 김제농고나 가르쳐도 잠깐 가서 가르치고. 그래서 우리 애들은 접하지를 못하니까 우리 애들은 모르는 것 같애. 자꾸 이것을 듣고 보고 해야 되는데 학교 다니면서 어렸을 때는 못 봤잖아. 판소리는 집에서 맨날 북치고 하니까 애들이 가면서 듣고 오면서 듣고 해갖고 저절로 공부가 되고 그러지만은 이것은 안 그래서 못한 거 같애.

권 같이 활동하시던 분 중에 연락되시는 분이 계셔요? 동료나 선배.

나 선배들은 거의 세상을 뜨시고, 동료들도 많이 있는데 서울에서 많이 있어요. 서울에 거의 다 있고. 후배들은 경연대회 같은 때 그런 때는 많이 만나요. 그 사람들 활동도 하지만 제자들을 길러놓고 제자들이 나오면 같이 따라 나올 수도 있고. 그런 식으로도 허고 대부분 다 시집가서 살림하고 살아. 서울에 오갑순이도 나하고 같이 다녔고 신영자라고 있어요. 신영자, 정영자 그 사람들은 서울 국악협회에서 알 거야. 가끔 만나니까. 장구 치고 다 잘 하는 사람들인데 시집가서 살고, 신영자는 거기서 학원을 하고 있고, 정영자는 남편이 국악협회 관련 있는 일을 하고 있고. 전라도 쪽은 유지화 하나 있어. 옛날에 잘 치는 사람 많이 있는디 다 결혼해서 어디 가서 뿔뿔이 흩어져 사니까 연락처도 잘 모르고.

제 **9** 장

춘향여성농악단의
사업부장 김수덕

젊은 시절의 김수덕

9

	1차		2차	
구술자	김수덕 (1926년생)		구술자	김수덕 (1926년생)
조사자	노영숙		조사자	노영숙, 권은영
일시	2015년 8월 30일		일시	2016년 1월 30일
장소	전라북도 남원시 인월면 인월리 김수덕 자택		장소	전라북도 남원시 인월면 커피숍 '로뎀나무'에서

춘향여성농악단의
사업부장 김수덕

– 1차 구술 –

국악원 단체하고 칠선옥 단체하고 라이벌이 돼갖고,

자연적으로 선거구 단위로 분열이 되지.

노   그때 당시에 어떻게 여성농악이 생기게 됐는지 그 내막을 알고 계세요?

김   남원국악원 소리 선생 김영운이. 김영운이가 소리를 가르치고. 영운이가 주천면 사람이더구만. 그때 윤정구 국회의원 당시에, 그때 남원에 국회의원이 둘이 있었어. 갑구, 을구. 윤정구는 운봉 사람. 갑구 을구가 있는디 국악원은 갑구로 딸리고 칠선옥은 을구로 딸렸어. 칠선옥 주인이 강선화야. 강도근이 즈그 오라버니이고. 정 영감¹이라고 그 사람이 왔다 갔다 했어, 서울 무형문화재 되고 했는디 그 영감이 와서, 가끔 한번씩 와서 가르치고 그러는디 연습을 하고 있었어. 그러니까 국악원 단체하고 칠선옥 단체하고 라이벌이 돼갖고, 칠선옥에서 '우리가 따로 해야겠다.' 해갖고 을구로, 자연적으로 선거구 단위로 분열이 되지. 춘향여성농악이 따로 나왔지.

노   제가 알기는, 처음에 남원국악원이 운영이 어려우니까 재정을 살리기 위해서 농악을 만들자, 그렇게 된 걸로 알고 있거든요?

---

1   '정 영감'은 채상소고 명인 정오동을 가리킨다.

김 처음 시작은 국악원에서부터 시작이 됐지. 그러다가 칠선옥에서 "우리도 만들자." 그래서 만들게 됐는디, 만들어갖고 허가를 낼라니 낼 수가 있는가? 여성농악은 생전 없었던 것이지. 농악이란 남자들이 하는 건디 여자들이 한다는 거는 세상에 처음 일이거든. 그때 을구가 윤정구 국회의원인디. 내가 을구 당, 남원군당 조직부장을 했었어. 그래서 내가 총무를 하지. 을구 당은 사무실이 어디가 있었냐면은 동문 네거리에서 이쪽으로 남원노인회 있잖아. 요쪽편으로 하꼬방 식으로 있었는데, 그 하꼬방 집을 얻어갖고. 거기가 남원 대한노인회 땅이라. 시방 경로당이라고 해. 거기가 노인회가 있었고 건너편이 노인회 땅이야. 을구 국회의원 사무실을 만들어야 될 거 아냐. 을구니까 갑구에 가서 있을 수가 없어. 을구에 가서 있어야지. 거기가 을구 땅이라. 민주당에서 도지사가 되었고. 을구 당 주천면 면당위원장이 한종식이라고 있어.

노 아, 한 단장님. 한 단장님 이름이 한종식이구나! 이제 알았어요, 이름을.

김 한종식이 내나 해야 주천면 사람이야. 근데 주천면에 살지만 남원에 와서 방을 얻어 놓고 살았어. 그래서 한종식이가 을구 당 주천면 당위원장이 되었어. 그래갖고 인자 나하고 잘 알아. 한종식이가 나보다 나이를 많이 먹었어. 근디 이거 허가를 "칠선옥 농악으로 허가를 하나 내자." 나보고 그러더라고. 그래서 단박에 허가가 나와 버려. 그런게 남원국악원이 곤란해졌지. 허가 없으면 활동을 못 허잖아.

노 아, 그쪽에는 허가가 없고 여기는 허가를 내버리니까?

김 여성농악, 남원 칠선옥 농악이라고 허가가 나버렸어. 그래갖고 제일 처음 진주예술제에 단체가 돈을 받고 공연을 갔어. 칠선옥 영감이 백 노인, 그 영감이 돈은 받고 다니고. 그런데 상쇠를 누구를 시켰냐면은 강백천이 딸이 초운이라고 있어, 강초운이가 소리도 잘 하고. 그리고 부쇠는 금순이라고 있어, 김금순. 순창에 살았어. 그래갖고 설장구는 오갑순이, 소고는 정정순이, 그렇게 해서 만들고 초운이 딸도 다니고, 안숙선이도 있고. 그래갖고 참 돈 많이 벌었어.

**"조직 부장 겸해서 선전 부장 그래.
앞으로 어디서 놀아야 할지를 보고 댕겼어, 내가."**

노　아버님, 단체에서 뭔 부장이었다고요?

김　조직 부장 겸해서 선전 부장 그래. 앞으로 어디서 놀아야 할지를 보고 댕겼어, 내가.

노　말하자면 다음 장소를 섭외 다니고 하는 거?

김　그러니까 이 단체가 시방 남원에서 놀면 인자 어디로 가야 되냐? 전주로 간다든지, 순창으로 간다든지 허면, 거기 가서 내가 허가를 받지. 지방 단체에서 초대를 하면 포장 경비를 해줘. 그 전에는 큰 단체가 없는게 소방대, 소방대를 끼고 하는데 그 사람들이 관리를 하지. 포장을 쳐놓고 경비를 안 하면 지방 사람들이 포장을 다 찢어버려. 포장을 찢고 들어와, 도둑굿을 볼라고.

노　도둑으로, 공짜로 굿을 볼라고?

김　그렇지. 입장권을 사갖고 들어가야 되는데 돈이 없으니까. 포장을 광목으로 하는데, 그놈을 찢어버려, 칼로. 그런게 그 지방 사람들이 안 끼면 못 혀. 그래 인제 춘향농악이 서울 가서 해산해 버렸어, 창경원에서. 일을 봐주던 우리가 빠져 나온게 칠선옥 혼자 뭘 할 줄을 모르지.

노　춘향여성농악이 서울에 가서 한번 해체가 된 거네요?

김　서울 창경원에서 놀고 인자 그만 두고, 날짜가 다 돼서 내려와 갖고 자기네들끼리 서류를 장만해갖고 다시 공연 다니고 그랬어.

노　그때쯤 제가 들어온 거예요. 그러니까 제가 뵐 수가 없었죠.

김　네가 들어올 때에 우리는 그만 됐었어.

노 그때는 안 계셨어요. 근데 한 단장님은 제가 뵀거든요. 단장을 했었어요. 그래갖고 경상도로 어디로 다니고 그랬어요.

김 단장을 주천면 한종식이를 단장을 시켰어.

노 그리고 그 이후에도 단장을 했었어요. 저하고도 다녔어요, 그분이. 참 인품이 좋으신 분이에요. 하여튼 오늘 감사합니다. 아버님 올해 연세가 몇이에요? 몇 년 생이세요?

김 26년. 1926년생.

노 오늘 감사하고요. 또 생각나시면 전화주세요.

김 알고 싶은 거 있으면 찾아와.

노 네, 감사합니다.

－ **2차 구술** －

"소방대원들한테 경비를 지원해달라고.
그런게 그 지방에 가면 소방대를 껴."

노 여성농악단 허가 냈던 이야기 좀 해주세요.

김 허가는 내가 냈어. 남원국악원 단체 말고 칠선옥 단체.

권 그때가 몇 년도나 됐어요?

김 그때가 국회의원이 남원에 둘이 있었어. 갑구, 을구 해갖고. 을구가 윤정구라고 운봉. 윤정구[2]가 국회의원이었는디 그 사람을 데리고 가서 최 도지사한테 가서 바로 허가를 내버렸어, 남원여성농악은 이환량이 다니고 그래도 어림없었어. 우리가 허가를 먼저 내니까 남원여성농악은 허가를 못 냈지. 왜냐믄 남원에서 여성농악은 한 군데만 벌어먹게 내버려 두라고 미루고는 안 내줬어. 그래서 행

―――――――

2 윤정구 국회의원 (기간 1960년 7월 29일~1961년 5월 16일)

면담 당시의 김수덕

세를 못 했는디 몇 년 지나고 나서는 다녔지.

권 서울에 가서 공연도 하셨다면서요?

김 서울에는 남원여성농악도 갔었고 칠선옥 농악도 갔어. 근데 그때는
   개인 돈벌이로. 이환량이 인솔하는 남원여성농악단은 종로 2가에서
   놀았고, 종로 2가에 파고다공원이 있었거든. 거기서 놀았고, 칠선옥
   단체는, 종로 5가에 오면은 또 너른 광장이 있어. 인자 거기서 공연
   을 하고 그랬어.

노 대회는 안 나가셨어요? 대회?

김 대회 나갈 때는 나는 손을 떼어 버렸어. 그래서 잘 몰라. 노상 따라
   다닐 수가 없잖아. 내가 단체 다닐 때에는 대회가 없었어. 그냥 개
   인이 댕기면서 벌어먹었지. 큰돈 벌었어. 오갑순이가 대인기라. 장

구를 하도 잘 친게. 갑순이가 참 재주가 있어. 갑순이는 장구, 가야금 이런 거 손으로 하는 거는 다 잘해. 칠선옥 단체는 농악단을 만드는데 백 씨가 돈을 대갖고 만들어서, 그래갖고 큰돈 벌어버렸어.

권 그럼 그 돈을 칠선옥 안주인이 가져간 것이 아니라 백 씨들이 가져갔어요?

김 강선화하고 둘이 갈랐지. 백씨가 더 많이 갖고 갔지. 가서 전부 논을 사버렸어. 논을 사갖고 강선화하고 두 명의로 논을 사고 그런디 그 뒤에 백 영감이 싹 팔아 버렸어.

권 어르신, 그때는 소방서에서 왜 그렇게 농악단을 자주 사갔어요? 소방서에서 농악단을 왜 사가요?

김 아, 소방대. 소방대는 각 면에 다 있어. 그때는 단체가 소방대밖에 없었어. 그러니까 나가면은 경비警備를, 소방대원들한테 경비를 지원해달라고. 단체가 팔려 나가면은 극장이 포장만 쳐놓고 헌게 경비를 안 해주면 칼로 전부 찢어버려, 밤으로. 그런게 그 지방에 가면 소방대를 껴. 끼고 그리 안허면 소방대가 가서 사오든지. 사다가 인자 자기네들이 돌려가지고. 인자 팔려 다녔지.

권 그럼 계약금을 얼마 받고, 나머지 수익은 소방대 거예요?

김 얼마 주기로 허고, 선금 주고. 그런게 여기에서는 포장하고 기구하고 사람만 가서 놀아주는데, 경비는 전부 다 그 지방 사람들이 해. 소방대가 놀이를 하니까 그 부락의 깡패들도 오지를 못해. 소방대들이 지서를 끼고 있거든. 소방대하고 지서하고는 불가분의 관계여. 그런게 깡패들이 얼씬을 못 혀. 그렇게 안 하면 공연을 못해. 지방 깡패들 때문에 못 혀. 칼로 막 포장 다 찢어버려.

노 포장 찢고 술 먹고 깽판 놓고 돈 뜯어가고 다 뒤엎고 그러니까.

김 소방대들한테 팔려댕겼어.

권 어르신 어디 어디 가보셨어요?

김 내가 제일 처음 칠선옥이 어디로 갔냐면 진주 밑에, 바로 진주 밑

에 사천인가 어딘가. 그리 가서 거기서 팔려갔어. 정월 초이튿날부터 그리 가고, 거기로 사러 왔더라고. 그래갖고 그때 돈으로, 아이구 말도 못해. 그때 돈으로 백만 원이면 짊어지지도 못 하고. 계약금이 아니고 일주일간을 놀아주는디 백만 원을 받기로 하고 갔어. 일주일. 밤낮으로 일주일 놀기로. 근디 그때 내가 거기를 따라갔어. 그래갖고 내가 사끼노리さきのり[先乗り]³라고, 사끼노리라는 것이 있어. 말하자면 선전 겸 조직 겸 그래가지고, 사끼노리라는 건 여기서 놀면 이 다음에는 어디로 가야되고 하는 것들, 내가 가서 거기 가서 소방대하고 지서장하고 끼고. 그러면 인자 거기로 결정해서 가고 그랬어. 말하자면 인솔자.

노　장소 섭외를 먼저 가서 하는 거야. "얘기가 됐으니까 이리로 와라." 하는 거지.

권　거기 진주 밑에서 노시다가 어디로 가셨어요?

김　거기가 진주 바로 밑이야. 바로 밑인데 정거장 하나 사이라. 거기 가서 일주일 놀았어. 그래갖고 하도 거기서 손님이 많고 그런게 이틀 연장을 해달라고 그러더라고. 다른 데, 대구로 또 갈 판인디, 내가 대구 가서 준비를 해났는디. 거기서 하도 그래싸서 하루 더 봐주고.

권　하루 더 연장했고만요. 그렇게 놀 때는 하루에 공연을 몇 번이나 해요? 일주일 놀아주기로 하면?

김　오후 두 시간 하고, 밤에 두 시간. 네 시간.

노　두 시간이라는 게 농악만 두 시간이 아니라 잡가, 창, 연극, 여러 가지 골고루 하지.

3　지방을 순회하며 공연을 할 때 다음 공연을 준비하기 위해 장소를 물색하고 허가를 받기 위해 일행보다 먼저 가는 일 또는 그런 일을 담당하는 사람을 말한다.

보루박꾸로 돈을 담다가 안돼서 베가마니를 갖다가

돈을 발로 밟아서 넣고 막 그랬어.

김 마지막에는 서울로 가서, 거기까지는 내가 인솔을 하고 거기서 내가 그만둘라고. 한종식이가 단장이었고. 한종식이하고 나하고 가서 인자 서울까지만 데려다주고 우리는 그만두자. 그런데 4월 7일 날이 서울 창경원 꽃 개방하는 날이라. 벚꽃 개방, 4월 7일 날. 그럼 거기 단체들이 들어갈라고 애를 먹어. 임방울 씨하고 둘이 라이벌 되는, 그 이름이 뭐이냐, 그분이 연극을 잘 하고 헌디 국악을 딱 쥐고 있었어. 그 사람 국악단이 창경원에 들어올라고 계획을 해갖고 딱 짜났는디 내가 그만 앞에 들어가서 허가를 받아버렸어. 전라북도 도지사하고 국회의원을 데리고 들어가서 서울 시장한테 가서 그만 허가를 받아버렸어. 그니께 그 사람이 조치를 다 해놓고 창경원에를 들어갈 줄 알고 있었는디, 가설극장을 지을라고 가니까 "No" 해버리거든. 그런게 인자 여성농악이 들어온다고 헌게, 책임자를 찾고 난리야. 여성농악 책임자를 찾는데 한종식이가 도망을 갔어. 도망 안하면 맞아죽게 생겼는디. 그래갖고 인자 내가 어디에 가 있었냐면은 종로 5가 유일여관이라고 있어. 거기 가서 있었는데 어떻게 알고는 두 놈을 데리고는 나를 찾으러 쳐들어왔어, 형사라고 허면서. 그래 내가 있다가 꾀를 냈제. "아이고 그 사람 말이냐고. 김수덕이 말이냐고." 내가 그런게.

노 본인이 김수덕인데? 모른 척하고?

김 아 서로 얼굴을 모르니까. "남원 사람이지요?" 그러니까 "아 김수덕이가 남원 놈이라고." 그래. 그러면 "여기 잠깐 좀 있으라고. 내가 가서 그 사람 있는 데 가서 얘기할 텐게 여기 있으라고."

노 그래놓고 도망가?

김 그래놓고 나와서는 뭐가 빠지게 도망갔지.

권 우와, 장소 경쟁이 치열하네요. 근데 창경원에 벚꽃이 피면 어디서 공연을 해요, 어르신? 포장을 어디다가 쳐요?

김 창경원에 들어가서 오른손 편인가, 방죽 옆에. 거기다가 몇 평을 했는고니 이백 평을, 이백 평이면 논이 한 마지기여. 이백 평을 뺑 돌아가면서 광목을 쳤어, 광목이 스물한 통이 들어갔어. 스물한 통.

권 천장 없이요?

김 천장은 없고 이 가장자리를. 여성농악을 거기에 데려다 놓은게 아이고 그냥, 매표를 일곱 군데서 했는디 보루박꾸[ボール箱, 판지 상자]로 돈을 담다가 안돼서 베가마니를 갖다가 돈을 갖다 발로 밟아서 넣고 막 그랬어. 그거를 인자 모두 나눠주고. 그놈을 갖고 와서 백 씨가 논을 마흔 마지기를, 두 섬지기 마흔 마지기를 샀어. 사십 마지기. 아이고 그때 이야기를 하면 참 웃기도 않는 일이라. 서울에서 내가 그만둔다고 헌게 강선화가 막 붙잡고 그래서 내가 일 봐줄 사람 세 명을 쫌매줬지. 선화한테 쫌매줬어. 나도 거기에 길게 있으면 못 쓰겠더라고. 상극이 하도 많은게.

권 돈도 많이 벌었는데 고생도 많이 하셨겠네요.

노 서로 비위가 안 맞으셨던 거지. 마음이 안 맞은 거지.

김 내가 길게 거기에서 있을 수가 없게 생겼어. 나는 인자 그 뒤에 정치계로 빠지고.

권 그럼 어르신은 칠선옥 단체만 다니신 거예요?

김 응.

권 영화 같은 이야기네요. TV에서 「야인시대」 그런 거 보는 거 같아요.

김 그 뒤에 또 칠선옥 농악에서 선화가 광주에 가서 마지막으로 공연을 하자고 그래. 광주 공원, 월산동 다리 건네, 거기가 월산동이거든. 월산동 공원에 가서 공연 하다가 5·16을 만났어. 5·16을 만나서 거기서 해산해버렸지.

권 거기가 어르신이 마지막으로 공연 가신 거구만요?

김　아니, 그간에 내가 한 일 년 손 뗐다가. 그때 민주당 시절이여. 그때 윤보선이가 대통령이고, 그랬는데. 박정희가 혁명을 일으켜가지고 5·16이 일어나버렸어. 그래서 민주당 사람들이 전부다 몰살돼 버렸잖아. 5·16혁명 나고 나서. 군대들이 전부다 정부를 맡아가고, 그 바람에 해산을 했어.

권　그럼 윤정구 국회의원은?

김　윤정구는 벌써 끝났고, 한번밖에 못 했어. 한번을 해도 구 개월밖에 못 해, 일 년을 못 했어. 5·16이 일어나버려서.

권　양해준 의원은 언제예요?

김　양해준이는 나하고 동갑인디 지금 구십한 살이지, 살았으면. 그런디 양해준이는 갑구에서 나왔고, 갑구는 저쪽이고. 을구는 요쪽이라. 산동면까지 다 들어가. 주천면, 산동면 들어가고.

권　어르신 그때 단체에는 단장하고 사끼노리 말고요. 또 누가 있어요?

김　단장이 하나 있었고 부단장은 선화가 부단장이고, 인자 명예지. 한종식이가 단장, 선화가 부단장. 그러고 인자 사업부장이 있고, 내가 사업부장, 조직 겸 사업부. 사업을 하러 앞에 다니면서, 왜놈 말로 사끼노리라고.

노　일본말이야. 사끼노리는 먼저 간다는 뜻이네.

김　그리고 장구 매주고 꽹매기 부서지면 가서 사오고 하는 풍물 관리하는 사람이 있고.

노　정총무[4], 소도구부장. 소도구 보는 사람.

권　선생님들은 안 따라 댕겨요?

김　선생들이 내나 강도근이. 장구는 전사섭이가 갈쳤고. 소고는 그냥 아무라도. 그때 상쇠가 누구냐면 강초운이, 강백천이 딸. 강초운이가 상쇠고 부쇠가 김금순이라고 순창 여자여. 금순이가 부쇠를 치고.

4　여러 제보자들을 만나는 중에 '정총무'의 본명이 '정창덕'임을 알게 되었다.

설장구는 갑순이, 부장구는 을순이. 밑에 소고는 안숙선이, 정정순이.

노　박복례 언니.

김　그리고 인자 이 사람이 소고 치다 나가고 또 들어와서 치고 그런게 누가 누군지 몰라. 정식 대원들은 정정순이, 안숙선이, 또 초운이 딸.

권　어르신, 단원 모집은 어떻게 해요?

김　단원 모집? 아무라도 와서 한다고 하면 해봐라, 그러지. 기술부에는 새로 들어온 사람이 못 하고 뒤에 소고 치고 따라 다니는 거. 그런 것은 얼굴 예쁘고 그런 애들은 한다고 하면 데리고 댕기고 그랬어.

**"주광덕이가 아주 멋쟁이고 한량이여. 소리도 잘 하고,
우스개 소리 잘 하고."**

권　한량이라는 분들은 소리를 많이 즐겨 들으시잖아요?

김　근게 한량들이 듣제. 소리 듣고 술 먹을 때 와서 불러주고 그래. 양반들은 소리를 배우도 안 허고 소리를 안 허고.

권　근데 북은 배우시잖아요? 고법?

김　북 치는 거는 양인들이 많아. 한량들이 배워갖고 기생들 소리 하는 디 쳐주고 그러지.

권　유지들이 박봉술 선생 소리 들을라고 맨날 칠선옥에 오셨다는 얘기를 들었어요.

김　박봉술이. 봉술이가 순천 사람여. 전라남도 순천. 소리 하는 사람여. 박봉술이 유명헌 사람여. 소리를 허는디 목이 가갖고 소리를 못했어, 그 뒤에는.

권　칠선옥에 자주 오셨다고 하던데요?

김　아먼, 4월 초파일날 되면은 전부다 칠선옥에 모이제. 소리 하는 사람들. 박봉술 씨 나이도 많고 아주 유명한 소리꾼여.

권 4월 초파일날 왜 칠선옥에 모여요?

김 4월 초파일날 남원서 행사를 하잖아.

노 춘향제.

김 그 행사 때 남원 난장도 터지고 그렇게 벌어먹는 사람들이 전부다,
국악인들이고 전부다 남원에 모여.

권 그럼 칠선옥에 와 있어요?

김 칠선옥 국악하는 사람들 거시기, 강도근 여동생이 선화라. 강선화.
그이가 칠선옥을 하고 있은게 그리 전부 다 오지.

권 그럼 여자 명창들도 와요?

김 선화는 소리를 잘 못 하고. 소리 하는 사람은 항상 하세라.

노 옛날 한량들은 기생이 소리를 하면 북 치는 사람이 대부분이었잖아
요. 그 얘기, 한량은 북 한 가락은 칠 줄 알아야 된다, 그 말이죠.

김 기생들하고 같이 놀라면 북을 배워야 된다 이거여. 양인들이 많이
배웠어.

노 왜냐면 북을 쳐줘야 기생 소리를 들을 수 있고 자기가 즐길 수 있으
니까. 소리를 하면 내가 장단을 치고 해야 어느 정도 한량 축에 들
어가는 거야. 못 치는 사람도 있지만 대부분이 장단을 배웠지. 같이
놀음을 할라니까. 혼자만 놀 수가 없잖아. 같이 놀라면 북장단을 좀
배워야 행세를 했지. 한량 행세를.

권 주광덕 선생님 기억하세요? 주광덕.

김 주광덕[5]이, 광덕이라 이름이. 주영숙이 즈그 아버지라.

권 그분 얘기 좀 해주세요. 장구를 잘 치셨다고 들었어요.

김 주광덕이가 아주 멋쟁이고 한량이여. 아주 한량이라. 소리도 잘 하
고, 우스개 소리 잘 하고, 술 잘 먹고.

---

5 "주광덕은 주덕기 명창의 집안으로 담양 출신이다. 박후성의 여동생이 그의 부인이다. 그는 천하의 추남
이었지만, 재담이나 발림을 기가 막히게 잘하여 창극 공연이 있을 때면 방자나 마당쇠 역을 맡았다. 그는
강도근의 누이가 운영했던 '칠선옥'이라는 요정에서 소리를 가르쳤다."
김기형, 「판소리 명창 강도근의 생애와 예술세계」, 『남도민속학의 진전』, 태학사, 1998, 344쪽.

권 우스개 소리는 뭔 소리를 해요? 기억나는 거 있으면 하나 해주세요.

김 주광덕이 여담을 한번, 간단하게 내가 한번 하까? 옛날에 두 영감
할머니가 사는디 아들이 없어. 그래갖고 사방 데에다 공을 들여갖
고 아들을 하나 낳았어. 늙은 만년에. 그런데 그 아들이 어떻게 머
리가 좋던지 커갖고는 평양감사로 나갔어. 평양감사 하면은 거창하
잖아. 평양 내에서는 대통령이라. 그래 인제 촌에서 영감 할마니가
사는디 즈그 아버지한테 한번 오라고 기별을 했어. 평양감사가. 그
런게 할마니보고 "아들한테 가야되는데 뭣을 어떻게 옷을 입고 노
자를 하느냐?"고 그런게 할머니가 베를 짜놓은 것이 있어. 그놈을
내다가 팔아가지고 명주 바지저고리에다가 도복을 해서 입혀서 노
자를 해서 갔다 오라고 보냈어. 그래 명주 바지저고리에다 도복을
입고 노자를 주머니에다 달고는 그런게 하늘을 날 거 같여, 좋아서.

  그래갖고 인자 한참 가다가 해가 저물었어. 그래 일모日暮가 저
물어서 어느 주막에 들어가서 오늘 저녁에 하루 묵고 가자고 한게
그러라고 해. 저녁밥을 먹고 방을 하나 줬는데, 하필 그 방이 소막
옆에가 소죽 끓이는 데 아래채라. 거기서 잘라고 옷을 딱 벗고 잘라
고 헌게 정지에서 콜록 콜록 기침 소리가 나거든. 문을 열어본게 소
죽을 끓이는 디 그 옆에서 다 큰 큰애기가 하나, 얻어먹고 댕기는
큰애기가 하나 잘 데가 없어서 구석에서 불을 쬠서 콜록거려. 그래
서 하도 불쌍해서 방은 널룹고 해서 들어오라고 그랬어. 아 그냥 곱
게 잤으면 괜찮은데 아 요게 재를 저질러 버렸다고. 재를 저질러 놓
은게, 밤새 해도 길도 오래 걸어왔고 술도 취했고 나이도 들었고 헌
게 포도시 어떻게 일을 마쳤는디, 그래갖고 그만 늦잠이 들어버렸
는디. 아침에 자고 일어나 본게 그 얻어먹고 댕기는 옷 누더기만 벗
어놓고 명주 바지저고리를 입고 가버렸어. 그러니까 어쩔 거이라.
어디다가 말할 데도 없고 이거를 입고 할매한테 돌아갈 수도 없고
그래서 그 누더기를 입고 도복을 딱 입은게 어쩌면 잘 안 보이거든.

그러고 갔어, 평양을.

평양을 갔는디 가니께 막 평양감사 아버지 오셨다고 일단 한량들이고 유지들이고 인사를 오는디 문을 걸어잠가놓고 받지를 않애. 왜냐면 옷이 그래갖고 있은게 받을 수가 없잖아. 근게 손님들이 가면서 "아이구 참 얼마나 잘 났다디 우리 같은 사람 안 볼라고 문을 잠근다고." 감사가 가만히 생각해 본게 '아차 내가 실수를 했다. 그 먼 길을 걸어서 오셨은게 된게 이런갑다.' 싶어서 그만 손님을 거절을 하고 재웠어. 아침에 자고 일어나서 해가 동동헌디 근지러워, 사람이. 이虱보따리를 입고 왔으니. 그런게 문에 햇빛이 들어온게 그놈을 까벌려놓고 이를 잡고 있은게 그 몸종이 '아이구 얼마나 사람이 잘 났다디 이런 감사를 낳았는고.' 싶어서 문틈으로 들여다 본게 아, 꾀를 할랑 벗고는 이를 잡고 앉았거든. 깜짝 놀래버렸지, 몸종이. 그래갖고 가서 얘기를 했어, 사모님한테 가서. 그래 인제 감사한테 가서 얘기를 헌께 그만 명주 바지가 아니라 주항라紬亢羅로 쭉 빼갖고 그 좋은 옷을 딱 입혀갖고 있은게 귀인 맨치로 좋거든. 그래 인자 즈그 아버지한테 시켰어. "오면은 그냥 고개만 끄덕거리고 그러시쇼." 아 인자 고개만 끄덕거리고 그러고 있고.

저녁에 잘 때 팔다리나 주물러 주라고 일류 가는 평양 기생을 즈그 아버지한테 보냈어. 아 그래 잘 때가 돼서 평양기생은 홑치마만 입고 잠자리에 누웠은게 불을 탁 끄거든. 끄고 몸에다가 손을 댈 때가 됐는디 손도 안 대고 뭘 막 윗목에서 뽀스락거려. 뭣을 뽀스락거리는지 '이 양반이 뭣을 허느라 저러고 있는고?' 기다리고 있는 거인디. 한참 뭘 뽀스락거려쌌드만은 몸이 배 위로 올라오는 거를 본게 등어리에다가 뭘 짊어지고 깐닥깐닥허니 떨렁떨렁허거든. 그런게 그 기생이 있다가 "이게 뭐요?" 헌게 "야 이년야, 시끄럽다. 한번 속지 두 번은 안 속는다." 옷을 짊어지고, 행여나 또 갖고 갈까 봐 옷을 허리끈 대님을 풀어갖고는 그놈을 홀매쳐갖고는 그래 짊어졌어. 그놈 짊어지고 배 위에 올라갔더니 간당간당하니 기생이 만져본게 뭔 보따리를 짊어지고 "이게 뭐이냐?" 한게 "야 이년아, 한번 속지 두 번 안 속는다고." 아이고 술 먹으면서 그 얘기를 주광덕이가 해논게. 인 자 또 갖고 갈까 싶어서 그런 거여. 술 먹으면 그 와이당 땜시, 기생 들이 그만 노래할 여력이 없어. 와이당 내놓으면 그거 듣니라고.

권　어르신 남원에 옛날에 이봉춘이라는 분도 있었어요?

김　이봉춘이, 아주 오래 된 사람여. 나는 못 봤지. 말만 들었어.

권　남자 농악대, 유한준. 지금 유명철 선생님 아버지는 아세요? 유한준.

김　잘 모르겠어.

노　잘 모르셔. 춘향여성농악에 대해서만 아시고. 그때 여기 인월하고 는 상당한 거리가 있잖아. 춘향단체는 남원 정치 때문에 남원에 가 서 계실 때 알게 된 거고, 거리가 있지, 옛날로서는. 옛날에는 버스 가 남원하고 자주 있었던 것도 아니야. 하루에 한 대나 두 대?

권　어르신 무슨 띠셔요?

김　나 호랑이띠. 91세. 26년생.

권　정말 무슨 영화 한 편 본 거 같아요. 감사합니다.

춘향어성농악단의 마지막 세대,
소고잽이 노영숙

노영숙, 1970년 일본 순회공연 중에

10

구술자	노영숙 (1954년생)
조사자	권은영
일시	2015년 7월 28일, 8월 1일, 8월 15일, 9월 12일, 10월 7일, 10월 17, 12월 12일 2016년 1월 2일, 1월 9일, 3월 12일
장소	남원시 인월면 커피숍 '로뎀나무', 노영숙 자택

춘향여성농악단의 마지막 세대, 소고잽이 노영숙

창극에 반한 어린 소녀는 강백천 일가와 함께

노 　내가 춘향단체를 가게 된 계기는, 남원 광한루 옆에서 그때 포장을 쳐놓고 공연을 했는데, 그게 남원 춘향여성농악이야. 거기서 연극을 보고 뿅 갔다니까. 집에 가서 엄마를 조르기 시작했지, 단체 가고 싶다고. 근데 분순 언니의 언니하고 울 엄마하고 친해. 친한데 우리 엄마한테 내가 졸랐더니, 나를 단체에 데려가라고 우리 엄마가 언니 집에 얘기를 했어. 그랬더니 잠깐만 기다리라고, 며칠날에 단체가 나가니까 그때 나를 데리고 오라고 했다는 거야. 그래서 그날 분순 언니네 집에 딱 갔는데 언니네 엄마가 그래. "우리 딸은 어제 갔는디?" 그러는 거야. 그니까 나를 떼놓고 간 거야. 분명히 오늘 오라고 해놓고 어제 가버린 거야. 그래서 요번에 그 얘기를 했더니 분순 언니가 "내가 너무 고생스러워서 애들을 단체에 데려다 놓고 싶은 생각이 없었다."고 해. 고생스러우니까 나를 떼 놓고 갔다고 얘기를 하대. 그런 거 하지 말라고.

　근데 내가 자꾸 단체 갈 거라고 조르니까 엄마가 "니가 왜 그러냐? 우리 집안에 그런 사람이 없는데 당골네 될라고 그래?" 왜 그냐고 그래. 나는 갈 거라고 보내주라고 조르니까 울 엄마가 수소문을 해갖고 칠선옥을 알았나봐. 찾아가서 그 얘기를 했더니 칠선옥 주인이 자기 집에는 양딸이 넷이나 있으니까 나까지 건사할 수는 없다고 그랬대. "내가 아는 데가 있는데 거기 손녀딸이 마침 애하고 거의 나이가 같으니까 언니 동생하고 자매처럼 같이 있었으면 좋겠다. 내가 거기로 얘기를 해줄게." 이렇게 된 거야. 그래갖고 강백천 할아버지네로 간 거야. 그래서 내가 할아버지 밑으로 들어가서 할아버지 손녀딸하고 같이 공부를 했지.

권 강백천 선생님은 그때 칠선옥에 계셨던 거예요?

노 아니 따로 방 얻어갖고 계셨는데 국악원은 아냐. 내가 그때 칠선옥 갔을 때 점심인가 저녁인가를 먹고 있는데 안에서 자기들끼리 까르륵 까르륵 웃고 난리가 났어. 공연 끝나고 왔는지 하여튼 단원들이 엄청 많았거든. 내가 할아버지 손녀의 친구 삼아 들어갔는데, 나이가 나보다 한 살 많아. 개월 수로 따지면 몇 개월 안 되는데. 그래갖고 할아버지하고 손녀딸하고 같이 지낸 거지. 할아버지가 창 가르쳐 주고 둘이는 소꿉친구 하고 지내고, 밥도 둘이 어떻게 하면서.

권 선생님 그때 몇 살이나 되셨어요?

노 한 아홉 살? 근게 애기여, 둘 다. 지금 생각하면 할아버지는 남자니까 손 하나 까딱 하지 않고 노인이니까. 그 쪼그만한 것들이 부뚜막에 둘이 올라가갖고, 언니가 뭔가 밥을 하고 그래.

권 할아버지 잡숫는 거를 그분이 다 만든 거예요? 그 어린 나이에?

노 응. 내가 한 아홉 살, 열 살? 언니는 나보다 한 살 많으니까 한 열 살이나 됐겠지. 옛날에는 연탄도 아니고 불 때서 하는 거잖아. 그니까 둘이 부뚜막에 올라가가지고 밥을 의논해가면서 하는 거야. 근데 나는 여덟 살 때부터 밥을 했어. 울 엄마가 장사를 다니니까 밥하는 거를 엄마가 가르친 거야. 우리 엄마 없을 때 오빠하고 이렇게 한다고 밥을 하고 그랬어. 불 때서 하는데. 내가 어려서 똑똑했어. 멍청하지는 않았어. 한번 딱 들으면 안 잊어버리고 그랬는데. 둘이 의논해가면서 하는 거야. 그런 생각이 어렴풋이 나. 조기를 지졌는가, 두부를 넣고 조기 지진 것도 생각이 나고.

권 그럼 잠은 집에 와서 주무시는 거예요?

노 아니 한 집에서 같이 자. 같이 살았다니까. 할아버지랑 손녀딸이랑 함께. 그 언니는 천부적인 재능을 가졌어. 다른 사람은 다 노력으로 하지만 이 사람은 타고난 재질이 있어. 줄도 탔고 남도창, 민요, 시조에서부터 양금, 가야금, 대금, 단소 못 하는 게 없는 거야. 그 어린 나이에도 모든 걸 몸에 갖고 태어났어. 타고났어.

권 강백천 선생님에 대해서 기억나는 것 좀 얘기해주세요.

노 강백천 선생님은 원래 몸이 병약하셨어. 위 나쁘지 장 수술도 하고 그러셨대. 나중에는 인간문화재가 되셨지. 근데 돌아가실 때 내가 부산에 있으면서 내가 할아버지한테 왔다갔다 했거든. 내가 단소를 좀 배우고 있었을 때, 할아버지가 "내가 곧 죽을 거 같다." 그래서 "왜요, 할아버지?" 그러니까 엊저녁에 누가 왔대. 저승사자라면서. 나보고 그런 얘기를 하더만. 발밑에 서랍장이 있잖아. 방 안에 서랍장이 있는데, "나보고 이제 가자 하면서 옷 꺼내서 갈아입으라고 그러더라." 근데 어디 옷이 들었는지까지 알더래. 자기 새옷 해놓은 거를. 그때 남자분이 한분 계셔갖고 할아버지한테 대금을 배웠거든. 나는 그분한테 단소를 배우고.

권 지난번에 테이프 들려주신 그분?

노 응, 그분. 그거 나 일본 간다고 가서 연습하라고 녹음해준 거야. 그래갖고 할아버지 손녀딸하고 그 남자분하고 나하고 셋이 불었어. 부산에 금정산이 제일 높잖아. 거기 산꼭대기에 케이블카 타고 올라가서 셋이 불고 있으면, 거기 흑염소 잡아주고 하는 데 있잖아. 거기 아줌마들이 난리여. 뭔 신선들이 오셨냐고. 셋이 불고 앉았으면 그랬어. 그랬는데 할아버지가 그렇게 아프셔서 그러시더라고. "내가 갈 때가 인자 얼마 안 남은 거 같다."면서 그 얘기를 두 번인가 세 번인가 하셨어. 그때 할아버지가 여든넷인가 다섯인가 그랬을 거야, 아마. 그래서 "할아버지 몇 년 만 더 사시면 백 살이 되니까 그때까지 사세요." 내가 그랬거든. 근데 그 다음날인가 다다음날인가 또 그러시더라고. 또 왔더래. 그러더니 삼일인가 돼갖고 전화온 거야, 할아버지가 돌아가셨다고. 그때 내가 부산에서 정착해서 결혼해서 살고 있었을 때야. 할아버지가 82년도인가 돌아가셨어.

춘향여성농악단에서 : "시선을 끌기 위해서 자기는
멋쟁이가 되어야 돼. 튀어야 돼."

권 장구들은 머리에 싱을 넣죠?

노 싱, 저게 원래는 미장원에서 잔머리 버리는 거 주워다가 다 만들잖아. 싱을 만들어.

권 이 머리, 맘보머리라고 하는 거랑 달라요?

노 저게 맘보머리일걸. 볼록 튀어나온 게 이게 맘보머리인데.

권 그때 당시 저런 머리가 유행이었어요, 선생님?

노 아니, 단체에서. 단체 사람들만. 이게 머리 형태가 신라의 머리 형태 흉내 낸 걸 거야. 의상도 신라 시대 의상이잖아. 중간에 신라복으로 다 바뀌었잖아. 처음에는 남자들처럼 바지 저고리 조끼 입고 하다가 어느 때인가는 신라복으로 바뀌었어.

권 머리랑은 누가 해요?

노 다 자기가 하지, 자기 스스로. 지금 현재는 엔터테인먼트 회사에서 그 사람을 상품을 만들잖아. 연예인 하나를 만들면 성형에서부터 뭐에서부터 전문가가 딱 짜여갖고 완전히 만들잖아, 상품화를. 근데 우리는 자기가 해야 돼. 스스로 분장도 다 자기가 해야 되고, 이렇게 하면 예쁠까, 저렇게 하면 예쁠까? 무슨 옷을 입어야 되지? 또 이럴 땐 어떻게 해야 되지, 저럴 땐 어째야 되지? 자기 혼자 연구하고 자기 혼자 해. 누가 해주는 게 아니야. 가끔은 어른들이 연극할 때 이래라 저래라 창할 때 이래라 저래라 조언은 해주는데 그 조언이 따뜻하고 세련되게 말하는 게 아니라 그냥 야단치고 질책하고 이러니까. 옛날 어른들은 잘 하는 방향으로 제시도 해주고 그래야 되는데 그냥 명령조야, 억압적이고. 또 그런 줄 알고 살아왔어, 다들.

권　선생님 화장 같은 거는 누구한테 배우셨어요?

노　아니야. 배운 거 아냐. 언니들 하는 거 보고 배우지. 그러니까 화장이 제대로 된 화장이 아니고 처음에는 엉망이야. 실수를 반복하면서 느는 거지.

권　국악원에서 소리 배우고 그러는 중간에 화장을 배우고 그런 거는 없어요?

노　메이크업 배우는 거는 없어. 그런 거는 없어. 연극할 때는 배우지. 연극 선생님들한테나 연극은 분장을 배우지. 그리고 눈썰미 있는 사람은 자기가 보고 따라서 하고 자기가 연구해서 하고.

권　공연할 때 화장하는 거 중요하잖아요. 액세서리도 많이 하시던데. 귀걸이나 반지도 커다란 거 하시고. 요즘 아이돌 애들 치렁치렁하게 꾸민 거랑 똑같다는 생각이 드는 거예요.

노　서로 예쁘게 보일라고 경쟁이야. 그게 왜 그러냐면 일반인들은 그렇게 할 수가 없어. 그렇게 하면 또 욕 얻어먹고. 무대에서 튀어야 되니까. 일반인보다 튀기 위해서 그렇게 하는 거야.

권　여성농악 선생님들 특징 중에 하나가 화려하고, 패션 감각이 다른 사람들하고 다르다는 생각이 들어요. 어릴 때부터 꾸며본 분들이라서.

노　저 번에 희숙이 언니 사진 봤잖아. 통치마 저고리, 그게 또 유행이었어. 통치마 저고리에다가 파라솔 쓰고 하이힐 신는 거. 옛날 하이힐이면 빼쪽해가지고 날카롭거든. 그때는 땅들이 지금처럼 좋지가 않고 돌이 있으니까 뒤 굽에 쇠를 박아서 신었던 거거든. 옛날에는 다 맞춰서 신었지, 양화점에서. 기성화가 없었을 때니까. 그게 유행이었어. 하이힐 신고. 언니들이 단체 갔다 오면 통치마 저고리, 여름엔 여름옷대로 겨울은 겨울옷대로. 그리고 걷는 게 다 예뻐. 스타였어. 스타였다니까. 남자들도 호감을 갖지.

권 예전에 어떤 선생님이 "야, 웬만한 남자들은 우리 눈도 못 쳐다봤어." 그런 얘기를 하시더라고요.

노 맞아, 순진한 사람들은 그래. 이 사람들은 맨날 수십 명 수백 명 앞에서 치고 놀고 그러니까 아무렇지도 않지만, 보는 거 자연스럽지만 보통 사람들은 순진하잖아. 우리들은 시선을 끌고 살았기 때문에 아무렇지도 않지. 일부러 시선을 끌기 위해서 자기는 멋쟁이가 되어야 돼. 튀어야 돼. 시대 나름의 멋쟁이였어. 그때 당시의 멋이 있어.

권 사람들 앞에 서는 것을 즐기고 좋아하는 분들은 그 생활이 좀 덜 지겨운데, 사람들 시선이 부담스러운 성격이면 힘들었을 거 같아요. 화려한 모습이 좋아서 왔다가도 그 생활이 쉽지 않아서.

노 그니까 물러간 사람도 많아, 사실. 이름도 성도 없이 왔다가 간 사람도 많이 있어. 내가 알기에도 어렸을 때 이 언니, 저 언니 많이 있었는데 들어가 버린 언니들이 많아. 단체에서 연애하는 게 금지돼 있어. 남자 단원들하고나 남자 간부들하고, 절대 금지야. 풍기 문란해진다고 어른들이 감시를 하고. 그래도 연애하는 사람들이 있어, 몰래 몰래. 그런 게 보이면 보내버리고, 남자 단원이나 간부를 보내 버리고.

권 책을 보다가 찾았는데, 채상 연습을 달빛 아래에서 했다는 말이 있더라고요. 그 대목이 되게 인상적이었어요.

노 그거 내 말이야. 여성농악 재현 공연 연습할 때 그 얘기를 했더니 그것을 진옥섭이가 적어놨더라고. 달빛에 달그림자 보고 어떻게 돌아가나, 달그림자 보면서 나는 연습을 했어. 그거 내 얘기야. "그때는 불빛이 없으니까 깜깜해서 언니들 자는데 달빛에 내가 연습을

춘향제에서 춘향사당에 절을 하는 남원국악원 원생들

하고 내가 '언젠가 꼭 잘해서 탁 놀래켜 줘야지.' 그런 마음으로 연습을 했다." 밤새 연습하고 그렇게 했다고 그랬더니, "좋아."하면서 그걸 적었어. 그거를 그대로 옮겨놨더라고.

권 그때 이희숙 선생님이 공주고 안숙선 선생님이 태자 역할을 했다는 그 연극, 기억나는 거 있으면 얘기해 주세요.

노 희숙 언니가 공주야. 큰태자는 미정 언니고, 작은 태자는 숙선이 언니. 희숙 언니가 상대국의 공주인데 원래 큰 태자한테 결혼을 해야 돼. 정략 결혼을 할라면, 큰 태자하고 결혼을 해야 되는데 이 공주가 작은 태자를 좋아하는 거야. 근데 이 작은 태자가 귀양을 가가지고 눈이 멀었어. 눈이 안 보여. 스토리가 그래. 이 언니들 기억할라나 모르겠어. 그래갖고 눈이 안 보이는데 공주가 찾아가잖아. 어디 섬에 있는 작은 태자를. "이렇게 오시면 안 되지 않느냐?" 어쩌고해. 그런데도 그 작은 태자를 좋아해. 하여튼 그런 연극이었어.

권 그 속에 소리가 들어가요?

노 그럼. 춘향여성은 창이 기본 바탕이야. 창을 배우고 나서 농악을 배웠기 때문에.

권 판소리 다섯 바탕 같은 거는 옛날부터 쭉 내려오는 게 있잖아요. 그런데 이런 연극은 이미 만들어져 있는 판소리가 없잖아요. 그럼 그걸 누가 알려줘요?

노 지금 생각하니까, 연극 선생이 있었던 거 같애, 남자가. 하여튼 남자가 있었는데 사극을 하면서 얼굴 분장을 해. 도랑이라고 있잖아. 성냥 태워가지고 눈썹도 그리고. 나는 호기심 있으니까 쳐다볼 거 아냐. 그리고 화장을 지우는데 무슨 냄새가 나. 석유로 지우는 거야. 화장을 얼마나 두껍게 하는지. 그때만 해도 화장품이 좋았겠어? 도랑이라고 만들어서 썼다고, 거의 다. 연극했던 분이 그분 같애.

권 다른 선생님들 보니까 '변'이라고 은어 같은 거를 쓰시던데요?

노 그거 변이라고 하는데 지금은 저속하다고 해가지고 안 쓰잖아. 은

노영숙이 적어준 은어 '변'

어야, 은어, 국악인들만 쓰는 은어. '상호'는 얼굴. 못 알아듣게 우리끼리만 아는 말이 있어. 입은 '서삼집', 눈은 '저울'.

춘향여성농악단이 해체될 때쯤

권   이 사진, 67년도 해인사에서 찍은 사진 설명 좀 해 주세요.

노   손해천 아저씨, 강정숙 언니 아버지 강병철 씨, 정정순 언니 오빠인데 정철이 오빠, 점식이 오빠하고 사촌간이야. 이분이 한단장이야. 이분이 한번 무릎 꿇리고 앉혀놓으면 한 두세 시간 훈계를 해. 다리가 저려 죽겠는데 올바르게 선도를 하기 위해서 긴 이야기를 많이 해. 사람의 도리는 어떻게 해야 된다. 이분이 사회도 보고 이분이 그때 단장이었어. 한종식 단장. 이분이 칠선옥 엄마야. 이분이 원래 창단주

1967년 춘향여성농악단 단체사진 (우측 상단에 '해인사기념, 1967.5.1' 이라고 적혀있다.)

인데 강도근 선생님하고 같이. 이분이 어째서 이때 왔었는지는 몰라
도 잠시 들른 거 같애. 단체에 계속 같이 다니지는 않았어. 그리고 이
게 이옥주 언니야. 그리고 인제 권금미, 동생이 영미인가? 영미인 거
같애, 권영미. 언니와 동생, 설장구였어. 자매간이고. 여기에 양정남
언니라고 징도 치고 소리도 하고 연극도 하고. 이 분이 금미 언니 엄
마, 권 총무님 부인. 그리고 이게 장영숙 언니야, 상쇠. 지금도 나하고
연락해. 이분은 권 총무, 권후엽 부장님. 이 분이 장소 섭외하고 소도
구부장도 하고. 맨 끝에 지팡이 짚고 계신 분이 강백천 할아버지야.

노   앞줄에, 이게 배순애, 손해천 씨 양딸이지. 이게 나야. 열네 살인가? 순
    애랑 동갑이야. 그게 햇빛이 비추고 있으니까 인상을 쓰고 있는 거지.

얘는 칠선옥 양딸, 이게 선희, 아버지가 꼭 얘를 데리고 다니고 아버지가 가시면서 꼭 나를 불러갖고 가는 거야. 아버지가 새납을 불었잖아. 그렇게 다니는 거를 즐거워하서. 나는 아버지가 없다보니까 이 아버지를 굉장히 따랐어. 선희하고 친구니까 맨날 딸처럼 데리고 다니셨지. 요렇게가 또래야. 얘가 또 정금난이라고 나하고 일본을 같이 갔지.

권　그럼 역할이 어떻게 돼요? 장영숙 그분이 상쇠하셨고, 그럼 누가 부쇠를 하셨어요?

노　아마 옥주 언니가 부쇠를 했을 거야. 권금미 언니가 설장고고 동생이 징이고, 양정남이가 수징이고 영미가 부징이고. 장구 둘, 여기에 사람들 더 있는데.

권　그때 선생님이 10년 전에 "사람이 몇 명 빠진 것 같다." 그 말씀 하셨어요.

노　응. 요렇게 밖에 없지는 않았어.

권　여기 앞에 쭉 앉으신 분들, 선생님 또래, 이분들은 다 소고를 하신 거예요?

노　응. 다 소고. 꼬맹이들 쪼르르. 이때 조금자 언니인가, 조 뭐 언니가 수버꾸를 했어. 점식이 오빠도 이때 있었을 거야. 몇 명이 빠진 거야, 지금. 요때 좀 지나고 나서 이동안 선생님이 합류했어. 우리가 부산인가 어디 가가지고 같이 합류했어. 줄 타시고 그런다고. 이동안 선생님이 천안인가 어디에서 농악단 다시 한다고 했을 때 내가 간 거 같은 기억이 나. 금난이하고. 우리가 이동안 선생님 딸 집에 가서 있었어. 이동안 선생님이 기술이 참 좋잖아. 우리 단체에서 줄 가르친다고 그러고 바라춤도 가르치고 살풀이도 가르치고 그랬어. 그분 딸 집에 가서 단체를 만든다고 가서 있었던 기억도 나고 그래. 근데 그게 안 됐어. 안 되고 다시 해산된 거 같애. 기억이 너무 혼합이 돼서 정리가 안 되네. 하여튼 수원에 이동안 선생이 계셔가지고 우리가 거점을 삼아서 간 거 같은 기억이 나. 내 친구 금난이하고 순애하고 나하고 또 누구하고 간 거 같은데. 그때 예술학교가 안양에 생긴다고 그런 말도 있었던 것 같고 그래. 너무 어렸을 때. 그때 열네 살인가 그랬을 거야.

권 손해천 씨는 뭘 하신 거예요?

노 유명철 씨가 잘 알 거야. 그 농악단에 있었어. 이분이 장구도 치고 여러 가지를 해. 우리 단체 다닐 때는 무대 전부다 이분이 설치하고 포장 같은 거 그런 거 다 했어. 일꾼이었지. 근데 원래 장구 치고 다녔던 걸로 알아, 남원농악에서.

권 정정순 씨 오빠라는 분은 뭘 하신 거예요?

노 그분은 매표 보고 심부름하고 일하고 댕겼지. 총각 때니까 일을 도와주고 다녔지.

권 나중에 남원 단원들이 서울로 많이 올라가고 그러잖아요. 그래서 단원이 부족할 때 어디 무용학원 같은 데서 단원을 데려오거나 하지 않았어요?

노 전주에서 많이 데리고 왔지. 마지막에 우리가 했을 때는 전주 단원을 데리고 왔어. 장영숙, 전금난, 배순애, 권금미 언니, 또 영미, 몇 몇을 전주 단체에서 데려와서. 그 사람들을 누가 사갖고 온 거야, 단체 명의를. 사갖고 전주하고 남원하고 합쳐서 다니다가 그게 인자 마지막이 된 거지.

권 그냥 춘향이란 이름을 붙였군요. 남원이랑 전주 단체를 합쳐서.

노 그니까 해인사에서 찍은 사진이 마지막이었을 거야, 춘향 단체가. 춘향 초창기 사람들은 원래 창으로 밑바탕이 다 다져져 있잖아. 판소리로 다 다져져 있고 쟁쟁한 사람들이지. 차츰차츰 가면서 퇴색되어가. 급한 대로 급조해서 데려오고 배우고.

권 춘향단체가 부산에서 해체 됐댔죠? 부산에서 헤어질 때는 단장님이랑 계시잖아요. 그럼 어떻게 해산을 하는 거예요?

노 단원들이 하나둘 떠나고 자꾸 사람이 없어졌잖아. 그니까 단체를 운영을 못 할 상황인 거 같애. 정확히는 나도 몰라. 할아버지가 부

산 정착을 하신다고, 온천장에 유지를 아는 분이 계셨는지 그분이
숙소를 제공을 하고 거기에서 나하고 언니하고 한참동안 뭘 해먹고
있었던 거 같애. 그러다가 내가 "언니, 나는 집에 가야될 거 같애."
그러고 떠나왔던 거 같애. 한참 동안 생활했어. 뭔 단체를 만들어갖
고 간 거 같애, 춘향단체를. 몇 번인가 시도를 하다가 결국은 너무
운영이 안 되니까 관두신 거 같애.

68년도나 됐나 보다. 일본 갈라고 서울에 가서
계속 연습하고 그러고 있었을 때야.

권   강백천 선생님도 부산에 정착을 하셨네요. 무슨 말을 들었냐면 부
    산에 가면 공연이 잘 된다는 말을 들었어요.

노   조방 앞에가, 지금은 시민회관이 거기에 생겼어. 공연도 많이 하고
    지금도 그러는데 그 시민회관 옆에가 조방이라고 거기가 공터가 많
    았는데 거기에서 천막을 치고 공연을 많이 했는데. 부산사람들이
    그렇게 좋아했지. 여성농악이 그쪽에는 없잖아. 없는 것을 보기 때
    문에 신기한 거지. 노인네들이 와서 예뻐서 어떻게 해야될 지를 모
    르고, 밥 사주고 공연을 하면 돈을 꽂아주고 난리가 나. 도시락 싸
    가지고 가는 장소마다 쫓아댕기는 사람도 있었다니까. 팬 부대가,
    할머니 할아버지들이. 미리 가서 기다리고 있어, 우리보다 먼저.

권   궁금한 게 강백천 선생님이 남원이 고향이신데 왜 부산에서 정착을
    하셨을까요?

노   그때 동래 온천장이 있었거든. 거기는 아무래도 가르칠 사람이 있지.

권   부산이 돈이 좀 많죠?

노   당연하지. 동래 온천 별장 하면 유명하잖아. 유명해. 그때 경상도
    쪽에서는 국악을 하는 분이 별로 없었어, 선생님들이. 한두 사람이

있어도. 쉽게 말하면 생짜라고 할까? 모르는 사람을 생짜라고 그래, 아무것도 모르는 사람. 그런 데인데 간혹 멋을 아는 사람이 있기 때문에 환영을 받은 거잖아. 할아버지가 여러 가지로 생각을 한 거지. 남원에 와서는 발전이 없다는 걸 생각을 하신 거지. 그래서 잠시 온 천장에 계실 때까지 내가 있었어. 생활을 하다가 뭐 때문에 하여튼 나왔어. 단체를 갔는지 어쨌는지 기억이 끊겼어. 거기가 한옥으로 큰 저택이었는데 거기서 방 하나를 줘서 할아버지랑 언니랑 나랑 셋이 있었고 거기서 밥을 해먹고, 한쪽에 부엌이 따로 있어가지고 별채로 이렇게 있었어. 그 뒤로 내가 단체를 간 거 같애. 딴 데로 방을 얻어갖고 있고 할아버지도 계시고 그랬었거든. 아무튼 내가 강백천 할아버지하고 끈은 안 놓고 계속 왔다 갔다 했어.

권   생각나는 거 있으면 더 얘기해 주세요.

노   내가 농악을 하는데 채상에 레지 다는 것을 처음 했어. 나사 돌려서 증자 끼우는 거를. 그전에는 바로 꿰매는 거였는데 돌려서 끼우는 거를 그때 서울에서 처음으로 내가 한 거야. 그 전에 이 얘기를 먼저 해야 되겠다. 대전에 언젠가 우리 단체가 공연을 갔었어. 몇 달 동안 있었던 적이 있는데 소방서 서장이 자기 집에서 우리 숙식을 대준 거야. 근데 그 집 아들이 나를 좋아했어. 그때 걔가 고등학교 1학년이고, 나보다 두세 살 많아. 어릴 때지. 그 아버지가 나를 며느리 삼았으면 좋겠다고 했는데, 어렸을 때 둘이 그냥 마음이 조금 이상했어. 그때 우리는 좋아도 마음으로만 좋아했지 표현을 못 했던 때야. 그냥 쳐다보고 씩 웃고 도망가고 이랬을 때야. 그런데 옛날에 연속극이 「저 눈밭에 사슴이」라는 참 유명한 연속극이 있었거든. 전 국민이 그 시간만 되면 그 연속극을 라디오 앞에 가서 다 듣고 있는데, 걔가 우리가 그걸 좋아하는 줄 알고 라디오를 마루에다가

---

1 드라마 작가 김수현의 데뷔작, 1968년에 방송되었던 MBC 라디오드라마이다.

나둬. 우리 들으라고. 그것이 좋아하는 표현이야. 거기서 잠깐 있다가 내가 거기서 도망을 갔구나. 서울인가 어디로 도망을 가버렸어. 단체에서 안 놔주니까. 어떻게 된 상황인지 기억은 잘 안 나.

그러다가 추석이 가까웠나 보다. 추석 명절 공연이었나 봐. 대전에서 걔네 집이 운동장 바로 옆에 있었거든. 그래서 대전 운동장에서 공연을 할 때 내가 걔네 집을 그 옆이니까 찾아갔어. 공연을 하는데 걔가 온 거야. 온 지도 몰랐어. 근데 내 차례가 돼서 내가 막 돌고 채상을 돌리고 있는데 뭐가 좀 이상해. 사람들이 와 웃는 거야. 순간 '왜 웃지? 나를 보고 웃는데 웃을 상황이 아니잖아?' 내가 돌고 있는데, 내가 코미디를 한 것도 아니고. 순간 이상한 기분이 탁 들어. 이상하다 하고 머리를 딱 잡으니까 상모 증자가 어디로 날아가 버리고 없는 거야, 풀어져가지고. 그걸 보고는 사람들이 웃었던 거지. 막 돌다가 뭣이 휙 날라 갔으니까. 근데 처음이잖아. 나사를 돌려서 증자를 그렇게 만들어서 돌린 것이. 어머, 그러고 딱 보는데 그 순간에 왜 걔가 내 눈에 딱 띄냐고. 걔가 웃는 모습이 내 눈에 확 띄는 거야. 무대에서 보는데, 왜 하필이면 걔가. 아, 창피해 죽겠는 거야, 어린 나이에. 무지하게 창피하고 쑥스럽고 다시 나갈 수도 없고 그렇잖아. 막 그러고 있는데 영화배우 장혁 씨가 들어와 가지고 나를 쳐다보고 막 웃으면서 "날라가 버렸냐?" 그래. 그걸 누가 주워갖고 왔는데 장혁 씨가 그걸 고쳐주는데 창피해서 죽을 뻔 했어. 지금도 그 생각을 하면 아찔해.

상모 증자에 레지 끼우는 거, 그게 처음 나와 가지고 내가 처음 썼는데 그게 고정이 잘 안 되었던가봐. 처음에는 돌려 넣는 게 아니고 고정해서 끼우는 거였을 거야. 근데 하도 자극을 받으니까 증자가 떨어졌나봐. 그 후에 나사처럼 돌려 끼우는 게 나왔어. 내가 그때 상상을 하면 지금도 아찔해. 내가 아주 죽는 줄 알았어. 창피해서 혼났다니까. 그때가 68년도나 됐나 보다. 왜냐면 일본 가기 전인 거 같애. 일본 갈라고 서울에 가서 계속 연습하고 그러고 있었을 때야. 우리 67년도 사진 있잖아. 그게 단체 마지막으로 다니면서 그 이후에 부산에 가서 깨졌어, 구포에서. 떠날 사람은 떠나고 혹시나 싶어서 단체가 구포에서 겨울을 나고 그래도 안 되어가지고 우리가 헤어졌을 거야. 그리고 내가 서울에 올라간 거 같애, 68년도에.

국악예술학교에서: 이금조 씨, 예술학교에서
나한테 점프 가르쳐주고, 그 오빠한테서 배웠거든.

노　내가 여자로서는 자반뒤지기 점프를 최초로 한 사람이야. 아까 금난이하고 나하고 서울 예술학교에서 금조 오빠한테 강당에서 점프를 배웠어. 그래갖고 나 몇 번 푹 올라갔다가 툭 떨어져갖고 기절한 적도 있고 그래. 그거 점프 연습하다가. 남자들이 점프 그거 했었잖아. 여자들은 두루거리만 했지 팍팍 뛰고 그러지는 않았잖아. 내가 그걸 했다니까. 학교 끝나고 강당에서 내 친구 금난이하고 둘이 맨날 그거 연습했어. 몇 개월을 했는지 몰라, 그 점프만. 그게 그리 쉽지 않더라고. 그게 굉장히 인기 있었어. 나는 열다섯, 여섯 살 때, 한창 몸이 날렵할 때지. 몸이 발육이 되면서 성장기에 몸이 자기 마음대로 되는 거야. 나이가 먹어서는 안 돼. 보통 유명한 사람들 다섯 살, 여섯 살 때부터 발레 배우고 그러잖아. 몸이 그때부터 만들어지는 거야. 성장하면서 같이. 나이 먹어가지고 하라고 하면 못해. 내가 점프를 숨 한번 안 쉬고 다섯 여섯 바퀴씩 돌았다니까. 내가 그걸로 인기였어. 서울에서도 소고 노영숙하면 짱이야. 용순 언니가 채상을 잘하고 힘이 좋아서 두루거리를 잘 하는데 점프는 나한테 못 당하지. 점프는 못해. 용순이 언니가 나보다 나이가 많아. 한 다섯 살 정도.
　우리는 특기생이기 때문에 그때 학교가 중학교인데 학원 비슷했지. 학교 설립이 안 되어 있었어. 인가가 안 났었어. 이쪽에서는 중

맨 오른쪽 남성이 전사섭의 아들인 장구 명인 전수덕

학교가 되어 있었고 국악예술학교, 근데 이문동으로 이사를 가면서
고등학교가 생기게 된 거야. 여기서 학문적인 수업을 받은 게 아니
고, 우리는 특기생이기 때문에 연습하고 국악 공부 배우고.

권   단체에서 도야하듯이 수업내용이 실기 중심으로?

노   그렇지. 실기 중심으로 했지. 그때 국악학교에 김덕수 씨, 전수덕
오빠 다들 있었어. 다 외국 공연 다니고. 전사섭 씨 아들이 홍콩배
우 같이 생겼잖아. 전수덕 오빠가 매력이 있어. 그때 전수덕 씨하고
김덕수 씨하고 같은 또래고 친구고 맨날 눈만 뜨면 같이 붙어 다니
고, 전사섭 씨 집에 와서 하루에 한번씩은 붙어서 살았으니까. 그때
당시에 수덕이 오빠는 진짜 인기 많았어. 무대에서든 어디든. 인물
도 잘 생겼고 여자들한테 인기도 좋았고. 김덕수 씨는 똘똘해, 야물
고. 아주 그냥 암팡지지. 수덕이 오빠는 그때 이 머리카락이 생명이

야. 휘날리는 머리. 그때 경찰이 장발을 잡으니까 맨날 밤중에 골목 골목 단속 피해서 집에 오는 것이 일이고.

권 전사섭 선생님 사진은 어떻게 갖고 계신 거예요?

노 몰라. 내가 어디에서 갖고 왔어. 야유회가서 농악하시는 거 같애.

권 저는 인터넷에서 전사섭 선생님 후두둑 하는 거 보고 진짜 신기하데요. 연세가 많으셔서 연풍대는 못 도시는데 어떻게 그렇게 하시는지. 입으로 후두두둑 해도 그렇게는 못 따라갈 거 같애요.

노 수덕이 오빠도 그랬어. 아버지가 전희 언니하고 많이 닮았어, 딸. 전전희인데 전희 언니라고 불러. 아버지하고 그 언니하고 모습이 웃으면 매력적이야.

권 그때가 오사카 가기 전이잖아요? 춘향단체 없어지고?

노 그러지. 그때는 낮밤 할 것 없이 이금조 씨, 그때는 오빠라고 했었는데 지금은 선생님이지. 진주농악. 언젠가 전화해서 얘기를 했더니 나를 기억 못 하더라고. 예술학교에서 나한테 점프 가르쳐주고, 그 오빠한테서 배웠거든. 그때 열여섯 살. 그때는 여자들이 그렇게 점프를 하는 사람이 없었어. 나하고 죽은 금난이하고만 둘이 했어. 점프를 배우는데 그게 그렇게 어렵더라고. 점프 하면서 올라가다가 자칫 잘못해서 그대로 그냥 떨어지면, 기절한 적이 몇 번 있어, 내가.

권 예술학교에서 만났던 사람들, 동료들 생각나는 사람들 있어요?

노 거의 서울 애들인데 가만 보니까 애들이 인물도 좋은 애들이 많이 들어왔어. 그때는 중학교 시험 쳐서 들어갔잖아. 다 떨어져가지고, 졸업장은 받아야 되니까 그냥 들어와 있어.

권 선생님은 중학교 과정에 특기생으로 들어가신 거죠?

노 그렇지.

권 전사섭 선생님이 그때쯤에 직업이 공무원으로 되어 있고, 예술학교 선생님이었지요?

노 응, 선생님이셨어. 계셨어. 박귀희 선생님이 설립한 거잖아. 박귀희 선생님, 박초월 선생님 이런 분들이. 우리나라 국악계에서 박귀희 선생님은 참 훌륭하신 분이야. 그분 경상도 분이야.

권 칠곡 분이시더라고요. 찾아봤어요.

노 박귀희 선생님이 경상도 말을 하셔. 그런데 그분이 앞을 내다보는 그런 게 있으셨어. 수많은 민요를 작곡하실 정도면 그분 머리가 대단하신 거야.

권 선생님 예술학교에는 얼마나 계셨어요? 전사섭 선생님 집에서 먹고 자고 하실 때죠?

노 그때 나는 전사섭 씨가 올라오라고 했어. 시골 어느 단체에서 공연하고 있을 때 오셔가지고 "너 올라와라." 그래서 내가 명함인가 주소인가를 적고 연락을 해가지고 올라가게 됐던 거지. 전사섭 씨가 올라오라고 해서 간 거야.

장구 명인 전사섭

권 농악 하는 사람 말고는 또 기억나는 사람들 없어요? 선생님 또래에?

노 무용하는 애들 있었지. 최금정이 있었고 최희경이 있었고 다 기억은 안 나는데. 일본에 산다는 말도 있고, 걔네들이. 그때 한영숙 선생님도 북 가르키셨거든, 예술학교에서.

권 일본에 공연 간 팀들이 대부분 박귀희 선생님의 예술학교 선생님들하고 특기생들이 많이 있었겠네요?

노 그렇지. 한영숙 선생님은 오사카 만국박람회 하실 때 그때만 참여를 하셨어. 순회공연 처음 할 때는 같이 안 다니셨고 오사카 공연할 때 그때 오셨지. 한국관 오픈식 때 그때 오셨어. 채상묵 선생님은 두 번째 갔을 때. 그때는 강선영 씨가 계셨어. 강선영 씨가 무용단 단장이야. 71년인가 72년도. 무용단 단장은 강선영 씨, 거기의 제자가 채상묵 씨. 그니까 큰 선생님이 있고 그 밑에 총괄하는 부 선생님이 계시잖아. 그분이 채상묵 씨야. 참 잘 생겼었어, 날씬하고.

1970년 오사카 만국박람회 : 산업이라고 해봐야
보여줄 것이 없고, 우리가 공연으로 죽였다고.

권 그때 나이로 치면 열여섯, 중학생 나이밖에 안 되는데 혼자서 그러고 다니셨어요?

노 우리 엄마가 어쩐 줄 알아? 서울에 갔다와가지고 일본을 가는 오디션에 내가 합격을 한 거야. 50명이 시험 봐서 46명이 합격을 했어.

권 전사섭 선생님이 그 오디션도 보라고 한 거예요?

노 그럼. 처음에 그래갖고 갔는데, 나하고 금난이하고 합격이 됐어. 금난이가 나보다 한 살 많지. 나는 최연소자야. 그때 유지화 언니, 용순 언니, 오디션 보고 합격을 했어. 일본 가는 수속을 해야 되니까 전사섭 선생님이 가서 호적등본을 띠어오라는 거야. 그때는 호적이 있는 데 가서 떼어야 됐어. 내가 호적이 진안 성수면이야, 구신리. 옛날에는 남원에서 임실 관촌을 가가지고 거기서 버스를 타고 들어가서 진안 성수면을 가야돼. 내가 우리 엄마한테 가가지고 "엄마, 나 일본을 가야되겠으니까 호적등본을 좀 해달라고." 그러니까 우리 엄마가 깜짝 놀래네. 옛날에는 연락선 타고 가면은 안 왔잖아.

권 아 맞아, 옛날 일제시대 때.

노 우리 엄마가 나를 붙잡고 못 가게 하는 거야, 일본 가면 못 온다고. 연락선 떠나면 언제 올지도 모르고 그런 시대가 머리에 딱 있는 거야, 우리 엄마는. 그래갖고 "나는 딸이 하나뿐인데 네가 어디를 가냐고? 가서 언제 올지도 모르고 안 된다고." 우리 엄마가 나를 붙잡고 울고불고, 가지 말라고. 일본이라는 곳을 어릴 때부터 교육을 그렇게 받았잖아. 우리 엄마 때는 '일본 가면 못 온다, 연락선 타고 가면 못 온다.'는 이게 딱 새겨져 있는 거 같애. 몇 날 며칠을 울고불고 못 간다고 하면서 안 해줘. 그래 내가 살짝 도망을 가갖고 엄마가 안 해주니까 진안을 물어물어 버스를 타고 갔어. 근데 내가 면사무소에 늦게 도착을 해가지고 되돌아 나오는 차가 없는 거야. 그래갖고 호적등본은 떼었는데, 면사무소에 담당하는 아줌마인가 아가씨인가가 방을 얻어놓고 계시더만. 그래갖고 "우리 집에 가서 자자." 그때는 나도 어리니까. 그래갖고 호적등본 떼 갖고 서울에 가서 수속을 하고 일본을 갔잖아.

우리 엄마한테 일본에서 편지를 보냈어. 일본에 갔다고 편지가 오니까 우리 엄마가 깜짝 놀래가지고 우리 오빠를 붙잡고 울고불고 난리 났어. 엄마가 써갖고 편지를 부치면 도로 오고 자기가 쓴 거 다시 오고. 그때는 우편엽서 같은 게 길게 있어. 거기에다가 빽빽하게 써서 하나로 딱 접어갖고 무게를 달아가지고 보내거든. 아주 얇은 종이야. 형태가 있어갖고 딱 접으면 엽서처럼 되어 있어. 거기다가 편지를 쓰는 거야. 근데 한 달이나 지난게 우리집에서 뭔 편지가 왔어. 보니까 받는 사람을 잘못 쓴 데다가 우표도 잘못 붙여가지고 자기가 쓴

1969년 국제공인예방접종증명서와 노영숙의 여권　　　　　1969년 노영숙 여권 내부 사진

거를 도로 받고 도로 받고 그랬대. 하여튼 내가 일본을 갔다 오니까 우리 엄마가 안심을 하고 그랬지. 처음 갈 때 우리 엄마가 얼마나 울었다고, 못 가게. 현해탄을 건너고 이런 거를 상상을 못 했단 말이야.

그니까 우리가 일본을 갈 때 비자를 받을라면은 며칠씩 반공 교육을 받고, 거기서 소양 교육이라고 그러거든. 소양 교육증을 받아야 여권 신청을 하고 비자 신청을 하고. 여권 나오는 것도 쉽지 않았어. 소양 교육을 이틀인가 삼일인가를 받았어. 그걸 받고 증을 갖고 가야 여권이 나왔고. 옛날에는 중앙청에서, 청와대 있는 데 중앙청 있잖아, 앞에. 지금은 기념관으로 두고 안 들어가지만 옛날에는 그쪽으로 들어갔었다고. 중앙청에 가서 여권을 받으러, 다 데리고 가. 혹시 가짜일까 봐 얼굴 다 보여주고 다 면담하고. 얼굴 이 사람 맞나 안 맞나 확인하고 여권 주고. 하여튼 내가 생각하기에는 일 년 걸리다시피 했어, 수속하는데. 오래 걸렸어, 좌우지간. 우리 싹 모여 갖고 가는데도 재밌었구만. 일본 땅에 딱 발을 디뎠을 때, 재밌었어.

그때 유지화 언니, 용순 언니, 징치는 언니는 영순인가 그래. 이름이 용순이하고 영순이하고 비슷해. 김영순인가 그 언니, 금난이하고 나.

권　그분들은 전사섭 선생님이 팀을 만든 거예요?

노　그럼. 상쇠는 유지화 언니, 설장고는 전사섭 씨, 징은 영순 언니, 소고는 용순 언니, 금난이, 나. 여섯 명이다. 남원에서 공식적으로 해

오사카 엑스포 70 농악팀 사진
왼쪽 아래부터 시계 방향으로 유지화, 전금자, 김영순, 김용순, 박옥경, 노영숙, 정금란.
맨 뒤 남성은 재일교포, 앞의 중년 여성은 그의 부인이다.

외로 단체를 간 거는 내가 최초였어. 그니까 일본 갔다가 딱 돌아오니까는 강선화 씨가 나를 달리 본 거지. 그때부터 대접이 확 바뀐 거야, 나한테. 갔다 오니까 나 대단하다고 칭찬을 막 줘서, '왜 저러지? 갑자기 나한테?' 전에는 그 집 양딸 중에 내 친구가 있어. 우리 엄마 없을 때 내가 살짝 걔네 집에 가서 자고 그랬거든. 내 친구가 영숙이 왔다고 그러면 강선화 씨가 막 뭐라고 하고 그랬대. 그랬는데 내가 일본 딱 갔다 오니까 대접이 갑자기 바뀐 거야. 그전에도 개인적으로 외국에 공연을 간 사람도 있겠지. 그런데 공식적으로 우리나라를 대표하는 단체로서 갔기 때문에 대단한 거잖아. 그래서 남원에서는 최초지, 내가.

권　엑스포, 오사카 엑스포 70, 신문에 다 나고.

노　우리나라에서도 신문만 난 게 아니라 영화관 뉴스, 대한 뉴스에도 나오고 그랬지. 대단했지. 사실은 우리나라에서는 갖다 놓을 게 아무것도 없어, 한국관을 보면. 내가 그걸 어디다 뒀는데, 미국관에서 스탬프 찍은 거랑 다 있어, 나한테. 그때 당시에 미국관 구경 갔는데 두 시간, 세 시간씩 걸려. 우리 단체가 하루 관광하는 날이 있었어, 엑스포에 와서. 근데 어마어마해. 우리 한국관만 볼 것이 없어. 우리 산업이라고 해봐야 보여줄 것이 없고, 앞에다가 거북선 하나 딱 만들어놓고 그 안에는 박물관에서 갖고 온 옛날 유물 같은 거 갖다가 놓고. 고무신은, 인터넷 찾으면 나와. 말표 신발. 우리나라 최초로 말표 신발이 박람회, 엑스포 70에 나갔다고 나와. 인터넷 쳐봐봐. 그거 동영상도 어디 있어. 빨간 꽃신이야, 그게 고무신인데. 거기에 딱 찍혔어, 엑스포 70 기념이라고. 오죽 내놓을 게 없으면 그런 것을. 그래서 우리가 공연으로, 하루에 3회인가? 공연으로 죽였다고. 그때 46명인가 했으니까. 어마어마하게 많이 했지.

권　전체 단장이 그때 박귀희 선생님이었다고요?

노　우리 농악에는 전사섭 씨가 맡고 무용에는 한영숙 씨인가, 그때 한영숙 씨가 와서 북 쳤어. 하여튼 하루 종일 공연 했던 거 같애. 볼 게 없으니까. 우리만 나가면, 더더구나 농악은 확실히 세계적인 음악이야. 어디다가 내놔도 듣는 사람 몸이 절로 놀잖아. 그게 희한해. 그래서 내 평생 못 잊지만은, 그때 그 자부심이 어마어마했고 또 가장 긴장하고 떨었어. 그때 3월 15일 한국관 오픈날에 오사카에 약간 눈이 왔어. 춥고 떨리고, 아침 몇 시부터 나가서 공연을 했는가 몰라. 오픈하니까 오픈 테이프를 끊는 거니까 각국 나라 대표들을 초청해서 오는 거야. 그니까 내가 많이 떨었어. 각국 대표 앞에서 해본 적이 없잖아. 그래갖고 잊혀지지가 않지, 평생을. 그리고 미국관에 아폴로 11호가 와 있었어. 놀란 게 뭐냐면 밥 대신에 캡슐을 먹고 하는 게, 그때 당시에는 상상도 못 했을 때라. 69년도에 아폴로호가 갔다 왔잖아. 우리 대한민국에서도 텔레비전에 막 나오고 그거 한국에서 봤는데 일본에 와 있는 거야, 아폴로호가. 미국관에 갔는데, 얼마나 놀랬겠어. 칼라 영상으로 다 나오고. '역시 미국은 다르구나.' 달나라에 착륙한 거 경중경중 뛴 거 이런 게 다 나오고 있으니까 미국관이 인기가 최고였지. 거기 들어갈라고 두 시간 세 시간씩 기다리고 있어. 나한테는 강렬하지. 평생을 못 잊는 거지, 그 장면은.

일본 순회 재일교포 위문 공연 ① : 전국을 다 다녔어,
일본 북해도, 삿포로, 아키타, 안 다닌 데가 없어.

노   식당에서 내가 앉을 자리가 없는 거야. 이쪽에 전사섭 씨하고 우리 선생님들하고 앉아서 밥을 먹을라고 있는데 "나는 어디 앉아?" 그랬더니 김일 선수가 얼른 자기 옆에 의자를 가져와가지고 "아가씨 이리로 앉아." 의자를 주시는 거야. 나는 너무 좋아가지고. 그때 레슬링 선수 하면은 우리나라뿐만 아니라 일본에서도 김일 선수는 아주

끝내주는 사람이었어. 70년도 그때는. 69년도에서 70년도 그 사이에 있었던 일이야. 오사카에서 공연을 했지만 프로덕션은 도쿄야. 박귀희 선생님 프로덕션이야. 그때 처음으로 김일 선수 손을 만져봤어. 악수를 하는디, 나를 이리로 앉으라면서 빨깡 들어다가 앉혀놓는 거야. 근게 내가 열다섯, 여섯 살 먹었으니까 애기지, 자기가 봤을 때는. 근데 귀를 이렇게 딱 보니까 귀가 뭉텅귀야. 그런 거 처음 봤어. 가까이에서는 처음 보잖아. 손도 보니까 그냥 손이 아니고, 무쇠라고 해야 될까? 딱딱해서 뭐를 많이 해서 막 딱딱해. 덩치는 되게 크잖아. 그니까 그런 기억들. 또 장훈 선수, 야구선수, 재일교포 야구선수. 하리모토라고 장훈 선수 있어. 재일교포인데 일본에서 최고의 야구선수였잖아. 70년대에서 80년대 일본에서 하리모토야. 그 사람도 만나가지고 손을 만져봤는데, 손바닥 가죽이 딱딱한 무슨 나무 같애. 하도 배트를 쥐어가지고 손바닥이 딱딱해.

그러니까 나는 어렸을 때부터 유명한 사람 다 봤고 다 만나봤고. 지금도 잊어버리진 않는 게 김정구 선생님, "두만강 푸른 물에" 부른 김정구 선생님이랑 처음 일본에 같이 갔잖아. 우리가 탁 무대에서 리허설을 하고 있는데 큰 온천 같은 데인데 우리 단원들이 다 갔어, 그 몇 십 명이. 무지하게 커, 하와이랜드 같은 그런 데야. 근데 막 리허설을 하고 있는데, 객석에서 김정구 선생님이 쳐다보고 있고 그랬어.

권 그분은 그때 연세가 많으셨겠네요?

노 연세가 많으신데 인기가 참 좋았어, 재일교포들한테. 인기가 교포들한테 얼마나 많은지 술집에 가서도 인기가 좋고. 입담이 그렇게 좋아. 아주 남자고 여자고 다 녹여버려, 입으로. 그렇게 입담이 구수해. 근데 고운봉 선생님은 또 완전히 반대야. 그렇게 얌전해. 팬이 선물 주는 것도 부담스럽다고 그러고.

권 지화자 씨나 이은관 선생님 같은 국악인들하고 대중가요 가수들이 같이 무대를 만드는 기회가 많지 않을 것 같은데요? 그때는 그게 자

재일교포 위문공연 당시
왼쪽부터 경기민요 명창 지화자, 가수 고운봉, 노영숙, 서도민요 명창 이은관

연스러웠나 봐요?

노　그거는 재일동포 위문공연이기 때문에, 같이 뽑아서 한 단체로 묶어서 다니기 때문에 자연적으로 어울리지. 차도 같이 타고 다니고. 그런 공연을 전국을 다 다녔어, 일본 북해도, 삿포로, 아키타, 안 다닌 데가 없어.

권　그럼 처음에 70년도에 들어가서서 얼마 동안 일본에서 다니신 거예요?

노　4개월인데, 4개월 동안에 매일 공연을 다녔으니까, 이동하면서. 동경에 와서 쉰 날이 하루 이틀 쉬었나.

권　플랜카드에는 뭐라고 써 있어요?

노　재일동포 위문 공연. 내 사진이 어디에 있을 거야. 어딘가 사진이 있어. 두 번째 갔을 때는 박귀희 선생님이 쇠를 치셨거든. 창 하는 애들이 별로 없으니까, 박귀희 선생님이 "저 쑥국새가 울음 운다.", 이렇게 파트를 나눠서 하는 거 있어, 농악을 치다가. 그거 안무를 박 선생님이 해가지고 하는데 둘씩 나가가지고 하는 거 있었어. 박 선생님이 쇠 치신 적 있어, 72년도인가 3년도에.

권　그때는 일본에 또 나중에 들어갔을 때에요?

노　박 선생님이 그때 일본에서 프로덕션을 했었거든. 남편이 히라노마 상, 교포야. 교포인데 박귀희 선생님 남편이 프로덕션을 한 거지. 일본에서, 그래서 한국의 단체를 모집해서 일본을 데리고 온 것이 그 단체야.

권　그럼 나라에서 보낸 게 아니고 개인 사업으로?

노　개인 단체. 나라에서 보낸 거는 아닌데 나라에서 관여를 해야 돼. 오사카 만국박람회니까. 개인이 보낼 수가 없잖아. 그래서 그 단체를 초청하고 관리하는 프로덕션이 박귀희 선생님 남편이 하고. 오사카 만국박람회는 국가에서 하지만 그때 기간만 국가에서 관계를 하고 나머지는 이 프로덕션에서 전국으로 순회도 하고 어떤 클럽에서 몇 사람을 오라고 하면 클럽에도 보내주고. 가수나 이런 사람들. 그러니까 엔터테인먼트사야. 딱 엔터테인먼트사. 내가 박 선생님 단체를 세 번인가 갔거든.

권   70년도 하고 또 언제 가신 거예요?

노   칠십일 년도에서 칠십삼 년도 그렇게 갔으니까. 박귀희 선생님이 나를 참 이뻐하셨어.

권   그러니까 국가에서 박람회 때 파견한 거 말고도 일본에 들어간 김에 공연단으로?

노   일본에 들어가 있는 단체 말고 또 다른 거를 할 수가 없잖아. 그때만 해도 반공 소양교육이라고 해가지고 삼일씩 받았잖아. 일본의 큰 클럽이고 큰 무대는 우리가 다 뛰었지.

권   버스 한 대면 한 50명 정도?

노   그 정도, 우리가 46명이 합격했다니까. 그때는 서울만이 아니고 대구에서 유명한 무용 선생이 있어. 그 사람도 왔고, 많았어. 무용 선생 채상묵 씨도 같이 다녔어. 채상묵 씨는 두 번째에 다녔던 거 같애. 강선영 씨 제자잖아.

권   마흔여섯 명 중에서 농악단원이 5~6명 그랬겠네요?

노   그것 밖에 없었어.

권   퍼센트로 따지자면 9분의 1이잖아요.

노   그것도 쟁쟁한 사람들만 갔지.

권   많은 종목이 있는데 농악 하는 사람이 그중에서 그렇게 많이 간 거잖아요.

노   그런가? 아 전금자 언니도 있었다. 열두발, 전사종 씨 딸. 중간에 창으로 바꿨지만. 이 나이에 농악은 못 뛰잖아. 창으로 중간에 바꿨지만 그 언니도 갔었어. 열두발 상모. 굉장했었어, 그때는. 그니까 오사카 만국박람회 했을 때 극장 대한 뉴스에도 나오고, 오사카 한국관 개관 기념 공연에 대해 나오잖아. 기록에 있고 또 『선데이 서울』인가, 거기에도 나왔고. 코리아 뭔 잡지, 하여튼 그때는 우리나라에서 외국에 만국박람회 나와서 공연하는 게 처음이었으니까, 대대적으로 나왔지.

권　기사 봤어요, 신문에서.

노　나는 갔다 와서, 영화에 우리 농악 출연하고 그랬어. 영화배우는 아니라도 영화에도 나왔어.

권　무슨 영화에 출연을 어떻게?

노　「청춘무정」이라고, 문희하고 신성일 나오는 영환데, 그 영화가 히트는 못 쳤어. 김수용 감독이 했었거든. 거기에 있고 나 TBC에도 출연했었어. 옛날 동양방송, 농악으로. 전사섭 씨가 장구 치고. 돌아가다가 넘어졌어, 내가. 생방송이잖아.

권　언제예요? 70년대예요? 동양방송 생기고 나서?

노　그때가 배일집 씨가 장쇠로 나왔거든. 「장화홍련전」에 배일집 씨가 장쇠, 장화홍련이 오빠로 나왔어.

권　창극하는 데에요?

노　그런 거였던 거 같애. 자세히는 모르는데 옛날에 내 고향 얼씨구인가 그런 프로였던 거 같애. 그때가 69년도인가, 8년도인가. TBC가 종로 비원 앞에 있었을 때. 아냐, 비원 앞이 아냐. 시청 앞에 있었을 때.

권　그래갖고 텔레비전 방송도 하시고.

노　그래도 서울에 있을 때는 내가 왔다갔다 날렸어. 연예인 축구대회도 공연하러 다니고. 나는 기록을 안 해놔서 그러지 뭐 많아. 걸스카우트 대회 그런 데에서도 공연 많이 했고. 용배랑 다니면서 많이 했고. 세계 걸스카우트, 그것도 자료 찾으면 있을 거야. 68년도 9년도 자료, 세계 걸스카우트가 우리나라에 다 왔어. 우이동인가 어딘가에서 다 텐트 치고 다 했을 때 그때 공연도 하고. 나 기록에 많을 텐데 내가 몰라.

권　그렇게 김용배 선생님이랑 공연하실 일도 있었네요.

노　용배랑 같이 했어.

권　농악이 다르잖아요. 그분들이 하는 거랑. 별로 문제가 없어요?

노　달라도 길게 하는 게 아니라 잠깐 하는, 몇 소절씩 몇 소절씩 해서

1970년 한일협정 5주년 기념 특별친선공연 연회장 앞에서

　　끝나니까.

권　그러면 삼채 같은 걸로 해가지고?

노　응, 잠깐 하고 마니까. 길게 하는 게 아니니까.

권　선생님은 소고를 하시고?

노　나는 그냥 따라만 댕기면 돼. 내가 리더가 아니니까.

권　거기에서 반주해주면 반주 맞춰서 하시고?

노　그럼. 연예인 운동회에도 농악 우리가 나가서 하고. 크고 작은 기록
　　들이 많아. 그런데 내가 그런 걸 기록을 안 해서 모르고. 아까 그 극
　　장 공연 무료잖아. 사진 보면 "한일협정 5주년 기념 특별 친선 공연
　　입장 무료" 이렇게 무료였어. 조총련들도 다 와, 구경하러. 그러면 공
　　연 끝나면 개네들도 반가우니까 나한테 와가지고 "동무, 수고했어."

막 난리를 해. 그러면 내가 "아니요, 동무 아니요, 친구요."하고 도망 가. 교육을 그렇게 받아갖고 동무라고 하면 질겁을 해갖고 도망가는 거야. 하여튼 매사에 조총련들하고 안 부딪힐라고 노력을 많이 했지.

일본 순회 재일교포 위문 공연 ② : 여기는 외국이야.
일본 사람이 봤을 때는 네가 대한민국이야.

노　우리 일본에서 공연할 때 에피소드가 많아. 일본에는 우리나라보다 발전된 게 뭐냐면 무대가 밑으로 내려가는 무대가 있어. 우리가 실제로 겪은 일이야. 박귀희 선생님 단체에서 일본 어디 지방 극장이었는데, 그때는 가수가 있으니까 밴드가 있는데 이 밴드가 오케스트라 같애. 한 30명이 보통 기본으로 있어. 근데 리허설을 하잖아. 리허설을 하는데 우리가 무대에 서 있으면 무대가 샥 올라와서 공연을 하고 마지막 끝날 때 무대가 내려가는 거야. 근데 통역을 잘못 해가지고, 그때는 채상묵 선생님도 있었고 누구도 있었는데 하여튼 일본말을 잘 하는 것도 아니고 알아듣는 거는 알아듣고 모르는 거는 모르고. 일본에서는 인사를 세 번을 해. 왼쪽, 오른쪽, 가운데. 이렇게 세 번을 해. 출연진들이 마지막에 무대에 쫙 서잖아, 다 나와서. 그러면 무대감독은 "무대에 그대로 있어라. 무대가 밑으로 다 내려가면 그때 싹 나와라." 그렇게 얘기를 했는데, 우리 듣는 쪽에서 뭐라고 들었냐면 "인사가 끝나면 무대가 밑으로 내려갈 테니까 그 전에 무대에서 나와라." 이렇게 들은 거야. 우리는 그렇게 알아들었어.
　　인사가 딱 끝나니까 무대가 밑으로 내려가네. 그러니까 얼른 나와야 될 거 아냐. 막 뛰는 사람, 다다다 양쪽으로 막 뛰고. 근데 미처 못 나와서 '어어어, 들어가네.' 하면서 잡아당기고. '어떡해, 어떡해.' 가랑이가 걸쳐져 있고. 개판이 돼버린 거야, 개판이. 그래가지고 난리가 났네, 무대감독하고. 무대 막도 안 내리고 객석에 사람은 다 있는데. "가만히 있어라. 그러면 커튼이 닫히면서 무대째로 밑으로 내려가니까 그때 나가라." 그 말이었는데 "무대가 내려가니까 그 전에 나와라." 이렇게 알아들은 거야. 난리가 났잖아. 끝나고 미팅을 당해가지고 얼마나 혼이 났는지 말도 못해.

그리고 우리는 지금도 기억나는 게 박귀희 선생님이 우리를 뭐라고 그러면 큰 강당에다 놓고 딱 앉아서 뭐라고 하시네. 우리는 애국심에 대한 교육을 얼마나 가르쳤는지 몰라. 그리고 또 어떤 일이 있었냐면 화장실 양변기를 써봤어야 말이지. 그러니까 어떤 한 사람이 신발을 신고 올라가서 일을 본 거야. 그것 때문에 미팅이야. 전부다 오라고 해가지고 강당에서. "너희들이 너 한 사람은 그냥 사람이야. 근데 여기는 외국이야. 그럼 너 한 사람이 일본 사람이 봤을 때는 네가 대한민국이야. 너 하나가 대한민국을 대표하는 사람이야. 그러면 너 하나 때문에 대한민국이 욕을 얻어먹어." 그렇게 가르치는 거야. 그러니

한국민속가무예술단 특별공연
전립을 쓰고 앞자리에 앉아 있는 사람이 박귀희 선생이고, 채상모를 쓰고 서 있는 사람이 노영숙이다.

까 행동을 조심해라. 말 한 마디, 걷는 거, 모든 행동 하나하나 조심해
야지. 네가 대한민국 대표다. 그 말이 맞잖아. 딱 앉혀놓고 미팅을 해.

권 박귀희 선생님보다 연세가 많은 분들은 없었어요?

노 많다고 해봐야 전사섭 씨하고 박 선생님하고 비슷할 걸? 그때 명동
극장, 명동극장 유명하잖아. 최고로 쳐줬어. 그 극장에서 50명이 오
디션을 봤는데 46명, 네 명이 떨어졌구나. 떨어지고 46명이 합격을
해가지고 박귀희 선생님 단체로 가게 됐는데. 하여튼 가요에서부터
다 합쳐서 46명이야. 어린애들은 인자 나랑 해서 몇 명이나 될까?
그래도 제법 있었어. 그 외에는 다 어른들이고. 강선영 씨도 있었고
채상묵 씨도 있었고, 유명하신 분들 많았지. 어른들 빼놓고 애들끼
리, 최금정이도 일본에서 시집가서 살고, 우리 예술학교 애들. 최경
희, 최금자, 대구에서 온 애들도 있었고. 걔들은 무용. 다 기억은 안
나는데 하여튼 잘못했다고 하면 다 미팅이야. 내가 그렇게 교육을
받아서, 내가 책임진 애들은 일사불란하게 움직여. 딱딱 역할을 분
담을 시켜. 그런 교육을 다 박귀희 선생님한테 받은 거야.

우리가 어렸을 때 누구를 만나냐에 따라서도 자기 일생이 좌우
되는 거고. 여성단체에서는 한종식 씨, 한 단장님. 그분이 잘 생기
기도 했지만 상당히 유식하신 분이야. 딱 우리 앉혀놓고 무릎 꿇으
라고 그래. 아 그거 싫어. 몇 시간을 그러면 다리 쥐가 나. 아파죽겠
어. 몇 분에 끝나는 게 아니라 보통 한두 시간은 기본이야. 잔소리
를 해쌌는 게. 인간이 해야될 도리를 가르치는 건데 그때 우리는 그
걸 아냐고. 모르잖아. 몇 마디 하고 말면 되는데, 어떻게 살아야 될
것인지 그런 얘기를 장장하게 늘어놓으니까 힘들지, 그때 당시는.
근데 내가 자라서 어른이 되고 사회생활 하고 하면서 그분들의 영
향이 있더라 이 말이야. 교육의 영향이 있다는 얘기지. 그러니까 어
디 가서 허튼짓 안 하고 남한테 욕 안 얻어먹게 생활 할라고 노력하
는 게 그런 분들의 영향이 있어.

박귀희 선생님은 미팅에서 그렇게 엄하시고 그러지만 사적으로는 얼마나 또 잘해주시는지 몰라. 나를 그렇게 이뻐하셨어. 참 훌륭하셔. 우리나라 국악예술학교가 생기기까지는 박귀희 선생님 노력이 많이 있었어. 그 학교가 생기기 시작할라고 할 때는 이승만 대통령 때 그때는 비원 앞에, 어디 책에도 나오잖아. 박초월 선생님하고 몇몇 분들이 뜻이 합해져가지고 처음에는 학원 비슷하게 생겼고. 내가 알기로는 비원 앞에 있을 때는 중학교까지 있었고, 고등학교가 이문동으로 정식으로 인가 나서 학교가 생기면서 거기서 예술고등학교가 생겼어. 그것이 중앙예술대학교까지 생기게 된 계기가 된 거지. 박 선생님이 참 현명하시고 훌륭하신 게 후배들을 가르쳐야 된다는 거를 굉장히 깊게 생각하셨고 자기 사재를 털어서, 운당여관 팔아가지고 중앙예술대학교에 기부를 많이 했던데. 대단한 분이야. 말씀하시는 거는 걸걸하시고. 생긴 모습은 여성적이신데 하시는 일은 남성적이야. 굽힘이 없고 할 말씀 다 하시고. 경상도 어딘가 그래. 경상도말 하셔. 경상도 분이 또 그렇게 창을 하고 국악을 한다는 것도 드문 일이고. 경상도 출신이야.

1970년대의 활동 ①: 노영숙이가 얼마나 채상을 잘 했냐면 나는 어디를 가나 채상 하나면 끝이었어.

노   백구단체, 백구여성농악단을 내가 간 적이 있어. 일본 갔다 와서. 김영규 씨가, 정분이 아버지가 한 달을 넘게 좇아다녔어, 나를. 왜냐면 간판스타로 쓸라고. 그때는 그게 유행이었거든. "누구누구 동남아시아 공연을 마치고 귀국하다."

권   그게 진짜 그런 일이 있었다면서요? 나는 그게 그냥 하는 말인 줄 알았더니 진짜로 간판에 써서 붙였다면서요?

노 간판에 내 이름이 "일본 오사카 EXPO 만국박람회 공연 마치고 돌아오다. 노영숙." 있었다니까.

권 그러면 극장 앞에다가 그걸 써 붙여요? 영화 간판 붙이듯이?

노 그럼. 그게 간판, 선전이잖아. 그래갖고 백구단체를 몇 개월 다닌 적이 있어. 한 달만 다니고 가라고 그러더니 몇 달이 가도 안 보내 주는 거야. 그래갖고 결국 춘천에서 도망가 버렸지.

권 그럴 때는 계약서를 써요? 아니면 말로 그냥?

노 그런 거 없어. 말로. 지금처럼 말로 똑부러지게 계약서 쓰자, 이런 거 없어. 케라도 그때 당시에 오천 원씩이었어, 한 달에. 그랬던 거 같애. 최고의 돈이었어.

권 하긴 선생님 그 전에는 춘향단체에서는 월급도 안 받으시다가 백구 에서는 케라 받으시고. 그래가지고 간판에다가 이름 써 붙이고.

노 간판에다 쓰고, 간판스타였어.

권 진짜 간판, 말 그대로 간판스타구나. 간판에다가 쓰는.

노 그걸 하기 위해서 나를 한 달을 쫓아댕겼다고. 안 간다고, 나는 그런 단체 안 간다고. 이미 나는 외국 갔다온 데다가 서울 물을 먹었기 때문에 내가 싫은 단체 가겠냐고. 안 가지. 그런데 쫓아다녀. 그때가 남원 4월 초파일에 단체가 들어와 가지고 우리 집에 계속 쫓아온 거야. 계속 섭외하러 온 거지. 하도 와서 사정을 하니까 그럼 한 달만 봐주겠다, 하고 갔는데 몇 달이 되어도 안 보내줘. 그래갖고 춘천에 가서 도망간 거야. 그때 강병철 씨랑, 선희랑 같이 있었어. 이부산이 있었고, 정분이도 있었고.

권 이부산 씨 아버지도 계시고?

노 응. 다 다녔어. 이부산이 동생이랑 다 다녔는데.

권 이부산 씨 동생도 장구 쳐요?

노 아니, 상모 했었어, 잠깐. 계속은 안 하고. 이름도 잊어버렸는데, 희미한 기억들이야. 그래갖고 서울로 도망갔어. 그때가 70년도였고,

71년도인가 또 다시 일본에 갔어. 박귀희 선생님하고 단체로.

권　오사카 갔다 오서서 또 잠깐 활동하고 다시 또 일본으로, 박귀희 선생님 팀으로.

노　가서 또 그때 전국의 극장 돌고. 박 선생님이 나를 엄청 예뻐하셨는데. 버스 타고 다니면서 껌 파는 식으로 "신사 숙녀 여러분" 해가지고 그런 거 하고 카우보이 모자 갖고 걷으러 댕기면 돈은 안 주고 맨날 먹을 거만 주고. 박 선생님이 운전석 바로 뒤에 앞에 앉아계시는데 "어이, 자네는 이리로 와." 나를 자기 옆에다 앉혀놓고 운전수자니까 이야기 좀 하라고, 나보고. 웃기는 이야기 좀 하라고. 내가 철도 없었지만 좀 웃기는 기질이 있어.

권　선생님 그때가 몇 살이에요?

노　열일곱, 열여덟. 내가 서울에 있을 때 만담도 할라고 그랬지, 코미디도 할라고 그랬지. 그때는 장소팔 씨 말고 김영운[2] 씨가 있었어. 고춘자하고 김영운 씨하고. 장소팔 씨하고도 다녔지만 장소팔 씨하고 김영운 씨하고 콤비를 많이 했거든. 그래갖고 콤비를 만들어줬는데 김천만이라고 코로 피리 부는 애가 있어. 김천만. 어딘가 텔레비전에 한번 나오더라. 이제는 활동 안 해. 김영운 선생님이 콤비로 하라고 해줬는데 얘가 연습은 안 하고 나한테 빠져가지고 맨날 연애질만 할라고 그러는 거야. 그래갖고 안 했어. 만담도 할라고 그랬고 코미디도 할라고 그랬고, 한 거 많아. 그때는 서울에 국악인들이 그렇게 많지 않고 종로에는 그 사람, 그 사람, 눈 뜨면 보는 사람들이기 때문에. 그때 서울에 올라가서 한참 있었지. 70년대니까.

권　그때 서울에서 방송 출연은 별로 안 하셨어요?

노　TBC,[3] 내가 얘기했잖아, 코미디언 배일집 씨하고 TBC 공연 나간 거.

2　만담가 김영운으로 남원국악원의 판소리 선생 김영운과는 다른 인물이다.
3　동양방송, 'TongYang Broadcasting Company'의 약자이다. 1964년 개국되어 1980년까지 존재했던 던 민영방송이다.

권   생방송 중에 넘어지셨다고.

노   나는 그거 생방송인지도 몰랐지. 옛날에는 필름이 별로 없으니까. 그래갖고 나는 넘어져서 그냥 따라갔는데 누가 그러더라고, 텔레비전을 보고. "너 왜 넘어졌어?" 여기 저기 공연도 많이 하고 출연도 많이 하고 영화배우들 축구대회할 때도 공연도 하고 많이 했는데 내가 어리니까 그런 데 관심이 없었어. 수집하고 기록하는 데 관심이 없었어. 어딘가에는 내 사진들도 많이 돌아다닐 거야. 근데 오사카 만국박람회는 기록에 있을 거야.

권   국내에서도 가수랑 연예인이랑 같이 그렇게 다니는 단체가 있었어요?

노   있었어, 장소팔 씨 단체. 장소팔 씨가 단체를 해서 다니면, 흥행 단체, 쇼 단체. 단체를 갖고 다니면, 우리는 그때 서울에서 있었는데. 장소팔 씨는 자기 단체에서 있고. 큰 행사가 또 생기잖아. 그 행사에 필요한 인원들을 요청을 하면 전사섭 씨가 우리를 데리고 가. 국악, 농악 이런 게 필요하면. 내가 전사섭 씨 집에서 자고 먹고 아버지 삼아서 있었어. 단체를 가면, 옛날에는 충무로나 명동 요쪽에 가면은 다방이나 이런 데로 단체가 모여. 소문이 나. 누구를 모집한다더라, 그러면 다 가는 거야. 단체를 구성할 때. 종로에는 단성사 뒤에 백다방인가, 백봉다방인가 뭐 있어. 연예인들이 모이는 다방이 있어. 그러면 인자 그리로 가. 이번 단체는 어떤 팀들이 모여서 가자. 가수도 모집하고 국악인도 모집하고, 장소팔 씨 같은 경우에는 자기하고 고춘자를 데리고 가든지 만담하는 사람, 콤비를 데려가고. 그래서 단체 구성이 딱 되면 공연하러 가는 거야. 옛날에는 쇼 단체가 흥행을 많이 했지. 텔레비전이 나오기 전에는 쇼 단체가 극장에서 많이 했잖아.

　　나 한번은 이런 일이 있었어. 대전에 장소팔 씨가 우리를 데리고 갔어. 영화배우 장혁이라고 있어. 액션스타인데 그런 사람들 끼어서 가는 거야. 그분이 그렇게 인기가 있는 분은 아니야. 대전 운동장, 큰 운동장, 그때는 무대를 희한하게 만들었어. 우리가 타고 간 버스 앞

오사카 박람회 이전 무용가 정민의 히로시마 자택에서
왼쪽부터 유지화, 전사섭, 김용순, 김영순, 아래 노영숙

에다가 바로 무대를 만들었더라고. 그니까 버스에서 나오면 무대야.

권 재일교포나 일본인들 상대하는 국악공연이 많았어요?

노 많았어. 70년대에 많았어. 서울에 내가 일본 갔다 와서인데 거기가
대원각인가? 옛날에는 밴드 악단이 있듯이 국악 악단들도 있었어.
큰 요정 이런 데는. 지금은 한식집으로 다 바뀌었드만. 청운각, 대
원각, 선운각, 삼청각, 이런 데서 아르바이트를 했거든. 관광객이 70
년대에는 어마어마하게, 하루에 수천 명씩 왔어, 일본에서. 우리
방마다 국악이 가서 뛰느라고 너무 바빴지.

권 아니 근데 홀이 그렇게 넓어요?

노 홀이 아니고 한식집인데 한 채씩 뚝뚝 떨어져 있어. 한 채씩 독채로 떨어져
있고 방은 칸이 다르고. 하루에 열 몇 개씩 방을 뛰고 그럴 때도 있었어.

권 상모, 농악을 할 수 있을 만큼 장소가 넓어요?

노 그럼. 요정인데 어마어마하게 크지. 조그만한 데서는 할 수가 없지.

점프도 돌고 그러는데, 방에서.

권　호텔 무대같이 생겼나 봐요?

노　아니 무대는 아니야. 방인데 넓어. 몇 백 명씩 받고 그래. 방석, 요정인데. 우리나라에서 삼청각, 대원각, 선운각, 청운각, 최고로 좋은 요정이야. 청운각은 청와대 옆인데 거기도 산에다가 한옥을 뚝뚝 한 채씩 지었기 때문에 독채로 하나씩 있지. 그때 당시는 관광객들이 기생관광이라고 했나? 하루에 몇 천 명씩 들어왔어. 그때는 우리 국악인들도 팀을 두 팀 정도 해. A팀 B팀 해가지고, 한 팀은 이쪽으로 가고 한 팀은 저쪽으로 가고. 바쁘니까. 이 방 저 방 뛰어야 되고, 동시에 사람들이 몰리기 시작하고 시간대가. 밤에 바쁠 때는 6시부터 9시 10시까지 뛸 때가 있거든. 두 팀씩 이렇게 해가지고, 그러니 얼마나 요정이 크냐고. 밴드들도 세 팀 네 팀인데.

권　호화 나이트클럽 영업하듯이?

노　호화 나이트클럽은 게임도 안 돼. 집이 엄청나. 산 속에 별채가 한 채씩 있는데.

권　내가 모르는 세상이 있고만요?

노　응. 어마어마해. 우리 그때 돈도 어마어마하게 벌었어. 한 방에 얼마씩. 케라는 정해져 있어. 우리 팀이 보통 다섯 명, 여섯 명 정도 되거든. 그때는 창하고 가야금 하는 사람이 있고, 나 있고, 또 대금 있고 장구 있고, 아쟁인가 있고. 하여튼 대여섯 명이 돼.

권　선생님은 주로 춤?

노　아니, 그때 당시는 농악. 그니까 노영숙이가 얼마나 채상을 잘 했냐면 나는 어디를 가나 요거 채상 하나면 끝이었어. 다른 거 할 필요도 없어. 그니까 뒤도 앞도 안 봤어, 그때 당시에는. 돌아가신 윤대봉 선생님이, 우리나라에서 최초로 가야금으로 재즈를 하신 분이 있어. 「Danny boy」도 하고, 그분 지금도 머리에 생생하게 기억나는데. 우리 전사섭 씨 집에서 살면서 뒷집에는 윤대봉 선생님 살고 앞집에는 전사섭 선생님이 살았는데, 비원 옆에서. 그분이 윤대봉 씨라고 우리나라에서 최초로 가야금으로 재즈를 하신 분이야. 가야금으로 「Danny boy」를 한다니까. 내가 맨날 보는 양반이었어. 그분이 삼청 각인가 어디에서 하실 때 내가 농악 공연을 갔거든. 그분이 가야금으로 연주하고 계실 때 내가 했거든. 그니까 그분이 "야, 너 진짜 기가 멕히다. 쪼꼬만한게 어찌 그렇게 기가 멕히게 뺑뺑 잘 도냐?" 그러셨던 분이거든. 일찍 돌아가셨어, 당뇨로. 그분이 가야금으로 아주 대단하신 분이었거든. 가요를 다 가야금으로 하신다니까. 사람들이 가야금으로 그렇게 한다는 것은 상상을 못 했잖아. 그니까 인기가 그것 때문에 많은 거야, 윤대봉 선생님이. 기가 멕히다니까.

1970년대의 활동 ② : 남원 사람들이 나를 모르는 사람들이 없더라고. 어이, 귀덕이네! 어이, 마당쇠 해쌌고.

노 국악협회에 유명하신 분이 있는데, 그분이 협회장일 때 뭔 얘기 끝에 보니까 "노영숙 씨, 밀린 회비 낼라면 돈 많이 들겠다고." 68년부터 몇 십 년을 내야하니까. 그래서 "나 안 할래, 탈퇴할래." 농담처럼 그랬어. 내가 국악협회 회원이 일찍 됐거든.

권 여기는 어디에요?

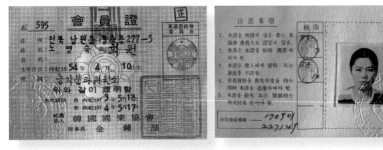

국악협회 회원증 (앞, 뒷면)

노　이건 남원 광한루 안이야. 완월정.

권　이때 남원 광한루 완월정에서 뭣 때문에 공연을 하신 거예요?

노　4월 초파일.

권　춘향제 때. 근데 사람 진짜 많다.

노　그니까 국악협회에서도 보더니 사람들 지금보다 더 많다고.

권　이 사진을 어떻게 찍었대요?

노　그때 아마 문화공보부에서 찍었을 거야. 공보부에서 찍어서 나를
준 거지. 개인이 그렇게 못 찍어. 딱 돌아가는 거가 정확하게 나왔
잖아, 얼굴이. 그 폼이 딱 영화에 나오는 한 장면이야. 내가 속초인
가 어디에 강원도로 공연을 갔는데 극장에 내 포스터가 딱 붙어있
는 거야. 이 사진은 아니고 이런 포즈로. 지금 같으면 그 사진 달라
고 극장에다 얘기했을 거야. 그때는 그냥 지나쳤지. 김수용 감독의
「청춘무정」⁴에 잠깐 출연을 했었거든. 영화가 별로 히트를 못 쳤어.
문희, 신성일 나왔었어. 이게 이 사진 연속이야. 올라가기 전에 완월
정 뒤에 있잖아.

권　이때도 꽃이 엄청 컸네요, 앞에 이마에.

노　여성농악에서는 꽃이 그렇게 커.

권　끈 밑으로, 묶는 끈 말고 밑에다가 뭘 하셨는데요? 훈령끈이라고 하
는데요, 남자들은.

노　응, 그거야. 여자들은 그게 꼭 있어서 감추고 있는 게 좋더라고. 근
데 남자들은 없더만. 묶은 끈이 풀리면 이게 받쳐서 뒤로 넘어가지
않고 걸치잖아. 그리고 이게 딱 있으면은 각이 예쁘게 나와. 이게
받쳐주고 이걸 짬맬 때 그 안에다 넣고 짬매면 안 아파. 나는 그게
있어야 돼. 그게 없으면 안 돼. 안정감이 없어.

권　선생님 창극도 하셨잖아요. 강도근 선생님이랑 남원국악원에서 창

4　김수용이 감독하고 신성일, 신영균, 문희가 출연한 1970년에 개봉된 한국영화이다.

남원 춘향제 공연을 기다리며 (광한루에서) (위)
춘향제 때에 광한루 완월정에서 공연 중인 노영숙 (1972년경)
건너편 보이는 곳이 양림단지로 현재의 남원 관광단지이다. (아래)

극 연습하는 사진 있잖아요.

노 응. 이때 노영숙이 참 괜찮았어. 한참 남원에서 인기 있어갖고 남원에서 좀 논다 하는 남자들이 다 내 팬이었어. 그때 정화 언니가 곽씨 부인을 했어. 내가 귀덕이네를 했으니까. 심청이를 낳고 곽씨 부인이 바로 죽었잖아. 그래서 젖동냥해서 길렀잖아. 그때 산후바라지를 하는 게 귀덕이네야. 애기 낳았을 때 내가 첫국밥 해주고 뭐해주는 게 내 역할이었어. 곽씨 부인은 큰 역할이 없어. 애기 낳고 죽으니까. 근데 내가 그 역을 다 살려야 됐던 거였어. 그러고 그게 인기가 너무 많아가지고 극장이 미어지고 사람이 들어오지를 못해가지고 길가에까지 서 있고. 남원극장에서 했거든.

내가 그 뒤로 정화 언니한테 물었는데, 나는 어렸으니까 잘 모르잖아. "그때 무슨 연극이었고 우리가 왜 연극을 했고 나를 그때 왜 케라를 안 주고?" 그런 거를 물어봤던 거지. 그랬더니 그건 남원국악원에서. 그건 남원에서 일 년에 우리가 한두 번 씩은 어떤 행사를 해줘야 하는 조건이었던 가봐. 왜냐면 우리가 남원 광한루 안에 국악원이 들어가 있었잖아. 지금 그네 뛰고 하는 데, 거기가 국악원이었어. 그네 뛰는 바로 옆에가, 박물관 되어 있는 데가. 근데 그런 역할로 해서 우리가 남원에서 국악원생으로서 공연을 하게 됐고 춘향제 지내는 것도 우리가 하게 되고 광한루 무슨 공연 있으면 우리가 하게 되고, 다 했어.

그니까 나를 남원 국악원생으로서 써먹은 거지. 그래서 나를 케라를 안 준 거야. 내가 "언니, 케라 받았어, 안 받았어?" 물었더니 "기억은 안 나는데 아마 안 받았을걸." 그렇게 얘기를 하더라고, 정화 언니. 연례행사처럼 일 년에 몇 번 공연하고. 그 대신에 선생 월급도 나가야 되고 운영할 수 있게 그런 조건이 있지 않았나, 그런 생각이 들어. 그런데 우리한테는 케라가 없는 거야. 그래서 연례행사처럼 일 년에 한두 번 군에서 이렇게 해달라고 하면 국악원에서 해야 되는 거야. 근데 무대를 어디에다 지을 수도 없고 하니까 남원극장을 빌려서 한 거 같애.

권　남원극장은 어디에 있었어요?

노　지금 거기가 어디냐면, 용남시장 사거리에 이쪽 편으로 있었어. 지금 '네파' 옷 파는 데 매장이 되었더만. 거기 있었어.

권　아웃도어 매장. 지금은 극장이 없어졌네요?

노　응 없어졌어, 남원극장. 정화극장 있었고. 그래갖고 막 아주 그냥 사람들이 엄청나게 많았다니까. 길에도 꽉 차고 못 들어와갖고 막 난리고. 남원 사람들이 나를 모르는 사람들이 없더라고. 뒤에서 막 "어이, 귀덕이네!" 해쌌고 "어이, 마당쇠!" 해쌌고.

권　며칠이나 그렇게 공연을 했었어요, 그때?

노　이틀인가 삼일인가 자세히는 모르는데 그렇게 하고 그 여세를 몰아서 담양, 곡성, 순천.

권　초청공연 다니셨고만요?

노　그랬던 거 같애. 어제 내 친구가 그 공연에 대해서 묻더라고. 그래서 알려줬는데, 그때 기관장들하고 사진 찍고 그랬거든. 그 친구는 국악원생으로서 잠시 그때 놀부마누라도 하고, 걔가 나 때문에 웃어가지고 연극을 못 했거든. 내 얼굴만 보면 막, 이거 웃으면 어떻게 해. 말은 해야 되겠고 내 얼굴 보면 웃음이 나니까. 죽을라고 그랬어. 하여튼 웃겼어. 그때 재밌었는데. 노영숙이 그때 펴야 되는데. 나는 누가 잡아주는 사람이 없어서 그리 됐어. 방향 지시를 정확히 해주는 어른이 있고 나를 붙잡아주는 사람이 있었더라면 나도 좀 괜찮을 수 있었을 텐데, 나는 그냥 내 멋대로 큰 거야. 하다가 내 멋대로 시들고 그렇게 된 거야. 나 혼자 좋아서 왔다가 나 혼자 가고. 지금 와서 생각을 하면 내가 끝까지 이기고 끝까지 가야할 길이 그 길이었는데. 그리고 내가 인자 안 좋은 일도 많이 눈에 거슬리잖아. 돈 문제라든가 인간관계라든가 여러 문제가, 그런 게 염증이 나는 거야. 성장하면서 안 좋은 것들이 많이 눈에 띄고 그랬어.

1970년대의 활동 ③ : 거의 경상도로 진출하고 있는 때야.
국악이 기울어가는 상태였으니까

권 강남기 선생님하고는 어떤 인연으로 만나셨어요?

노 내가 진주에서 부산으로 공부를 하러 간 거지. 내가 우리 애아빠하
고 77년도에 약혼을 했더라고, 사진을 보니까. 그니까 내가 75년이
나 76년도 요때 간 거 같애. 부산 온천장를 내 친구들이랑 갔는
데, 금정산에 무슨 예술회관에서 공연을 해서 우리가 공연을 보러
갔어. 강남기 선생님이 승무를, 무용을 하는데 내가 딱 반해버린 거
야. 너무 멋있고 너무 잘하는 거라. '아, 내가 이 공부를 해야 되겠
다.' 그래갖고 "선생님 우리를 제자로 좀 받아주세요." 말씀드렸지.

권 그때 동래에서 일하고 계실 때이지 않아요?

노 아냐. 일 안 했어. 그때는 그냥 놀러간 거였어. 친구랑 셋이 갔을 거
야. 우리가 진주에 있다가 부산에 동태를 살피러 간 거지. 갔는데
선생님 무용을 보고 내 친구하고 "야, 저 선생님한테 공부를 할라면

1977년 강남기 무용발표회 중에서
뒷줄 왼쪽에서 네 번째가 노영숙

부산으로 와야 되겠다." 해서 우리가 왔다니까. 국악인들이 모여서 한잔씩 하잖아. 그날 저녁에 놀고 그러는데 우리 선생님한테 우리 좀 가르쳐 달라고 그랬더니 선생님이 "한다는데 해야지." 그래갖고 내가 진주에서 정리하고 부산으로 갔지. 근데 우리가 벌어먹고 살아야 되니까 동래별장의 국악팀으로 들어갔어. 우리가 잘 아는 사람이 거기 팀장이었어. 국악 악사 악장이야, 말하자면.

권   밴드 전체의 단장이신 셈이죠?

노   응. 악장이야. 우리 일해도 되겠냐고 하니까 만세 부르고 기다리고 있을 테니까 빨리 오라고. 근데 우리가 안 가고 며칠을 미적미적하고 있으니까, 그 양반 성질에 맨날 쫓아오네. 온천장에 방을 얻어 놨잖아. 친구하고 나하고 방을 얻어놨더니 맨날 쫓아와서 빨리 나오라는 거야. 보니까 그때가 전라도 사람들이 거의 경상도로 진출하고 있는 때야. 이쪽에서는 별로 활성화가 안 되어 있고 죽어가는 시기였어. 국악이 거의 기울어가는 상태였으니까 다 부산으로 가는 거지. 부산에서는 별장에서 시험 보고 하는 그런 사람들만 몇몇이 있지 전라도처럼 악사랑 왕성하게 활동할 사람이 없었다는 얘기지.

권   공연할 수 있는 사람 자체가 부족했고만요?

노   응. 공연을 할 데는 많은데 공연할 사람은 별로 없어. 그니까 환영하는 거지. 부산은 관광객도 많이 오지. 근데 여기 남원은 누가 와? 아무도 안 와. 기관이나 이런 데서 행사한다고 해서 돈이나 팡팡 주는 것도 아니고. 다 못 먹고 사는 때니까 부산으로 다 진출을 한 거야, 경상도 쪽으로. 그래갖고 내가 강남기 선생님 만나가지고 공부하면서, 남의 학원을 빌려가지고 영도다리 건너서. 동래별장에서 일 하고, 우리 엄마가 와서 계셨거든. 아침으로 온천장에서 부산 영도까지 공부하러 다니고 그랬는데.

　　지금 일본에서 나와 가지고 울산에 있는 내 친구가 있는데, 걔하고 둘이 오북을 배우는데 추운 겨울이야. 막 배우는데 손이 얼어가지고 소리가 안 나. 소리가 안 나니까 선생님도 답답해 죽어. 잘 안 되는 거야, 손이. 그니까 얼마나 부아가 나면 북채로 이마를 한번씩 때린 거야. 내 친구가 화가 나니까 북채를 내던지고 가버렸어. 근데 나는 눈물을 펑펑 쏟으면서 손이 얼어서 터져가지고 북에 막 피가 튀면서도 막 하고 있으니까 우리 선생님이 그때 나한테 감동을 한 거야. '아, 요건 참 싸가지가 있고 얘는 가르치면 괜찮겠구나.' 우리 선생님이 나를 보고 감동을 한 거야. 울어서 눈은 안 보이고 손이 터져가지고 북에 막 피가 묻어있고 그러는데 안 되는 걸 막 하고 있으니까. 우리 선생님이 인정은 많아가지고 가만히 쳐다보시더라고.

권   진주농악 팀으로 대회도 나가셨네요?

노   진주농악하고 조갑용하고 같이 갔었어. 사람이 없은게 그때 공보실장이 날 데리러 온 거지.

권   1978년 5월 7일 경상남도 밀양.

노   음, 밀양. 거기 써져 있지? 그거 공보실장이 찍으니까 그렇게 잘 찍은 거야.

권   그러니까 날짜하고 뭔 행사인지 딱 나오게 찍었구나.

노   진주 시청 문화공보실장이, 그때는 시청에 문화부 있었잖아. 그 사람이 이렇게 찍은 거야.

권   이거는 케라 받고 가신 거예요?

노   그것도 안 받은 거 같애. 나 왜 돈도 안 받는 공연을 그렇게 많이 한 거야. 그래도 70년도 일본 공연 당시에 우리 한 달에 월급 오만 엔씩 받았어. 그때 엄청나게 큰돈이야. 그래갖고 한국 돈으로 바꾸니까, 그걸 밤새도록 셌다는 거 아냐. 오백 원짜리로 바꿔가지고. 일본 엑스포 갔다 와서. 일본 가기 전에 전사섭 씨 집에서 내가 먹고 자고 하숙을 쭉 했잖아. 엔화로 받아서 은행에 와서 한국 돈으로 바꿨는데 오백 원짜리가 한 보따리야. 오백 원 옛날 종이돈. 밤새 세다가 얼마 셌는지 잊어버리고, 세다가 말 시키면 잊어버리고 그랬다고.

1978년 민속예술경연대회 진주삼천포 농악의 일원으로 참여한 노영숙 (위)
1978년 민속예술경연대회 진주삼천포 농악의 공연 중에서 (아래)

권   그때 그 월급이 선생님 첫 월급이었어요?

노   그럼.

권   그 전까지는 돈도 못 받고 그냥 다니고.

노   이거는 정발장군 연습할 때야. 정발장군 연극할 때 우리가 무용으로 나갔나봐. 그런 거 같은데, 부산 시민회관.

권   레슨비도 내고 그러셨어요?

노   그럼, 당연하지. 그때는 이미 우리가 벌어서 학원비 내고 그러면서 선생님 학원이 생기고. 우리 선생님이 나를 예뻐하셨거든. 근데 결혼하고 내가 이렇게 살고 하니까 참 안타까워하셨고. 한번 내가 갔더니 이미 그때는 건강이 많이 나빠서, 뇌출혈로 한번 쓰러지셨다고 그러더라고. 얼마 전에 거기 작은 선생으로 있던 분한테서 전화가 왔는데 선생님 돌아가셨다고 그러더라고. 아직은 나이 상으로는 젊으신데. 이매방 씨 제를 그대로 해. 북도 이매방 선생님한테 배우고 그랬어. 참 예쁘게 춤을 추서, 남자분인데. 재미있고, 선생님이긴 하지만 어쩔 때는 친구처럼. 그 이후에도 내가 결혼해서 "선생님 내가 돈이 없는데 외북을 좀 배우고 싶은데요." 그랬더니 "와서 배워라." 배우다가 또 그것도 못 하고.

  부산에 무용가가 두 분인데 김진홍 씨. 지금은 돌아가셨더만, 그분도. 김진홍 씨, 강남기 씨, 두 분이 제일 큰 선생님이었고 그 밑에 제자들이 커가지고 여기저기 선생님 하고 교수들 하고 그러고 있지. 우리 강 선생님 제자가 그렇게 많지가 않아. 여자들은 그 과정이 있어서 그래. 출산해야 되지, 가정에 들어가면 남편들이 좋아하지 않아. 남자들은 거짓말을 잘해. 결혼을 할 때는 "내가 다 서포트 할 테니까 너는 그 길만 가라고." 하더니 그게 아니더라고.

권   이거는 79년도 5월. 어디 방송에 나오셨을 때 같은데요?

노   방송국 「장수만세」에 이 팀들하고 나갔을 땐데.

권   가운데는 앉은 사람은 국악인 신영희 씨. 이분도 낯이 익은데, 연예

1978년 10월 부산에서 창극 정발장군 출연진과 함께 (위)
앞줄 왼쪽에서 두 번째가 노영숙, 뒷줄 왼쪽에서 세 번째가 무용가 강남기
1979년 5월 TV 오락프로그램 「장수만세」 출연진들과 함께 (아래)
앞줄 왼쪽에서 두 번째가 노영숙

인인 거 같은데?

노　가운데 넥타이 맨 남자 분은 아나운서 이창호. 이분은 안비취. 여기
는 김혜란, 서용석, 장덕화, 최우칠, 강정숙. 이 방송이 「전국노래자
랑」처럼 유명했던 방송이었어. 「장수만세」가. 유명했었어, 이 방송이.

**일본에서 활동하며 : "어렸을 때부터 큰 무대에 서고 했기
때문에 무대에 나가서 떨고 그런 거는 없어."**

노　일본에 정민 선생님이라고 계셔, 무용 선생님. 최승희 선생님 제자
인데 다섯 살 때부터 굉장히 신동이야. 우리나라 무용가 최현 선생
님하고 친구인가 그래. 그분하고 막역한 친구였어. 내가 열여섯 살
에 일본을 가지고, 69년에 갔을 때 정민 선생님을 만났어. 전사섭

1969년 재일 무용가 정민과 함께

일본에서 활동할 당시 노영숙 팀의 프로필 사진

씨하고 잘 아는 관계로 그 집에 가서 우리가 자고 먹고 그랬다고, 일본에서. 거기가 히로시마인 거 같애.

권 70년 만국박람회 하기 전에요?

노 응. 우리가 먼저 가 있었잖아. 박람회 하기 전에. 박람회는 3월 15일 날 오픈을 했고 우리는 69년도 12월 19일 날 입국을 했거든. 먼저 갔거든. 그러면서 교포 위문 공연을 전국을 다니면서 마무리로 오사카 박람회를 하게 된 거지. 그 선생님을 그때 만나가지고 28년 후에 내가 오사카에서 다시 만난 거야, 정민 선생님을.

그 분 밑에 가서 공부하면서 일본에서 공연을 많이 했어. 그때 한참 95, 96, 97년에 이북 애들이 굶는다고 일본에서는 방송이 나왔었거든. 우리나라에서는 한참 후에 그런 방송이 나왔잖아. 조총련하고 우리 선생님하고 우리 민단하고 극장에서 모금운동을 한 거야. 이북에 우유를 사서 보내자. 그래갖고 무용하고 마지막에는 내가 소고를 하고. 선생님이 어디에서 농악 반주를 녹음을 해갖고 오셨더라고. 그래갖고 내가 맞춰서 농악을 한 거야. 그니까 선생님이 "영숙아, 너는 역시 멋쟁이여. 너는 진짜 괜찮아." 막 이러시고 그랬어. 근데 꾸준히 한 것이 아니라 어쩌다 한번씩 해도 가락이 나와. 몸에 뱄으니까.

권 이거는 일본에서 활동할 때 사진이에요?

노 일본 갈 때의 스틸사진. 프로필 사진. 우리가 사진을 보내면 거기서 확대해갖고 '이 사람들이 와서 공연 한다'고 벽에다 딱 걸어놔. 이거 말고 또 있어, 프로필 사진이, 단체로 있는 거. 스물여덟 살쯤, 내가 단장이었어, 그때.

권 이 팀 단장? 전체 한 팀으로 가신 거예요?

노 몇 팀이 몰려서 일본에 있지. 세 팀 네 팀이 한군데에 있었을 거야. 그때는 부산에서 내가 팀을 만들어서 간 거지.

권 이 분들이 그럼 부산에 있는 무대에도 뛰는 거죠?

노 응, 했었어. 지금은 다 어디 사는지 몰라.

권 선생님 그럼 어디 프로덕션 소속으로 있는 거예요?

노 응, 프로덕션. 삼경상사.

권 거기는 국악 팀만 전담으로 하는 거예요, 아니면?

노 국악, 가수 다. 연예인 송출. 연예인 송출 회사지, 프로덕션.

권 일본에서 어떤 거를 공연하신 거예요?

노 일본에서는 내가 가요, 민요, 설장구, 이렇게 혼자 교포들한테 공연을 많이 다녀. 결혼식이나 환갑잔치나 무슨 잔치 때, 이런 데 공연을 많이 해. 일본은 결혼을 두 가지로 해. 면사포 쓰고 하고 한국식으로 또 한복 갈아입고 하고. 중간 중간에 파티를 하면서 옷 갈아입고 나올 때마다 내가 쇼를 하는 거야. 그런 걸 많이 했지, 한국에 나와서는 할 자리가 없어. 일본 가서는 공연을 많이 했는데 국내에서는 활동을 안 한 거지.

어떤 잔치가 있으면 기타 하나하고 나하고 둘이 가. 딱 둘이만 가. 무대에서 나 혼자 다 해. 그 마스터가 한국 교포인데 그 사람이 장단도 쳐주고 기타로 가야금 소리를 낼 정도로 잘 해. 오사카 니오다니 호텔이라고 굉장히 큰 호텔이야. 유명해. 도쿄에도 있고 오사카에도 있고 각 지역에 그 호텔이 있어. 근데 거기서 어떤 은행의 파티, 신년회인가 망년회인데 한 삼사천 명이 와 있어. 각 지역에서 다 모였는데 나 혼자 나가서 가요 하고 민요 하고 설장고 하고, 이 세 가지를 해. 중간중간에 옷 갈아입는 동안에 다른 사람이 또 노래하고, 일본 사람이. 내가 그때 허슬이라는 춤 있잖아. 그리고 마카레나, 그거를 내가 쫙 가르쳐 가지고, 단체 군무로 가르치면 멋있다고. 거기서 삼사천 명씩 있는데 나 혼자 나가서 하면, 그 마스터가 나보고 뭐라고 하냐면 "역시 큰 무대에 섰던 사람이라 다르다고." 대답하다고.

나는 어렸을 때부터 이런 무대 서고 큰 무대 서고 했기 때문에 무대에 나가서 떨고 그런 거는 없어. 이게 나한테 주어진 무대다 그러면 최선을 다해서 그걸 해야 돼. 오든 가든 뒤집든 그 무대를 내가 살려야 되잖아. 그런 게 있어. 그 마스터가 나보고 참 대담하다고 놀래. 내가 키도 작고 쬐깐한데 그 큰 무대에 가서 나 혼자 해야 되잖아. 그러면 맨 앞으로 가. 시선을 마주치면서 얘기를 해야 사람들을 나한테 끌어오지 나 혼자만 한다고 사람들이 안 끌려와. 그런 게 있더라고, 나한테. 어렸을 때부터 무대에서 많은 경험을 한 사람들은 어떻게든, 죽어도 여기서 해야 된다는 그런 게 있어.

1980년 10월 부산에서 활동하던 당시 오북춤을 추는 노영숙

여성농악 재현 공연을 함께 하며

노　우리가 처음에 두레극장에서 재현공연을 했을 때 이광수가 와가지고 난리가 났어. 우리 이대로 유럽 가자. 지금은 그 모습들을 못 보니까. 여성들만 가지고 있는 그 섬세함, 아름다움, 발놀림. 몰라, 말로 표현은 안 되는데 하여튼 멋이 있어.

권　국악원에서 소리도 배우고 춤도 배우고 하는 분들이 농악을 하는 거랑 그냥 농악만 하는 거랑은 질적으로 다른 거 같아요.

노　언젠가 2004년도인가 여성농악 재현공연 호암아트홀에서 할 때 전황 선생님이 오셨어. 영화배우 전옥 씨의 동생이기도 하고 지금 같으면 연출자. 그리고 쇠도 잘 쳐. 옛날에는 덕수, 수덕이, 박귀희 선생님 이 시대 때에는 그분이 무용 총감독하고, 무용도 하고. 근데 그분이 딱 오셨는데 다들 그분을 잘 모르잖아, 연세도 많고. 우리나라 최고의 연출가였고 쇠도 잘 쳤고, 미국에 데리고 가려고 했던 분이 그분이야. 전황 선생님.

권 그분이 미국 공연 추진하셨던 분이구만요?

노 맞아, 그분이야. 근데 그분이 딱 오셨는데 내가 "선생님, 저 전사섭 씨하고 있으면서 예술학교가 비원 앞에 있을 때 저 선생님 그때 자주 뵈었어요. 수덕이 오빠랑 같이 이렇게 있을 때." 그랬더니 아무도 자기를 모르고 나만 아니까 좋아가지고. 딸하고 같이 오셨더라고. 우리가 이 공연을 하는데 선생님이 눈물을 흘리시고 무대까지 쫓아오셨어. 너무 반갑고 아름다웠던 여성농악이 없어졌으니까. 2004년도 재현공연 할 때 그때, 나는 몸이 아파서 별로 못했는데 운태가 "누나 끝에 인사만 해요, 인사만." 그때 그래갖고 호호굿인가 뭐 할 때 내가 들어간 거 같애. 거의 마지막 때.

권 감회가 남다르셨을 거 같아요.

노 나는 선배들이랑 숙선 언니랑 같이 다녔잖아. 그때 나는 아주 어려서 아무것도 안하고 따라만 다녔어도 그 언니들의 예쁜 모습, 또 공연하는 거를 내가 기억하고 있잖아. 머릿속에 있잖아. 그리고 선생님들한테 바르게 배운 그 모습이 나한테는 있다고. 기억하고 있어.

　여성농악의 멋은 아무도 따라할 사람이 없어. 이 사람들은 애기 때부터 다들 몸에 배어가지고 농악을 치면 짓는 멋이 다르단 말야. 남성들 농악하고는 다르지. 다른 농악을 보면 여성농악을 상상하면서 보는데도 그 감정이 안 나와. 짓는 멋은 아무도 못 따라온다니까. 내가 분순이 언니한테도 "언니의 멋은 아무도 따라할 사람이 없어. 언니만이 가지고 있는 멋이야." 춤추는 것도 그렇고 이 짓는 모양이. 막 짓는 것이 있어. 그런 멋은 아무도 따라할 수가 없어. 여성농악이 갖고 있는 특유의 멋은 지금 신세대가 배워가지고는 나오지가 않아. 나올 수가 없어.

여성, 그리고 공연자

권　선생님 여자들은 생리할 때가 힘들잖아요. 생리할 때는 어떻게 공연을 해요?

노　그게 제일 골치 아픈 게 뭐냐면 여름 같은 때 옷이 다 밀폐되어 있잖아. 옛날에는 다우다야, 신라복이 다우다야. 그러면 위아래 다 밀폐되어 있어. 뭐 통풍이나 좋았어? 다 밀폐되어 있는 데다가 생리를 하면 그때만 해도 생리대가 있냐고? 없잖아. 그냥 베로 아기 기저귀들 광목 끊어다가 하는 것처럼 만드는 방법이 있어. 그걸 서답이라고 그래.

　　내가 열세 살, 열네 살 이때쯤 되니까 우리 엄마가 가방에다가 이제 여자라고 그걸 딱 만들어서 가방에 넣어놨어. 그러고 보면 우리 엄마가 지혜로워. 시작을 안 했는데. "니가 언제든지 필요할 것이다." 그리고 그거 개는 방법을 가르쳐 주는 거야. 여자가 되어가고 그게 이제 온다, 그거를 미리 가르쳐주는 거야. 근데 내가 어렸을 때 엄마가 생리하는 거를 봤어. 옛날에 요강 있지. 요강에 뭐가 벌게 갖고 있어. 요강에다 담궈 갖고 딱 덮어놓는 거야, 뚜껑을. 그게 핏물이 우러나서 빨아야 되잖아. 그래갖고 삶아야 돼, 안 삶으면 핏물이 안 져. 그걸 내가 어릴 때 봤어. 내가 나이가 점점 더 먹어가면서 뭔가를 알게 됐어. 그런데 어느 때인가 열서너 살이 되고 그러니까 우리 엄마가 그걸 만들면서 보라고. 그때는 생리대가 없었어. 약국에 파는 게 없었어, 전혀. 그러니까 꼭 알아야 되는 거잖아. 지금은 생각도 안 나. 그걸 어떻게 접어서 하면 딱 그 모양이 나오는데 그걸 앞뒤로 해갖고 짬매, 끈으로 이렇게. 고무줄로 하든지 끈으로 짬매. 끈으로 해야 단단해. 고무줄은 안 돼. 밀착을 시켜갖고 묶는 거고, 양이 많을 때는 안에 요만하게 또 있어. 또 그것까지. 이렇게 만들어서 가방 한쪽에다 딱 넣어놨더라고. 내가 단체갈 때 꼭 거기에다 넣어놔.

내가 막상 시작했을 때 그게 얼마나 유용하고 기뻤는지 몰라. '우리 엄마가 나를 미리 예비해서 이렇게 해줬구나.' 그런 생각에. 그 후에 한참 후에 '후리덤'이라는 게 나왔지만 그거 질도 안 좋아, 뭉쳐지고. 근데 밀폐되어 있지 덥기는 하지 냄새는 나지 팡팡 나오지 잘못하면 옷 다 버리지. 그러니까 가다가 누가 벌겋게 보이면 "쟤 잡아라. 쟤 잡아라."해갖고 분장실로 들어오잖아.

그래서 신라복 뒤에 길게 드림 매는 거 있잖아. 그게 그래서 그런 거 같애. 남자는 옆쪽으로 매는데 여자는 뒤로 모아서 매잖아. 옛날에는 남자들은 가위표로 해서 양 옆쪽으로 하고 또 뒤로 매고 그랬는데 여자는 세 개 다 뒤로 맸었다니까, 우리 때는. 그게 그걸 가리기 위해서 그런 거 아닐까 싶어, 내 생각은. 여자는 하나로 모아가지고 뒤에다 묶었다고. 그러니까 참 여름이면 죽을 맛이지. 그리고 그게 살에 씻겨. 쓸려가지고 피나고 쓰라리고 아프고 얼마나 괴롭겠어. 그러니까 생활이 징그럽지, 진짜. 그 더위에. 시원하게 선풍기가 있어, 쉴 데가 있어. 그냥 내리쬐는 태양 그대로 받아서 살았잖아. 그러니 언니들이 힘들었지, 단체 다니면서.

권 생리를 하면 공연에서 빠질 수가 있어요?

노 그런 적은 없어, 내가 봤을 때. 빠지고 그런 거는 없어. 그것 때문에 빠졌다는 소리는 못 들은 거 같애. 생리통이라는 게 많이 아프잖아. 그런데 거기에 대해서는 얘기를 들은 게 없어. 어쨌든 공연은 빠지지 않은 걸로 생각이 들어. 다 했던 거 같애. 내 앞 전 언니들 다 하던데.

권 소고는 특히 다른 거보다 더 많이 움직이잖아요?

노 많이 움직이는데 내가 처음 했을 때 나같은 경우는 양이 안 많아서 다행이었던 거 같애. 나도 한 때는 서답을 했어. 그리고 일본 갈 때 쯤인가 그 후엔가 '후리덤'이라는 게 나왔어. 유한양행 '후리덤'인가 뭣인가 나왔는데 두껍고 그래도 좁아가지고 가에로 다 새. 그리고 막 뭉쳐. 솜이었거든, 옛날에는. 그때 당시에는 그랬어. 그래도 그게 어디였는데. 근데 인자 또 비싸잖아, 가격이. 그니까 비싸고 그러니까 형편이 그런 사람은 그대로 서답하고.

권 여자들끼리만 있으니까 여자들만 아는 이야기가 있잖아요. 여자로 살다보면 남자들은 모르는 경험들이 있고. 애기 엄마들 모유 먹이면, 저도 모유를 한 6개월 먹여봤거든요. 근데 결혼하신 분 중에서도 공연하시는 분 있었을 거 아녜요?

노 그래, 젖이 흐르고. 옛날에는 브래지어가 없었던 시대가 있잖아. 그랬을 때는 어떻게 하냐면 치마 말기처럼 넓게 만들어, 브래지어처럼. 넓게 해서 만들어갖고 후크를 전부다 달아갖고 넓게 해가지고 가려. 애기 낳고서도, 그니까 그 안에다가 가제 수건 같은 거 넣어가지고, 흐르니까. 줄줄줄줄 흐르면 애기 먹여야 되는데 공연은 해야 되고. 얼마나 고통스러워, 먹일 때 되면. 그니까 애기는 뒤에서 앵앵 울어대지, 분장실에서 울어대지 엄마는 젖이 불어갖고 있는데 공연은 하고 있지. 말도 못 하는 고통들이 많았지. 그리고 옛날에는 분유나 있어? 꼭 젖을 먹여야 되는 상황이고.

권 애기 봐주는 사람을 데리고 다니는 사람도 있었다면서요?

노 맞아, 있었어. 그러니까 애보는 애를 두고 있었지.

권 그렇게 하면서 공연을 하고 다녔을 생각을 하면, 어휴! 남자들이 그 속을 어떻게 알아요? 모르지.

노 몰라 몰라. 그러니까 엄마는 강해. 확실히 강해.

권 선생님 결혼 하신 후에도 공연 활동을 하신 거예요?

노 응. 국내에서는 활동을 별로 안 했어. 설 무대도 없었고 내가 자존심이 허락하지 않더라고. 한국에서 내가 설 무대가 별로 없는 거야.

아니면 밤업소나 이런 데 다녀야 되고. 그런데 일본 가면 그렇지 않잖아. 자유롭고 거기는 존중을 해줘. 나를 예술인으로서 대접을, 인정을 해주잖아. 근데 한국은 그걸 인정을 안 할라고 해. 깔아뭉개지만 않으면 다행이야. 무시하잖아, 그 당시만 해도. 지금은 세월이 많이 좋아졌지만, 지금도 밑바탕에는 깔려 있어. 내가 엑스포 박람회에서 공연하고 전국을 순회했다고 하면 일본 사람들은 한국 사람하고 반응이 전혀 달라. 한국 사람들은 그러는갑다 그러는데, 일본 사람들은 존중을 해줘.

가야금을 연주하는 노영숙

"이걸 기록해놓지 않으면 어느 시기에서는 없어져버려.
책으로 내서 역사로 남아 있어야지."

권   아드님이 이 사진들 다 봤어요? 이런 사진 있는지 알아요?
노   몰라. 봐도 별 반응 없을걸. '우리 엄마 그런 사람이갑다.' 그러지. 우리 작은아들 "왜 그럼 가만있었어?" 그러기에, "먹고 살아야 되는데,

내가 니네 둘 때문에 힘들지." 그랬어. 우리 큰아들은 그래. "엄마가 지금쯤은 날리고 있을 텐데 우리 때문에 아무것도 못했어." 그래.

땅이 밟을수록 굳어지고 다져지고 그러잖아. 큰 상처가 안 나지. 지금은 에지간하면 눈 깜짝도 안 해. 그러려니 하고. 근데 좀 아쉽지. 나이가 들고 보니까 내가 마음대로 못 해서. 하고 싶은 거 마음대로 못 하고. 왜냐면 국악도, 내가 먹고 살려고 딴 길로만 안 가고 꾸준히 했으면 좋은데. 우리 큰아들이 그걸 알아. 우리 엄마가 우리들 때문에 자기 길을 가지를 못 했다고. "엄마 안 됐어." 그러면 "니들은 엄마보다 더 잘 돼야지. 엄마처럼 그러면 되겠니?" 양동근이 「불후의 명곡」 나올 때 큰 아들이 몇 번 도와줬어. 우리 아들이 레코딩, 편집, 믹싱 이거 많이 했어. 팀은 「동방박사」인데 직장에 다니면서 하기 때문에 완전히 그쪽으로 하지는 못해. 그쪽으로는 밥 먹고 살기가 힘드니까.

권 선생님이 여성농악 책 준비하신다니까 언니들이 뭐라고 하세요?

노 내가 언니들한테도 이렇게 말하는데 내가 아니면 안돼, 이 작업은. 만약에 언니들한테 기자들이 왔다거나 소설을 쓰겠다고 누가 오면 언니들이 제대로 대답해? 막 포장해갖고 좋은 것만 얘기하고 간단히 얘기하고 끝나잖아. 그런데 나한테는 그렇게 못 하지. "맞아, 맞다." 그래. 그래서 내가 꼭 해야 된다.

처음에는 "너 왜 이렇게 복잡한 일을 할라고 해." 맨날 그러는데 또 반대로 "네가 잘 하고 있다. 너 같은 애가 있어서 이게 안 잊혀질 수 있어서 고맙다." 또 그러더라고. 참 좋은 일 한다고, 혼자 하기 어려우니까 어떤 추진위원회나 후원회를 누구더러 조직하자고 그래라 그러는데, 내가 지금 아무것도 없는 상태에서 누구보고 하자고 한다고 해서 그 사람들이 뭘 보고 하겠냐고. 내가 해야 된다고 사명으로 알고 하는 것이기 때문에. 그리고 우리 후대가 나중에 정말 우리 선배들이 이런 일이 있었구나를 알았으면. 이걸 지금 기록해놓지 않으면, 이게 상당히 중요한 거여. 기록해놓지 않으면 우리 세대가 없어지고 나면 그냥 구전으로만 떠돌다가 어느 시기에서는 없어져버려. 한 토막의 이야깃거리 밖에 안 돼. 책으로 내서 역사로 남아 있어야지.

해설 : 근대 연예농악의 정점, 여성농악

11

해설 : 근대 연예농악의 정점, 여성농악

권은영

1. 기록되고 기억되어야 할 이름, 여성농악단

여성농악단은 1950년대 후반부터 1970년대 후반까지 전북을 중심으로 만들어져, 전국을 다니며 호남우도농악, 토막창극, 전통무용, 민요, 판소리, 줄타기 등을 공연했던 여성공연자 중심의 예인집단을 지칭한다. 여성농악단에서는 상쇠, 설장고, 수버꾸(수소고) 등 농악에서 가장 중심적인 역할을 여성들이 담당함으로써 우수한 여성공연자를 다수 배출하였고 뛰어난 예술적 기량을 보여주었다. 이 글에서 말하는 '여성농악'은 이 여성농악단들이 연행했던 농악을 가리킨다.

전통적인 마을농악에서는 배제되었던 '여성'을 표상으로 삼았던 여성농악단은 전문 여성공연자를 양성하던 각 지역의 국악원을 중심으로 만들어졌다. 당시의 국악원은 지역의 토착자본가들과 문화 리더들이 후원을 하고 전문공연예술인들이 활동하였던 곳으로, 공연예술 교육뿐 아니라 지역의 이벤트와 행사에 예술인들을 파견하는 일종의 연예기획사의 역할을 담당하고 있었다. 당시의 국악원은 전통 공연의 전문가들과 그들의 후원인patron들이 주축이 되었던 집단이었기 때문에 농민 중심의 마을 공동체 문화와는 다른 문화적인 특수성이 있었다. 여성농악은 마을 공동체에서 주변화되어 있던 여성들이 주역이 되었다는 점에서, 그리고 농경

문화와는 거리가 있는 공연예술 전문가 집단인 국악원을 배경으로 하고 있다는 점에서 마을농악과는 구분되는 지점에 놓여 있었다. 여성농악은 전국을 다니며 기술 중심의 전문화된 공연을 하면서 판제와 레퍼토리에 변화를 주거나 서구 대중문화의 영향을 수용하는 등 근대의 대중공연예술로서 다양한 시도를 하며 예술성과 대중성을 높이는 데에 주력하였다.

현재 '농악'의 함의는 상당히 복잡하다. 목적, 성격, 형태가 다른 다수의 공연사건들이 '농악'이라는 이름 아래에 뭉뚱그려져 있다. 농악은 종교 의례에서 신을 위한 예능일 뿐 아니라 인간의 창조성이 발현되는 예술이며 즐거움을 도모하는 오락이다. 시대의 변천과 상황의 맥락에 따라 농악은 종교 의례에서뿐 아니라 집단의 노동에서, 군사적 활동에서, 오락적인 행사에서 두루 연행되었다. 농악은 종교 예능을 기원으로 해서 점차 예술성과 오락성을 강화하는 방향으로 변화해 왔으며, 오랜 역사를 통해서 당대의 사회 문화적인 변화와 유연하고 역동적으로 조응해 왔다. 특히 20세기의 근대화는 한국 사회에 그 이전의 전통적 사회관계나 사고방식과는 다른 새로운 질서와 가치관을 심어놓았다. 근대화 과정에서 농악 또한 근대의 국가주의와 자본주의에 포섭되었고 문화적인 위상 또한 달라졌다. 전근대에 마을 공동체의 각종 의식儀式, 노동 활동, 세시풍속과 결합되어 마을마다의 전통성과 역사성, 다양성과 차별성을 갖고 전승되었던 농악은 근대화로 인한 전통의 위기와 민속의 해체 속에서 위축될 수밖에 없었다. 그러나 한편 근대의 공연 공간 속에서 예술성이 새롭게 주목되어 농악은 포장걸립이나 여성농악과 같이 전통에 기반을 둔 대중예술로서의 활로를 꾀하기도 하였다.

이런 흐름 속에서 여성농악은 근대의 연예농악으로서 출현하였다. 현대의 대중 스타들과 비교할 수는 없지만, 여성농악단은 소박하나마 팬덤을 형성할 정도로 대중들의 열광을 이끌어내고 인기를 구가하면서 한 시대를 풍미하였다. 매스미디어가 충분히 보급되지 못했던 대중사회로 가는 길목에서 여성농악은 전통을 기반으로 한 엔터테인먼트로서 한 역할을 담당했던 것이다.

여성농악이 활동하던 당시는 국가 권력이 적극적으로 전통을 호명하던 시기였다. 국가의 행사에 민속예술이 동원되었고 농악 공연자들은 농악경연대회나 민속예술경연대회와 같은 경연대회에 불려나갔다. 농악 연예인으로서 활동을 하고 있던 여성공연자들은 뛰어난 공연 능력 덕분에 전통예술의 경연장에서도 두각을 보였다. 1960년 이승만 대통령의 집권 말기 대통령 생일 기념행사의 일환으로 개최되었던 전국농악경연대회에서 신생 농악단인 〈남원여성농악단〉은 남성 단체인 〈정읍농악단〉과 함께 출연하여 최고상을 수상하였다. 1961년 정권이 교체된 후 열린 제2회 민속예술경연대회에서는 〈춘향여성농악단〉이 남성농악단 〈최상근 일행〉과 공동으로 전북의 대표팀으로 출연하여 역시 최고상을 수상하였다. 여성농악단이 모두 해체되기 직전인 1976년 2회 전주대사습대회 농악부문에서는 〈호남여성농악단〉이 1위, 〈아리랑여성농악단〉이 2위에 입상하였다. 현재 중요무형문화재로 지정되어 있는 〈이리농악단〉 또한 이 대회에 출연하였으나 3위 입상에 그쳤다. 1979년 5회 대회에서는 〈아리랑여성농악단〉이 1위를 하였다.[1] 이와 같은 수상 경력은 1970년대 후반 여성농악의 공연기량과 수준이 농악 분야에서 당대 최고였음을 입증하는 것이다.

여성농악단의 소멸 이후에도 여성 농악인 일부가 지속적으로 활동을 이어가면서 그 존재감을 이어갔다. 1985년 민속예술경연대회에서는 〈이리농악단〉이 대통령상을 수상하였는데, 이러한 성과를 바탕으로 이리농악은 이후 중요무형문화재로 지정되었다. 당시 〈이리농악단〉에는 나중에 중요무형문화재 기능보유자로 지정된 상쇠 김문달과 꽹과리 공연자 강기팔이 있었으나 정작 경연대회에서는 여성농악단 출신 나금추를 상쇠로서 출전시켰다. 또한 이 대회에서는 단체상인 대통령상 외에 나금추

---

1 전주대사습사 편찬위원회,『전주대사습사』, 전주대사습놀이보존회, 1992, 259~262쪽.

에게 개인연기상을 동시에 주었는데, 대통령상 수상팀의 개인에게 개인
연기상을 수상하는 것은 전례가 없던 일이었다.[2] 나금추는 유지화와 함
께 여성농악단 출신으로서 최고의 호남우도농악 상쇠가 된 입지전적인
인물이다. 이처럼 여성농악단과 그 출신의 농악공연자들이 최고의 공연
기량을 보유하고 있다는 것은 농악계에서는 널리 알려진 사실이었다.

그럼에도 불구하고 이들은 학계의 주목을 받지 못했고 국가가 제도적
으로 가치와 권위를 인정하는 무형문화재 지정 대상에서도 제외되어 있
었다. 여성농악단이 한창 전성기를 구가하던 때인 1967년에 나온 「호남
농악」,[3] 그리고 여성농악단이 해체된 직후에 발간된 1982년의 무형문화재
조사보고서 「농악」[4]과 『한국민속종합보고서 : 농악편』[5]에도 여성농악단에
대한 기록은 발견할 수 없었다. 여성농악단의 공연활동과 주요 공연자들
에 대한 정보를 쉽게 확보할 수 있는 상황이었음에도 불구하고 이들은 조
사보고서에서 누락되었다. 이에 대한 원인으로는 첫째, 조사 대상이 특정
지역에 국한하여 활동하는 지역성 높은 농악으로 한정되어 있었고 둘째,
당시 학자들이 연예농악에 대해 부정적인 인식을 가지고 있었기 때문이
었다.[6] 심지어 여성농악단의 강사나 운영진으로 참여했던 남성 농악인들
조차 여성농악의 전통성과 정통성에 회의적인 태도를 보이면서 여성농
악이 농악의 원형성을 훼손했다면서 비판하기를 서슴지 않았다.

이처럼 여성농악은 농악계에서 점유하고 있는 위치와 영향력에 비해
온당한 평가를 받지 못하였다. 그 이유는 첫째 근대화라는 거시적 변화
에 따른 농악의 변모가 깊이 있게 논의되지 못했고, 둘째 학자나 농악인
들이 가부장적 질서를 내면화하여 종속적 위치에 있는 여성공연자에 대
해 성차별적 인식을 가지고 있었으며, 셋째 여성 농악인들은 자신들의

---

2 류장영, 「호남우도 여성농악」, 『한국의 농악 - 호남편』, 한국향토사연구전국협의회, 1994, 70쪽.
3 홍현식 외, 「호남농악」, 『무형문화재 조사보고서』 6집, 문화재관리국, 1967.
4 이보형·정병호, 「농악」, 『무형문화재조사보고서』 18집, 문화재관리국, 1982.
5 이보형·정병호, 『한국민속종합조사보고서 : 농악 편』, 13집, 문화재관리국, 1982.
6 권은영, 『여성농악단 연구』, 전주; 신아출판사, 2004, 11~14쪽.

중요성과 정당성을 피력할 만한 논리를 펴지 못했기 때문이었다.

그러나 여성 농악인들은 탁월한 공연기량과 꾸준한 활동능력 덕분에 여성농악단의 해체 이후에도 지속적으로 호남우도농악의 전승자로서 공헌하였다. 여성농악단 출신의 나금추와 유지화가 각각 이리농악과 정읍농악의 무형문화재 지정과 보존에 크게 기여하면서 이 둘은 호남우도농악의 대표적인 상쇠로 알려졌다. 나금추는 이리농악단의 무형문화재 지정에 공헌하였고 1987년에는 전라북도 무형문화재 부안농악 상쇠 보유자로 지정되었다. 1988년부터 전북도립국악원 교수로 재직하면서 호남우도농악 교육에 힘을 썼으며 전북도립국악원 퇴임 후 부안농악과 고창농악에서 제자를 양성하였다. 2009년에는 제자들과 함께 〈금추예술단〉을 발족하여 고령에도 불구하고 꾸준히 공연활동을 이어가다 2018년 6월 11일 향년 81세로 영면에 들었다.[7]

유지화는 서울로 상경했거나 연로한 정읍의 남성농악인을 대신하여 정읍농악의 재건에 힘써 왔다. 1992년에는 정읍으로 이주하여 정읍농악단을 지도하여 18회 전주대사습대회에 상쇠로 출전하여 장원을 받았다. 이후 정읍사 국악원 교수로 위촉되어 정읍 농악의 지도자로서 후진을 양성하며 공연활동을 하였다.[8] 정읍의 농악인들은 유지화의 농악이 여성농악이지 정읍농악이 될 수 없다는 점을 들어 그를 비판[9]하기도 하였다. 하지만 유지화는 여성농악을 유지하면서도 문굿과 당산굿 등을 포함하여 지역농악으로의 변화를 추구[10]하였다. 이에 정읍농악에 기여한 활동과 공로가 인정되어 1996년 전라북도 무형문화재 정읍농악 상쇠 보유자로 지정되었다.

이들보다 뒤 세대인 〈호남여성농악단〉의 상쇠 유순자 또한 여성농악단 해체 이후에도 지속적으로 활동을 이어오고 있다. 초청공연과 명인전 등에서 공연을 하고, 해마다 여름과 겨울에 정기적으로 전수활동을 하고

---

7 김미진, 「부포놀이의 대가, 전북무형문화재 제7호 나금추 명인 별세」, 『전북도민일보』, 2018. 6. 11, 참조.
8 김선태, 『전북우도풍물 전승과 여성농악단의 역할』, 전주; 신아출판사, 2004, 94쪽.
9 위의 책, 101쪽.
10 이경엽 외, 『유순자 상쇠와 호남여성농악』, 심미안, 2003, 195쪽.

있다.[11] 2000년 전주대사습놀이 장원, 한국민속촌 농악명인대회 대상 등 여러 대회에서 입상하였다. 2012년에 (사)호남여성농악보존회가 결성되어 정기공연과 전수활동을 지속하면서 여성농악의 전승과 온당한 위상 찾기에 노력하고 있다.

2. 농악, 의례에서 공연예술로

마을굿으로부터 농악의 분화는 '바우덕이'와 같은 전문 공연자나 남사당패와 같은 전문 연희집단의 활동을 근거로 보아 조선 후기까지로 소급할 수 있다. 분화의 움직임이 가속화된 것은 일제강점기부터이다. 이 시기에 농악은 협률사나 원각사와 같은 실내극장에서 연예물의 하나로 공연되었고[12] 농악경연대회가 시작되고 신흥종교단체의 포교수단이나 일제의 정책선전에 활용되는 등 마을굿과 무관한 농악이 빈번하게 공연되었다.

한국 사회에 자본주의 경제체제가 성립하고 근대적 경제성장이 개시된 것은 20세기 전반의 식민지시기부터이다. 일제강점기에는 화폐 경제의 침투, 마을 공유지의 소멸, 마을 자치성의 소멸, 임금 노동자 계층의 출현, 여성노동력의 진출, 자작농의 몰락, 농업경영 조직의 변화와 제초기의 보급, 두레에 대한 일제의 정책적 탄압 등[13]으로 마을굿의 기반이 되었던 두레가 약화되었다. 해방 이후 일제의 정책적 탄압이 사라진 뒤에도 두레는 회생하기는커녕 소멸하고 말았다. 화폐 경제의 침투, 임금 노동자 계층의 출현 등은 자본주의 체제로의 전환 때문에 나타난 것이고 해방 후 오늘날까지도 이 체제는 지속되고 있기 때문이다. 그런데 농악은 두레의 중요한 구성요소였기 때문에 두레가 약화 소멸되자 노작勞作

---

11 위의 책, 47쪽.
12 백현미, 『한국 창극사 연구』, 태학사, 1997, 57쪽 참조.
13 신용하, 「두레 공통체와 농악의 사회사」, 『공동체 이론』, 문학과지성사, 1985, 254~257쪽 참조.

과 결합된 형태의 농악이 위축될 수밖에 없었고 농약의 사용 및 농업의 기계화는 노동을 목적으로 하는 농악인 두레농악을 사라지게 하였다.

일제강점기에 마을굿 또한 미신으로 규정되어 타파의 대상이 되었는데, 마을굿에 대한 이런 폄하는 해방이 되어서도 크게 달라지지 않았다. 식민지 시기 자유주의 사상을 견지한 대다수의 인사들은 기독교 신자이거나 기독교 혹은 미국의 문화적 영향력에 있었던 사람들이었다. 이들은 선교사를 통해 서구 사상을 학습하고 서구적 계몽주의에 감화 받아 조선을 그러한 방향으로 개조하려고 노력했는데,[14] 이승만은 이러한 인물들 중 하나였다. 이 때문에 이승만 정권은 집권기간 내내 다양한 토속 신앙들을 '사이비 종교' 혹은 '미신'이라는 관점에서 억압적으로 다루었다.[15]

민간신앙을 비롯한 토속 신앙의 약화에 반해 기독교 계통의 개신교와 천주교는 한국전쟁 이후 급격하게 교세가 확장되었다. 그런데 이러한 기독교 계통의 종교는 전통에 대해 부정적이고 배타적인 태도를 보여 왔으며, 서구적 합리주의와 결합되어 있어 마을굿을 미신으로 폄하하였다. 이러한 기독교 문화의 확대로 마을굿을 중단하는 마을이 늘어갔고 마을굿과 한 몸 져 있던 농악의 제의성도 약화될 수밖에 없었다.

또한 1970년대에는 새마을운동이 소득증대·생활환경 개선·정신 개조를 강조하면서 강력하게 추진되었고 그 과정에서 민간신앙이나 전통 생활문화를 미신으로 몰아가면서 민속문화의 토대를 와해시키는 결정적 역할을[16] 하였다. 이러한 이유로 마을공동체 내에서의 농악은 약화되었고 농악은 여성농악단과 같은 전문공연단체의 공연, 경연대회, 무형문화재 제도, 학교에서의 농악강습과 같은 형태로 전승 공연되었다.

이처럼 한국의 근대화 과정에서 농악은 제의적이고 노동적인 기능과

---

14 김동춘, 「사상의 전개를 통해 본 한국의 '근대' 모습」, 역사문제연구소 편, 『한국의 근대와 근대성 비판』, 역사비평사, 1996, 283쪽.

15 강인철, 「한국전쟁과 종교생활」, 『아시아문화』 16호, 한림대 아시아문화연구소, 2000, 240쪽.

16 백현미, 「1970년대 한국연극사의 전통담론 연구」, 『한국극예술연구』 제13집, 한국극예술학회, 2001, 167~168쪽.

성격이 탈색되는 방향으로 변해왔다. 그러나 이러한 쇠퇴의 움직임과는 별도로 마을공동체의 제의나 노동과는 분리된 농악은 상대적으로 증가하는 추세였다. 일제강점기 산미증산계획 및 문화정치의 맥락에서 농악경연대회가 성행하였고 특산품전람회나 공출제, 전승 기념행사 등 식민지 정책의 홍보 수단으로 농악이 이용되기도 하였다. 또한 김제의 증산교나 정읍의 보천교 등에서 포교의 수단으로 전문농악공연자를 모아 연행하기도 하고[17] 소방서나 다리의 건설 자금을 모을 목적으로 '소방서 걸궁'이나 '다리 걸궁'이 꾸려지기도 하였다.

해방 이후에는 '농악경연대회'가 자주 열렸는데, 이런 대회들은 예술적인 기교를 중요하게 여겼다. 이에 전문농악인들은 '기술자'로 불리면서 농악경연대회에 참가하였고, 전북의 경우 '금산농악 최상근 일행'·'정읍농악단'·'백구농악계' 등의 단체가 생겨나 자체적으로 흥행에 나서기도 하였다. 이처럼 공연 기회가 많아진 전문농악인들은 '연예농악'에 주력하여 농악을 근대적인 공연양식으로 더욱 발전시키는 계기로 삼았던 것이다.

이처럼 마을굿이 쇠퇴하고 연예농악이 발달하게 된 데에는 일제의 정책적 탄압, 자본주의의 파급, 기독교의 확대와 같은 외부적 영향이 크게 작용하였다. 하지만 동시에 마을굿에는 이미 이런 '연예농악'의 속성이 배태되어 있었기 때문에 가능한 일이었다.

마을굿의 핵심요소는 제의·일·놀이로, 마을굿은 제의를 핵으로 하여 일과 놀이가 통합되어 있었다. 특히, '당산제' 형태가 많은 전북의 마을굿에서는 마을의 농악단들이 집집을 돌며 '마당밟이(지신밟이)'를 하고 농악으로 제사를 지내고, 이후 마을공동체를 위해 일종의 공연인 '판놀음(판굿)'을 하였다.[18] 여기에서 '마당밟이'는 집집을 돌면서 액을 막고 복을 빌어주는 행위이며 그 대가로 곡식이나 돈을 받았다. 이때 제액초복除厄招福

---

17 일제강점기 농악에 대해서는 손우승, 「일제강점기 풍물의 존재양상과 성격」, 『실천민속학 연구』, 제9호, 실천민속학회, 2007 참조.
18 이보형, 「마을굿과 두레굿의 의식구성」, 『노동과 굿』, 학민사, 1989, 88쪽.

은 '제의'의 성격을, 그 대가를 받는 것은 전문 '공연'의 성격을 함축하고 있다. 즉 '마당밟이'는 '대가를 받는 공연', 다시 말해 '상품으로서의 공연'의 요소를 지니고 있다고 할 수 있다.

또한 당산제의 마지막 순서인 '판놀음(판굿)'은 공동체의 삶과 밀접하기는 하지만 노동이나 제의와 분리되어 있기 때문에, 전문화된 공연의 요소를 지니고 있었다. 이에 판굿을 보기 위해 공동체 구성원이 아닌 다른 지역 사람들이 구경하러 오기도 하고, 공연능력이 뛰어난 다른 지역의 공연자를 일시적으로 고용하기도 하였다. 이러면서 점차 직업적인 농악공연자가 등장하고, 농악은 공동체 구성원의 삶과 분리하여 존재할 수 있는 양식으로 변화해 갔다.[19] 이러한 변화는 농악이 독자적인 공연양식으로 분화될 가능성을 보여준 것이다.

다음의 제보는 1960년대 농악이 하나의 오락거리로 인식되었고, 공연자는 일당을 받는 노동자로서, 그리고 농악공연은 돈을 주고 구입하는 상품으로서 인식되고 있었음을 보여준다.

> ① (마을굿을) 며칠간을 하는데 일당 얼마씩 준다고 오라고 다음에 딴 데서 또 데리러 오는데 날짜가 겹치니까 설 돌아오기 전에 동짓달이나 되면 미리 예약을 한다. …(중략)… 나중에는 마당밟이 같은 것 말고 대회 같은 것 있으면 나한테 와서 몇 명 데리고 와라 하고 그 돈을 전부 나한테 준다.(유명철 구술, 2002. 10. 8)

> ② 옛날에 유원지 가면은, 우리 같은 사람들 유원지 가서 돈도 많이 벌어 썼어. 가면은 사람들이 징, 꽹맥이 갖고 와서 논단 말여. 지금이니까 유원지 가면 가족 단위로 와서 음식 햇 먹고 가고, 전축 같은 것 틀어 놓고 춤추고 그러지, 그전에는 그런 것 있가디. 징, 꽹맥이 치고 놀았지. 그러면

---

19 권은영, 앞의 책, 118쪽.

우리는 잘 허니까 쳐보자고 하면 쳐준단 말여. 잘 친게 인자 못 가게 허고, 저 짝에서 데리고 갈라고 허고 그러니까 팁 막 나온단 말여. 팁 많이씩 벌어 썼어. 그렇게 먹고 사는 사람들이 많았었다, 그때.(유명철 구술, 2002. 10. 8)

일제 강점기를 거치면서 직업적인 농악연예인들의 활동은 두드러졌고, ①에서와 같이 이들은 이제 농악공연을 공급하고 '일당을 받는' 임금 노동자가 되었다. 그리고 농경사회의 계절적 리듬에 맞추어 연행되던 농악은 이제 ②에서와 같이 하나의 오락거리로 인식되었다. 일이 없을 때 대중들은 유원지에 놀러 가서 농악을 치며 놀았고, 이것은 농악이 하나의 여가활동이 되었음을 말해준다.

3. 근대 주체로서의 여성공연자

농악이 마을공동체와 무관한 대중적인 공연방식을 취하게 되자 여성들이 농악에 참여하기가 한층 쉬워졌다. 마을공동체 내에서의 농악은 두레의 집단노동이나 마을공동체의 공적 의례인 마을굿과 결합되어 있었다. 두레는 성인남성 중심의 공동노동조직이었고, 마을굿에서 여성은 제의의 진지성을 위해 참여를 제한 당하는 주변적인 위치에 머물러 있었기 때문에 그 간에는 여성들이 농악에 접근할 수 있는 통로가 차단되어 있었다. 그러다 농악이 마을공동체와 거리를 둔 경연대회나 대중적인 공연예술 형태로 존재하자, 여성들이 농악공연자로서 활동할 수 있는 활로가 열리게 된 것이다.

전근대 사회에서도 여성공연자는 엄연히 존재했었고, 조선 후기 진채선의 등장 이래로 판소리에서도 다수의 여성 소리꾼이 활동해 왔다. 1930년대 유성기 음반의 판매와 '협률사'를 통해 대중적인 인기를 얻은 이화중선·이중선과 같은 '스타'가 등장하기도 했고 1950년대에는 아예 여성으로만 꾸려진 창극단인 여성국극단이 대중들의 열렬한 호응을 받으며 활동하기도 하였다.

그럼에도 불구하고 농악 분야에서는 내내 여성공연자가 나타나지 않다가 1950년대 말이 되어서야 남원국악원에서 〈남원여성농악단〉이 생겼다. 농악 분야에서 처음으로 여성공연자들이 출현하게 된 것이다. 이것은 그만큼 농악은 두레와 마을굿으로 대표되는 남자 중심의 관행과 조직에 긴밀하게 연계되어 있어 다른 민속예술보다 더 여성들에게 배타적이었음을 뜻한다.

농악공연에서 여성공연자가 등장했다는 사실은 농악 자체의 변화를 의미하는 것이기도 하지만, 한편으로는 당시 한국 사회의 급격한 변화를 반영하는 것이기도 하였다. 광복 이후 미군정은 한국 통치의 기본방침을 민주주의적 이념에 따라 전개한다고 공언하였고 문교부도 이러한 기본방침에 따라 '남녀상하 차별 없기'를 선언한 바 있으며, 여성의 교육 기회를 보장하는 등의 교육 방침을 설정하였다. 이로 인해 여학생들에게도 남학생과 똑같이 학교에 다닐 수 있는 기회가 부여되었다.[20] 동시에 대한민국 정부 수립 이후 남녀 모두에게 부여된 '보통선거권'에 의한 정치 참여의 경험은 한국사회의 남녀 모두에게 '여성'이 근대사회의 '주체'임을 인식하게 하였다.

그러나 무엇보다도 전쟁은 여성들이 사회에 참여하게 된 직접적인 이유가 되었다. 1950년대는 전쟁에 의한 가족 해체가 심화되었고, 남성의 부재로 인해 여성들은 남성들을 대신하여 생존을 위한 경제활동에 나서야만 했다. 〈남원여성농악단〉이 출현하게 된 계기도 전후에 겪게 된 남원국악원의 경제적 어려움을 타개하기 위해 나선 '뜰밟이' 농악이었다.

여성농악단은 이처럼 농악이 연예농악으로 분화되고 여성국극단과 같은 여성공연자 중심의 공연단체가 이미 활동하고 있었으며, 한국사회가

---

20 전경옥 외, 『한국여성문화사 2』, 숙명여대 아시아여성연구소, 2005, 252~254쪽.

근대적인 교육이나 사회제도를 도입하여 근대화를 이루고 있는 시점에서 발생하였다. 이러한 여성농악단의 활동은 '농악은 남성들의 공연물'이라는 사람들의 인식을 깨뜨렸으며 세간에 대단한 반향을 불러일으켰다.

> 남원에서, 남원국악원서, 그때도 남원국악원이 유명해. 이환량이라고 하는 분이 오갑순이가 설장구 치고 나금추가 상쇠를 쳤던가 누가 치고, 와서 여자 그룹 한 20명 해가지고 왔어. 아따, 사람이 굉장히 많아. 참 여자들이 치니까 좋더라고, 잘 치고. …(중략)… 나도 저걸 해야겠구나 마음을 심중으로 가다듬고…(중략)… 그래가지고 사월 초파일날 부안 시내 마찌마리를 한번 도는데 사람 걸러서 못 다니겠어. 여자들이 굿을 친다고 하니까 어디서 그렇게 모였는지 꽉 차가지고 대닐 수가 없어. …(중략)… 농악을 치는데 바깥에 있는 사람이 안에 있는 사람보다 더 많어. 그런디 이 돈이, 그렇게 두 번을 낮에 했어. 거기서 굿보고 하는 사람들이 참 배꼽 떨어지고 나서 여자들 치고 노는디 기똥차게 좋다고, 배깥에서 환장을 할라고 해. 그래서 다 들어가. 그 돈 푸대에다가 놓고는 볼 새도 없이, 밥 먹을 새도 없이 저녁 공연까지 치뤘는데 돈을 갖다가 방에다 났는데 막 수북해(박홍남 구술, 2002. 7. 30).

현재의 시각에서 볼 때 여성들이 바지저고리를 입고 농악을 하는 일은 당연해 보인다. 하지만 1950년대 후반 당시의 시선으로 볼 때 여성농악단은 남장을 한 여성들의 단체로서, 이들이 농악을 한다는 사실은 성역할의 규준을 깨트리는 파격적인 일이었다. 남장을 한 여성공연자들은 친숙하고 관습화된 농악을 낯설게 만들었다. 또한 당시 남성농악인들이 대부분 중년의 나이였던 데 비해, 여성농악단은 10~20대의 젊고 아름다운 여성들로 구성되어 있었다.

그렇다고 해서 여성농악단이 단순히 남장 여성의 미모 덕으로만 인기를 얻었던 것은 아니었다. 여성농악단은 전북의 각 국악원을 중심으로 만들어졌는데, 당시 국악원은 전문적인 여성공연자를 양성하는 전통

예술 교육기관이었다. 국악원 출신의 여성단원들은 농악뿐 아니라 판소리·무용·줄타기 등을 몇 년씩 집중적으로 수학한 전문 공연자들이었기 때문에 공연의 수준이 높았다.

이처럼 여성농악단은 '남장 여성들에 의한 농악'이라는 파격적인 등장과 젊고 아름다운 미모, 수준 높은 연행실력으로 연예농악에서 입지를 굳혀갔다. 그리고 여성농악단의 활동으로 대중들은 여성 공연자의 존재를 당연하고 자연스러운 것으로 받아들이게 되었다.

여러 여성 농악인들이 단체활동을 이어갔고, 여성농악단이 해체된 이후에도 이들은 공연과 교육면에서 두각을 나타내었다. 그리고 현재까지 활발한 활동을 하면서 농악계에서 영향력을 발휘하고 있다.

4. 근대 공연예술로서 여성농악의 특성

1) 근대 연예농악의 시공간

여성농악은 마을농악과는 아주 다른 양상을 보여준다. 마을농악은 세시풍속과 관련된 시기에 맞추어 짧게는 몇 시간부터 길게는 며칠에 걸쳐 공연되었다. 장소 면에서도 당산·마을회관·각 가정의 마당 등 마을 전체가 공연장이 되어서 공간을 활용하는 데에도 충분한 여유가 있다. 반면에 여성농악단은 세시풍속과 관련이 없이 공연 시기에 제약을 받지 않았고 상시적으로 공연할 수 있었다. 그 대신 농악을 치는 시간은 2시간 정도로 한정되어 있어서 마을농악에 비해 압축적이고 집약적이었다.

(하루에 공연을) 세 번, 오전공연을 10시 반에서 11시쯤 들어간다고 하면 1시 반이나 해서 끝나잖아. 그때 점심 먹고 어쩌고 나면 2회 공연 하면 두서너 시간 되잖아. 5시 정도 되면 다시 밥 먹고 화장 좀 하고 밤 공연 할라면 7시 반이나 8시 돼서 공연 들어가잖아. 그러면 11시나 돼서 끝나고 아니면 10시 반에도 끝나고 이래. 손

님들이 많을 때는 11시까지 해주고 손님이 좀 적다하면 10시 반에서 40분 정도에 끝나고 보통 3시간 공연 아니면 2시간 40분 공연이다.(유순자 구술, 2002. 3. 20)

여성농악단은 하루에 보통 2~3회의 공연을 했는데, '강릉 단오제'나 '전주 풍남제'와 같이 사람이 많이 몰리는 지역축제에 가면 공연 횟수를 수차례 늘리기도 했다. 공연 횟수를 늘리면 더 많은 관객을 수용할 수 있어서 입장료 수익이 더 많아지기 때문이었다.

여성농악단은 가설극장을 직접 설치하거나 기존의 극장을 대여하여 공연을 했는데, 그 공간은 대중들의 생활공간과는 분리된 순수하게 공연을 위한 장소가 되었다. 이 공간은 집단적 동질성을 전제하지 않은 무작위의 대중을 농악공연이라는 동일한 경험을 공유하는 관객으로 일시적으로 집단화시킨다. 즉, 마을농악의 공연장소인 마을의 곳곳은 일상적 노동과 탈일상적인 의례와 놀이가 혼재하는, 차원이 다른 여러 행위들이 뒤섞이는 장소였다. 그에 비해 여성농악단의 극장은 오로지 공연만을 위한 일상과 단절된 장소였다. 여성농악단의 극장은 공연자들의 공연 메시지 생산과 관객들의 공연 수용에 적합하도록 합리적으로 배열되고 통제된 공간이라고 할 수 있다.

일과 놀이가 통합되어 있던 전근대의 농경사회를 벗어난 근대 산업사회에서는 노동과 여가가 엄격하게 구분되는 근대적인 인위적 생활리듬이 일상에 정착하였다.[21] 여성농악은 이런 산업사회에서 하나의 상업화된 '여가상품'으로서 유통되었다. 여가의 상업화는 자본의 운동논리에 따라 야기되는 '노동의 상품화' 및 '시간과 공간의 상품화'라는 전체적 문맥 속에서 진행된다.[22] 여성농악단 단원들은 자본가인 단장에게 고용되어 월급을 받는 노동자들이었고, 이들의 노동인 농악공연은 상품으로서 화폐와 교환되었다. 대중들은 이 '상품'을 소비하기 위해서 입장료를 내고 공연 공간에 출입하였고, 정해진 시간 내에 관람할 수 있었다.

---

21 김문겸, 『여가의 사회학』, 한울아카데미, 1993, 278~279쪽.
22 위의 책, 278쪽.

여성농악단은 마찌마리와 이르꾸미와 같은 홍보활동을 통해 대중들에게 공연을 광고하고 관객들은 공연의 소비자로서 입장료를 구입하여 공연을 관람하였다. 이러한 생산과 수용 방식 때문에 여성농악단은 자신들의 공연을 유통시킬 '시장'이 필요했다. 당시에는 1차 산업의 비중이 줄고 2·3차 산업의 비중이 늘면서 농촌 인구의 광범위한 이농과 대도시 집중이 이루어졌고 대도시를 중심으로 대중문화의 소비 공간이 확장되었다.[23] 마을농악이 농촌 지향적이었다면 여성농악은 농촌을 넘어서서 사람과 자본이 모여드는 도시에 이르기까지 활동 범위를 확장하였다. 이에 따라 여성농악은 당시의 대중가요 가수들의 극장식 쇼나 서커스, 영화 등과 같은 대중예술 장르들과 흥행의 경쟁관계에 있게 되었다.

1970년대에 한국 사회는 매스미디어 체제가 완비되고 미디어가 빠르게 보급되면서 대중문화의 생산·유통·소비의 구조적 기반이 완성되어 급속하게 대중 사회의 성격을 띠게 된다.[24] 1970년대 들어 가장 강력한 매스미디어로 떠오른 TV[25]는 여성농악단뿐 아니라 서커스나 악극과 같은 대중 공연예술 전반에 타격을 주었다. 그리하여 거대 자본을 기반으로 하는 매스미디어의 체재 내에서 생산·유통·소비되지 못했던 여성농악은 다른 대중예술들과의 경쟁에서 도태되었고 여성농악단은 1979년에 소멸하고 말았다.

2) 농악 생산자와 소비자의 분리

마을농악에서는 상쇠나 설장고 같은 소수 몇 명을 제외하고는 뛰어난 공연 능력을 필요로 하지 않았다. 이런 농악에 참여하기 위해서 집중적인 훈련을 하거나 전문 교육을 받는 경우도 드물었다. 마을농악에는 간혹 몇 명의 전문농악인이 섞여서 판을 활기 있게 만들기도 하지만 판에 참여

---

23 김창남, 『대중문화의 이해』 개정판, 한울아카데미, 2003, 140쪽.
24 위의 책, 130~140쪽.
25 "1961년에 KBS TV가, 1964년에 민간 상업방송인 TBC TV가, 1970년에 또 하나의 민간 방송인 MBC TV가 개국함으로써 TV시대가 열리게 되었다."(위의 책, 139쪽.)

하는 대부분의 사람은 아마추어들이었다. 이들은 농악판에서 상쇠·수장구·수북·수버꾸 등 수장首長의 뒤를 따라다니며 농악의 공연 내용과 원리를 체득하였다. 또 판 밖에서 지켜보던 이들은 판 안의 사람들을 흉내내거나 따라하면서 자연스럽게 장단과 몸짓을 배우게 되었다. 그러면서 공연자가 판 밖으로 나가면 관객이 되고, 또 관객의 입장에서 지켜보던 이가 판 안으로 끼어 들어가면 공연자가 되는 상황이 수시로 벌어졌다.

농악판이 벌어지지 않는 일상에서는 '입장단'이나 '무릎장단'을 하며 가락을 익혔다. '입장단'은 언어가 갖는 음악성을 이용하여 악기연주에서 나타나는 음의 높낮이·장단·강약·가락의 느낌 등을 탁월하게 전달해내기 때문에[26] 일상생활에서 농악 가락을 배우는 데 효과적이었다. 또한 악기가 귀했던 상황에서 맨손으로 무릎을 두드리며 연습하는 '무릎장단'은 시간과 장소의 구애를 받지 않고 농악 가락을 연습하는 방법이었다. 마을농악에서는 이처럼 마을구성원들이 농악판에 참여하여 즐기고, '입장단'과 '무릎장단'을 통해 연습하는 것만으로도 실제 판에서 공연자 역할을 맡아할 만한 능력을 획득할 수 있었다.

이에 반해 여성농악은 예술적 기량을 중요하게 여기기 때문에 아무나 공연자가 될 수는 없었다. 여성농악단의 단원들은 직업적인 전문공연자들로서 이들은 자기만족적인 목적에서 농악을 하는 것이 아니라 관객들에게 볼거리를 제공하기 위해서 농악을 연행해야 했다. 몇 개월 동안 합숙을 하면서 집중적인 교육을 받았고 스스로 개인 연습의 시간을 갖기도 하였다. 하지만 이것은 공연을 위한 기본을 배우는 데에 불과하였으며 수많은 공연경험을 통해서 원숙한 기량을 연마해갔다. 이처럼 여성농악에서는 공연자의 전문화에 따라, 공연자와 관객이 분명하게 분리되어 있었다.

여성농악단은 농악공연을 상품으로서 '판매'하였기 때문에 판매를 촉진하기 위한 홍보활동이 필요했다. 가장 일반적인 홍보방법은 '마찌마리'

---

26 김원호(김인우), 「풍물굿과 공동체적 신명」, 『민족과 굿』, 학민사, 1987, 115~116쪽.

와 '이르꾸미'이다. 장소가 결정되고 가설극장 설치가 끝나면 공연자들은 '마찌마리'를 했는데, 이 말은 일본어 '마찌마와리まちまわり[町回り]'가 변형된 말로 '동네를 돈다'는 뜻이다. '마찌마리'는 관객을 모으기 위한 일종의 광고 농악으로, 단체의 이름이 적힌 현수막을 앞세우고 농악을 치면서 그 일대를 걸어 돌아다니는 일이다. 때로는 달리는 트럭을 타고서도 마찌마리를 하였다. 이때 인쇄된 전단지를 함께 배포하기도 하였다. '이르꾸미'는 공연 시작 전 30분에서 1시간 정도 관객을 모을 목적으로 극장의 안이나 밖에서 치는 농악을 말한다.

마케팅의 측면에서 볼 때 10~20대의 여성 공연자야말로 여성농악단 최고의 홍보 전략이었다. 여성 농악인의 출현은 세간의 이슈가 되었고 이들은 매스미디어의 파급 이전에 인기를 누리던 여성 연예인들이었다. 기예를 바탕으로 공적인 영역에서 활동하는 여성 공연자들은 연예인으로서 또는 예술가로서의 아비투스를 가졌다. 대중들의 시선과 주목을 즐기고, 박수와 환호성에 쉽게 격동되었다. 대중 예술인으로 얻게 되는 인기에 대단한 자부심을 가졌으며, 인기를 얻고 유지하기 위해 공연 능력을 키우는 것 외에도 무대의상과 헤어, 메이크업 등과 같은 세부까지에도 모든 노력을 경주하였다.

3) 공연 생산자의 직능 분화

여성농악의 주체들은 세 부류로 나눌 수 있다. 첫째는 여성농악단의 정체성을 형성하는 10~20대의 여성공연자들이다. 이들은 농악, 판소리, 기악, 무용 등을 수학한 공연자들로서 이들의 인기 여하에 따라 단체의 존립이 좌우되었다. 둘째는 여성공연자들의 교육과 학습을 담당했던 강사들이다. 이들은 농악, 판소리, 기악 분야의 전문공연자로서 남성예술인들이 많았다. 이들은 여성공연자들을 교육함과 동시에 단체의 운영에 관여하고 공연의 창작과 연출을 담당하였다. 셋째는 공연을 기획·제작하고 단체를 조직·운영·관리하는 이들이었다. 여성농악에서는 공연자와 관객이 분리되어 있기 때문에, 공연이 성사되도록 하기 위해서는 이 둘 사이를 연결하는 일이 필요했다. 공연을 할 수 있게 자본을 대는 제작자와 공연에 관련된 사무적인 업무를 처리하고 홍보하는 기획자가 바로 이러한 역할을 담당하였다.

여성농악단은 단장·운영진·공연자·강사·잡부로 조직되어 있었다. 단체의 중심인물은 단장으로, 단체를 만들고 유지하기 위한 자본을 확보하는 일이 단장의 주요 역할이었다. 단장은 여성농악의 공연 제작자에 해당했던 것이다. 단장은 그 외에 운영진과 강사를 섭외하거나 단원을 모집하는 일을 하기도 하고 단원의 교육·관리, 운영 등 여성농악단 전반에 대해 책임을 진다.

단장을 도와 단체를 운영하는 이들이 바로 운영진으로, 이들은 부단장·사업부·재무·총무·훈육부장·여성관리부장·소도구부장 등의 직함을 가지고 단체를 운영하고 단원들을 관리하는 사람들이었다. 이 중 '사업부'는 공연장소를 미리 물색한 뒤에 사전답사를 하고 해당 관청에 허가를 받으며, 공연기간 동안 공연자들이 숙식을 할 수 있도록 준비를 하는 등 '기획자'와 같은 역할을 하였다.[27] 여성농악단에서는 이처럼 제작자와 기획자가 있었고, 직능 또한 분화되어 있었다.

집단적인 동질성을 전제하지 않은 무작위의 관객을 대상으로 했던 여성농악에서는 공연에 대한 관객들의 이해를 돕기 위해 '사회자'를 두어 공연을 진행시키기도 했다. 사회자는 잡색들처럼 무대와 관객석의 공간을 넘나들지는 않는다. 하지만 관객들에게 농악의 유래나 진풀이에 대한 해설을 하는 등 공연에 대한 정보를 주고, 추임새와 입담으로 관객의 흥미와 웃음을 유발하는 한편 공연자를 독려하였다. 공연자와 관객 간의 원활한 상호작용을 이끌어내는 역할을 한다는 점에서 여성농악단의 사회자는 잡색과 유사한 직능을 갖는다고 볼 수 있었다.

---

27 권은영, 앞의 책, 78~79쪽 참조.

5. 여성농악의 시작, 남원여성농악단

'여성농악단'이라는 명칭과 단체는 처음 남원국악원에서 만들어졌다고 알려져 있다. 국악협회 전북지부의 '전북 농악단 등록서'에는 "남원여성농악단은 도내 다른 농악단 중 가장 먼저 1959년 1월에 남원읍 동충리에서 이기태 씨를 단장으로 하여 창립"되었으며, "남원 국악학원장을 주체로 하여 구성"되었다고 기록되어 있다.[28] 이에 따르면 〈남원여성농악단〉의 공식적인 창단 시기는 1959년 1월로 볼 수 있다. 6·25 전쟁 이후 복구 상황에서 당시 판소리 중심의 국악학원이면서 공연자들의 매니지먼트 역할을 해왔던 남원국악원에서는 운영이 어려워지자 자금난을 해결하기 위해 국악원 강사들과 원생들을 중심으로 농악단을 조직하였다. 당시의 남원국악원장인 이환량과 판소리 강사 김영운, 농악에 조예가 있던 주광덕 등이 국악원의 여성 제자들에게 농악을 가르쳐서 '마당밟이' 식의 공연을 나서게 되면서 여성농악단이 처음 시작되었다.

주광덕이라는 그분하고 이환량 원장하고 애를 많이 썼죠. 그 주광덕 씨가 농악을 깊이 연구를 했고 고인이 됐습니다만 기능이 보통 기능이 아니에요. 두 분이, 국악원을 운영하기가 곤란했었거든요. … (중략) … 운영비를 좀 벌어보자 그래가지고 두 분이 시작한 것이 여성농악단이에요. 처음으로 남원에서 생겼습니다.[29]

이환량 씨가 원장 되면서부터 농악을 가르쳐갖고 판소리하고 농악을 가르쳤지. 소리는 강도근하고 김영운이라고 김정문씨 조카, 농악은 이환량하고 김억득하고 가르치고. 전부 여자죠. 그래서 여성농악단이요.[30]

---

28 전북예총사 편찬위원회, 『전북예총사』, (사)한국예술문화단체총연합회 전북지회, 2000, 1056쪽.
29 박재윤 구술자료, 2002. 5. 31, 남원국립민속국악원.
30 박재윤 구술자료, 2001. 5. 25, 남원국립민속국악원(조사자 : 김선태, 김정헌).

위에서는 당시 남원국악원의 원장이었던 이환량 외에도 김영운, 강도 근, 주광덕, 김억득 등 여러 명이 거론되고 있다. 김영운은 당시 남원국악 원의 판소리 강사로서, 명창 김정문의 조카이다. 나중에 판소리 중요무 형문화재로 지정된 강도근 또한 그때에 남원에서 판소리를 가르치고 있 었고 김영운의 후임으로서 오랫동안 남원국악원의 판소리 강사로 재직 하였다. 주광덕 또한 판소리 명창으로서 명창 안숙선의 첫 번째 소리 선 생님이라 한다.[31]

남원여성농악단의 창단 멤버였던 배분순은 당시 상황을 상세히 기억하 고 있었다. 배분순에 따르면 남원국악원에서 농악단을 조직하여 여수에 서 포장걸립을 하였는데 흥행에 크게 성공을 하였다. 이때 여성공연자들 이 대중들에게 특히 주목을 받자 국악원의 간부들은 여성들만으로 농악 단을 만들기로 하였고, 이렇게 해서 남원여성농악단이 결성되었다. 남원 여성농악단은 1960년에 정읍농악과 함께 전라북도 대표로 전국농악경연 회에 출전하였다. 다음은 당시에 여성농악단의 간부로서 단체를 함께 인 솔했던 강영수의 구술이다.

박정경 연구사 여성농악단 올라간 얘길, 60년 3월 26일 날.

강영수 그 때 이승만 박사가 생일, 탄신일인디. 그때 주최는 어딘가는 몰라
　　　　도, 각 도에서 농악경연대회를 개최를 해서, 전라북도에서는 인자 정
　　　　읍 남자농악대하고 나와선 남원농악대하고 전라북도에서만 두 팀이
　　　　올라갔어요. 그때 자유당에서 전부 인솔하고 갔었는데, 그 때 국회의
　　　　원이 둘이 있었어, 갑구 을구로 해서. 조정운 국회의원하고 안경석(?)
　　　　국회의원하구 거 둘이는 모르지마는, 그 분들이 인자 우리를 서로 자
　　　　기들이 뺏아갈라고 말야. 그냥 이 표 땜시. 서로 잘 멕이구 할라고.
　　　　그런 거 호강도 많이 받아봤지마는. 그래갖고 우리가 여기서 일등을

31　안숙선, 「나의 이력서- 안숙선 국립창극단 예술감독 2」, 『전북일보』, 2005. 4. 11.

했어. 일등을 해갖고 백만 원 타고, 우승기 타고 해갖고 있는디.[32]

위의 구술대로 1960년 3월 26일부터 27일까지 농악경연대회가 서울운동장에서 개최되었다.[33] 3월 26일은 이승만 대통령의 생일로, 이를 기념하기 위한 이벤트의 일환으로 농악경연대회가 열린 것이다.[34] 이때 전라북도에서는 예선을 거쳐 정읍농악단과 남원여성농악단이 함께 전라북도 대표팀으로 출전하였고, 이 대회에서 우승을 하였다.

남원여성농악단은 최초의 여성농악단으로 이름이 알려지자 전라북도뿐 아니라 여수와 마산 등 여러 곳을 돌며 공연 활동을 하였다. 이후 남원여성농악단을 선례로 하여 부안, 전주, 정읍, 김제 등에서 여성농악단이 다수 만들어지면서 여성농악이 양적으로 확산되었다. 남원여성농악단은 여건이 좋을 때에는 전국을 순회하며 공연을 다녔고, 공연을 쉴 때에는 다시 남원으로 돌아와 국악원에서 학습을 하거나 개인적으로 활동을 하였다. 그러다가 1년여 후 춘향여성농악단이 생겨 주역을 맡았던 단원들이 이탈하면서 남원여성농악단은 흥행단체로서 타격을 입었다. 이후 활동이 미미하기는 하였으나 남원국악원에서 소리를 수학하고 있는 원생들이 있었기 때문에 필요에 따라 잠깐씩 단체를 구성하여 1960년대 중반까지 활동하였다.

6. 여성농악 인기의 절정, 춘향여성농악단

춘향여성농악단은 여성농악 최고의 인기를 구가하였으며 사람들에게 회자되어 왔다. 『전주예총사』에 따르면 춘향여성농악단은 "남원읍 천거리 12번지에서 1960년 10월에 강금순 씨(당시 41세)를 대표로 하여 창립됐

---

32 강영수 구술, 「강영수 구술 채록」, 『이야기로 듣는 남원국악사』, 국립민속국악원, 2008, 10쪽.
33 「농악경연대회」, 『동아일보』, 1960. 3. 27.
34 「경축 리 대통령 각하 제 85회 탄신」, 『대한뉴스』 258호, e영상관, 1960. 4. 1.

다."고 한다.[35] 강금순은 판소리 명창 강도근의 친여동생으로서, 진주 검무 무형문화재 보유자이자 가야금의 명인인 강순영, 대금 무형문화재 보유자인 강백천과는 사촌지간이다. 가야금산조와 병창의 무형문화재 보유자이자 판소리 명창인 안숙선의 사촌 이모이고 가야금 산조와 병창의 무형문화재 보유자 강정열의 육촌고모이기도 하다. 이처럼 강금순은 쟁쟁한 예인들을 배출한 집안 출신이다.

강금순은 '강선화'라는 이름으로도 알려져 있는데, '칠선옥'이라는 작은 요릿집을 운영하였다. 강금순은 칠선옥에서 직접 가야금과 병창을 가르쳤으며, 칠선옥에서 수학한 이들은 동시에 남원국악원의 원생으로서 강도근의 판소리 제자였다. 오갑순에 따르면 순천의 박봉술 명창이 칠선옥에 자주 찾아왔는데 그럴 때면 강도근과 판소리를 주고받았으며, 두 명창의 소리를 듣기 위해 남원의 유지들이 칠선옥에 모여들었다고 한다. 남원여성농악단의 창단에 기여했던 주광덕 명창도 칠선옥에 기거하면서 판소리를 가르치기도 하였다.

〈남원여성농악단〉의 활동상을 가까이에서 지켜볼 수 있었던 강금순은 여성농악의 흥행에 확신을 갖고 〈춘향〉을 조직한 것으로 보인다. 강금순이 〈춘향〉을 만든 표면적인 이유는 〈남원〉에서 양녀 오갑순이 다른 공연자와 수장고 자리를 놓고 갈등을 겪자 그 문제를 해결하기 위해 따로 단체를 조직한 것으로 되어 있다. 표면적인 이유는 그렇다 하더라도, 실질적으로 강금순이 〈춘향〉을 조직하게 된 강력한 동기는 아마도 "입장료를 가마니로 쓸어 담아야 할 정도"로 사람들을 끌어 모은 여성농악의 인기 때문이었을 것이다. 1950년대 여성국극단과 1년여 앞서 활동을 시작한 〈남원〉을 통해서 여성농악에 대한 대중들의 환호를 이미 확인한 강금순은 흥행 단체로서 〈춘향〉을 조직하였다. 창극 단체에서 활동한 바 있는 친오빠 강도근과 사촌 강백천이 강금순의 여성농악단 조직과 운영을 지원했다. 당시

---

35 전북예총사 편찬위원회, 앞의 책, 1056쪽

농악은 '민족의 문화유산'이라는 거창한 명목 하에서 육성되거나 장려되기 이전에, 전통적으로 이어져온 대중오락으로서 인식되었기 때문에 강금순은 공연 사업의 좋은 아이템으로서 농악을 취하게 된 것이다. 그래서 정읍 농악의 전사종과 김병섭을 꽹과리와 장구 강사로 각각 스카우트 하여 단원들에게 집중적으로 농악을 가르쳤다.

〈춘향〉의 창단 당시 수버꾸를 맡았던 박복례는 당시의 구성원들을 생생하게 기억하고 있었다. 상쇠 강초운은 기혼으로서 자녀가 있었고, 그녀를 제외하고 오갑순과 나금추는 17~18세, 안숙선은 10세 정도였으며, 소고잽이들은 7세 정도의 어린 나이였다. 이들은 어린 나이에도 불구하고 대중들의 인기를 끄는 데에 기여하며 〈춘향〉을 여성농악의 대표 단체로 세간에 널리 알렸다.

〈춘향〉은 1961년 제2회 전국민속예술경연회에 참가하면서 신문에 보도되었다. 이 경연대회의 전라북도 예선전에 참가한 〈춘향〉은 남성 포장 걸립패인 〈금산농악 최상근 일행〉과 함께 전라북도 대표팀으로 선발되어 덕수궁에서 있었던 본선에 출전하였다. 이 대회에서 전북 팀은 일등을 하고, 〈춘향〉은 "아직은 하나의 시도라 하겠으나 꼬마 이춘화(7) 양 외 2명의 농부가와 오갑순(18)양 외 2명의 장고는 장래가 촉망되는 열연이다."[36] 라는 긍정적인 평가를 받았다. 이들은 비원에서 기록영화를 촬영하였으며, 이들의 기사가 뉴스로 방영되었다고 한다.

가는 곳마다 환대를 받으며 대중들을 몰고 다녔던 〈춘향〉의 호황은 그러나 그리 오래가지 못했다. 결정적인 이유는 주역을 맡은 핵심 단원들의 탈퇴 때문이었다. 주요 단원들이 서울로 상경하였고 농악보다는 기악, 기악보다는 판소리를 우위로 인정하는 전통공연계의 관행에서 주요 단원들이 판소리와 가야금 등에 매진하면서 단체를 그만두었다. 징잽이로 시작하여 나중에는 상쇠가 되었던 나금추도 미국 공연을 준비하러 서울로 갔

---

36 「장고의 신동 등장」, 『동아일보』, 1961. 9. 29.

다가 공연이 무산되면서, 전주 단체인 〈아리랑여성농악단〉에 스카우트 되었다. 〈남원〉이 생겨난 이후에 여기저기에서 생겨난 다른 여성농악단들과의 경쟁도 단원 확보와 단체 운영을 어렵게 하는 요인이 되었다.

1961년 국악협회 전북지부에는 6개의 여성농악단체가 등록[37]되어 있었는데, 이 단체들끼리의 흥행 경쟁이 심해지면서 개런티에 따라 공연자들이 옮겨 다녔다. 〈춘향〉조차도 단원 확보가 어려워지자 타 단체 출신의 공연자를 영입해가며 단체를 유지하다가 1968년경 단체를 해산하였다.

7. 여성농악의 예술적 성과

1) 근대 연예농악의 안착

(1) 농악의 아마추어리즘 극복

농악은 그 명칭에서도 알 수 있듯이, 오랜 세월 농경문화를 기반으로 지속되어 왔기 때문에 농민들이 주된 전승주체였다. 그러나 남사당패의 농악이 증명하듯이 조선 후기에도 이미 전문적인 농악공연자가 있었음을 알 수 있다. 근대에 이르러 마을공동체와 분리된 연예농악이 빈번하게 행해졌고, 전문적인 농악공연자들도 다수 확인할 수 있었다. 호남우도농악에서는 그런 전문가들을 무계출신의 공연자들을 통해 먼저 확인할 수 있다. 예컨대 신기남은 일제강점기인 1931년에 이미 이화중선 협률사의 단원으로서 한반도 전역과 일본을 돌며 공연을 하고 있었다. 무계 출신 공연자가 없는 좌도농악의 전문공연자집단이라고 할 수 있는 〈유한준패〉가 해방 후에 결성되었으니, 무계출신의 우도농악공연자의 활동이 좌도농악에 비해 15년 이상 앞서 있다는 것을 알 수 있다. 이들 무계출신은 세

---

37 전북예총사 편찬위원회, 앞의 책, 1054쪽.

습적인 예술가였기 때문에 농악 분야에서도 그 전문성을 더 빨리 드러낸 것으로 보인다.

그러나 농악이 농촌의 문화와 분리되어 전문적인 공연예술이 되는 것에 대해 부정적인 인식이 있어왔다.

> 소박한 농촌농악이 쇠퇴하고 퇴폐적 연예형태에서 근래의 무정견한 자작변조에 있으며 희소한 보유자마저 점차 사망하고 건전한 계승자보유책이 없이 이에 대한 방치가 그 원인일 것이다.[38]

'소박한 농촌농악'의 보존을 주장하는 이런 견해는 농악의 공연예술화를 반대하고 아마추어리즘을 고수하고자 하는 태도를 보여준다. 경제적 대가를 목적으로 하지 않고 그 행위 자체를 즐기는 아마추어리즘은 그 행위 자체에 대한 순수한 열정을 표출하는 실천이라는 점에서 중요하다. 이런 태도는 농악의 생산과 수용의 결을 중층적이고 다양하게 함으로써 농악의 창조적 발전과 보존에 기여하기 때문이다. 그러나 전통사회에서도 세습 무계 출신의 전문가들이 빼어난 기량으로 양인들에게 예술적 열정과 충동을 불러일으켰듯이 근대사회에서도 농악의 새로운 스타일과 지향성을 제시하는 이들이 필요했다. 그리고 그 역할을 바로 연예농악의 전문공연자들이 맡았던 것이다. 그런데 위 글에서는 연예농악을 '퇴폐적'이라거나 '무정견한 자작변조'라고 비판하였고, 그 비판은 여성농악에도 그대로 적용되었다.

> 이제 건강한 민족음악으로서의 농악은 재연·재창조·전승해야겠다는 마당에서 농악 쪽의 현실이 그렇게 탐탁치를 않다. 농악이 우리 사회에 심어줄 본디의 기능을 되살리기 위해서는 뭐니뭐니해도 먼저 그의 노동음악으로서의 기능인 역동성과 협화성이 간직되어야 하겠다. 자칫 근로악으로서의 농악의

---

38 홍현식 외, 앞의 글, 105쪽.

전승이 곱게 단장한 소녀들에 의해 조명된 무대 위에서 되살아난다고 생각한
다면 돌이킬 수 없는 잘못에 빠진다. 공부하는 마당에서 땀흘려야 하는 일터
에서 농악이 지닌 소중한 극기의 사회의식을 바탕으로 해서 재창조·전승되어
야 하겠다는 생각이다.[39]

농악을 '노동음악', '근로악'으로 규정한 이 글은 농악의 공연예술화에
대해 비판적인 태도를 보여주고 있다. 농악은 전통 사회의 제의와 노동
에서 중요한 구성요소였지만 동시에 그 자체가 놀이면서 예술이었다. 따
라서 농악이 예술로서 기량을 높이고 세련미를 갖추는 일을 비판하는 것
은 부당하며, 그런 면에서 이 글은 농악의 공연 예술적 변화 가능성을 억
압한다는 점에서 문제가 있다.

이 글에서는 특히 농악이 "곱게 단장한 소녀들에 의해 조명된 무대 위
에서 되살아난다고 생각한다면 돌이킬 수 없는 잘못에 빠진다."고 우려
하면서 여성농악을 언급하였다. 그런데 이 인용문을 통해 알 수 있듯이
여성농악에서는 양질의 공연을 위해 그 당시에 이미 조명을 사용하였고
공연자들은 무대화장을 하였다. 무대 의상에도 각별히 신경을 썼다.

30살 넘으면서 배가 좋은 것이 나오면서 내 마음에 들면 뭣이라도 떠서 스
팽글도 붙이고 공작도 놓고 해서 만들었다. 깔깔이 나올 때, 기지 나올 때마다
바꿔 입는다. 까만 깔깔이에 빨간 장미 수 놔서 조끼 만들어 입으면 안 죽는
놈이 없었다(유지화 구술, 2002. 3. 4).

이처럼 여성농악에서는 전통적인 농악복색과는 다른 화려한 의상을
갖추었다. 잘 갖추어진 공연장에서 개성 있게 디자인된 무대의상을 입고
무대분장을 하고 무대에 오르는 현재의 농악 공연상황에 비추어 볼 때

---

39 심우성, 「농악의 역사·사회성·평등과 협화의 사상」, 『문학사상』 9월호, 문학사상사, 1978, 242쪽.

여성농악은 당시에 이미 상당한 세련미를 추구했던 것이다.

이 외에도 여성농악은 잡가나 토막창극을 위한 무대를 짓고 조명과 음향시설을 갖추는 등 근대적 공연환경에 맞게 농악공연의 제반 시설들을 조정하였다. 그만큼 여성농악은 연예농악의 진전된 형태를 갖추고 있었으며, 전문화되어 있었다.

(2) 음악적·무용적 요소 중심의 예술성 강화

앞에서 본 바와 같이 농악은 제의와 노동의 제약으로부터 벗어나 '연예농악'이 되었고, 이는 공연자와 관객의 완전한 분리, 세시풍속과 관계없는 자유로운 공연 시기와 장소의 선택, 불특정 다수의 관객을 대상으로 하는 대중적인 공연방식 등을 취하는 근대적인 양상을 보여준다. 그리고 이 연예농악의 흐름을 이어받은 여성농악은 공연 요소에서 변화를 겪게 되었다. 다음의 인용들에서도 이러한 변화를 엿볼 수 있다.

> ① 아리랑 농악대 안 봤는가? 참 잘 치제. 요새 신식굿으로, 모르먼 몰라도 갸들 따라갈 굿이 없을 것이어. 나는 그렇게 봐.[40]

> ② 여성 농악대는 처음부터 농악의 원형과는 관계없이 흥행만을 노렸기 때문에 가락과 발림마저 변질된 농악이었다. 열 시간이 넘게 걸리는 원형 농악을 한 시간 남짓 되게 줄이는 과정에서 법도가 제대로 지켜질 수도 없었고 속성으로 농악대를 구성했으므로 두루 익힐 수도 없었다.[41]

위 인용문들에 나타나는 '신식굿'·'가락과 발림마저 변질된 농악' 등은 그것이 긍정적이든 부정적이든 간에 그 전의 농악들과 비교할 때 구별될 만큼 여성농악이 다른 점이 있다는 것을 보여준다. 그 변화는 흥행을 위한 연예적 형태의 강화라는 방향을 취하고 있으며, 구체적으로는 가락과

---

40 신기남 구술, 김명곤 편집, 『어떻게 허먼 똑똑헌 제자 한놈 두고 죽을꼬?』, 뿌리깊은나무, 1992, 130쪽.
41 이상룡, 「삼채를 치면 아이도 춤이 나오는데 : 설장구 김병섭」, 『명인 명창』, 동아일보사, 1987, 256쪽.

발림이 변화하였고, 공연 시간도 축소되었다는 점이다.

②에서의 '원형 농악'이란 여성농악단 이전의 호남우도농악을 말하는 것이다. 1967년 「호남농악」에 기록된 호남우도농악과 여성농악단의 농악을 비교해보면, 호남우도농악에는 들당산굿·문굿·당산굿·판굿·날당산굿 등의 절차굿이 있었으나 여성농악은 판굿 외에는 다른 절차굿을 연행하지 않았다. 판굿만을 비교해보아도 호남우도농악의 판굿에는 일광놀이·노래굿·영산다드래기·콩동지기·등맞추기·앉인진풀이·지와밟기·도둑잽이·불넘기·탈복굿 등 그 절차가 많고 복잡하다. 여성농악은 이 절차들을 농부가, 십자굿, 두마치굿 등으로 대체하였다. 연극적인 요소가 강한 일광놀이·도둑잽이, 성악적인 요소가 강한 노래굿, 놀이적인 요소가 강한 콩동지기·등맞추기·앉인진풀이·지와밟기 등은 전승과정에서 누락시키고 판굿 중에서도 악기 연주와 춤 중심으로 호남우도농악을 계승한 것이다. 여성농악이 기존의 호남우도농악을 이처럼 취사선택한 데에는 시간적인 제약 이외에도 다음과 같은 이유들을 들 수 있다.

첫째 여성농악단은 오락적이고 예술적인 성격의 농악을 지향하였기 때문에 제의적인 절차인 들당산굿·당산굿·날당산굿의 의미가 퇴색하였다. 타지의 마을 공동체로부터 공연을 허가 받기 위해 치던 '문굿'은 근대의 행정 절차로 대체되었다. 여성농악단은 공연단체로서 등록되어 있었고, 공연 전에는 해당 지역의 관청에 허가를 받았다. 조직 내에 '사업부장'이라는 직함을 두어 이 사람으로 하여금 장소 이동 및 공연 허가에 관련된 모든 일을 전담케 하였다.

둘째, 일광놀이·도둑잽이·노래굿은 당시 대중들의 취향에 어울리지 않다고 판단했기 때문이었다. 여성농악단은 대중들을 상대하는 흥행 단체였기 때문에 대중들의 취향에 민감할 수밖에 없었다. 일광놀이나 도둑잽이의 잡색놀음이 재현하는 서사세계는 전근대 사회의 삶과 사회의 형식들을 지니고 있으며, 이 잡색놀음과 노래굿은 민속사회 속의 민중생활을 표현하고 있어[42] 당시 대중들의 기호에는 부합하지 않았다.

셋째, 콩동지기·등맞추기·앉인진풀이·지와밟기 등은 놀이적 요소가 강하면서 관객의 참여가 필수적이다. 그런데 여성농악에서는 볼거리를 충분히 제공하는 대신 관객의 신체적인 참여를 제한했기 때문에 판에 끼어들지 않고 단순히 구경만 하는 수준에서는 즐거움을 느낄 수가 없는 절차굿들은 누락시켰다.

또한 농악은 음악적·무용적·연극적 요소가 복합되어 나타나는데, 여성농악에서는 잡색이 없기 때문에 판굿에서 연극적 요소가 제거되어 있다. 대신 토막창극으로 연극을 분화시키고, 음악적·무용적 요소를 강화시켜 제한된 시간 안에 공연의 밀도를 높였다. 공연을 신속하게 진행시키고 음악적 짜임을 좋게 하기 위해서 가락을 집약적으로 구성하였다. 어름굿을 축소하고, 이음새 가락을 간단하게 사용하며, 반복되는 가락을 피하고 변주變奏를 선호하였으며 주법에서도 뛰어난 기교를 보여준다.

여성농악은 음악적 요소와 함께 무용적 요소가 강화되어 판굿의 전과정에 걸쳐 나타난다. 원진·을자진·달팽이진·삼방진·오방진과 같은 원을 변형한 곡선의 진법과 미지기진·쌍줄백이진 등 직선의 진법이 무대 등장에서부터 판굿의 끝까지 계속된다. 이런 진법은 농악기의 강렬한 소리와 어우러져 운동성과 역동적인 긴장감을 형성한다.

여성농악에서는 진법과 함께 춤동작도 발달되어 있다. 이런 춤동작은 부포상모와 채상모를 이용하는 상모놀음인 '윗놀음'과 팔다리를 이용하는 '아랫놀음'으로 나눌 수 있는데, 여성농악에서는 이 두 가지가 풍부하게 나타난다. 여성농악에서는 자반뒤지기·연풍대 등 남성들이 해왔던 역동적이고 곡예적인 동작을 하면서도 여성특유의 섬세하고 고운 춤동작 또한 구사한다.

---

42 이영배, 「호남지역 풍물굿의 '잡색놀음' 연구」, 전북대 박사논문, 2006, 220쪽.

2) 남성농악과의 차별성 확보

여성농악은 음악적·무용적 요소를 강화시키는 방식으로 예술성을 강화하였는데, 특히 무용적인 측면에서 남성농악과 차별화되는 부분이 돋보였다. 여성농악에서 춤이 얼마나 큰 역할을 했는가 하는 것은 '징 개인놀이'를 통해서도 알 수 있다. 가락의 '한배'를 잡아주는 징은 타수가 적고 연주방법이 단순하기 때문에 남성농악에서는 징을 가지고 개인놀이를 하지 않았다. 그러던 것이 여성농악인들은 춤에 능숙했기 때문에 무용적인 요소를 가미하여 독자적으로 '징 개인놀이'를 하였다.

'징 개인놀이'는 땅에 징을 세워놓거나 엎어놓고, 굿거리 ― 오방진 ― 휘모리 장단에 맞추어 징채 손잡이에 달린 장식용 수건인 '너설'을 흔들며 춤을 춘다. 굿거리에서는 느릿하고 섬세한 느낌을 주다가 가락이 오방진으로 옮겨가면서 힘차고 경쾌한 동작을 이어간다. 그러다 빠른 휘모리 장단에서는 한배에 두 바퀴씩 회전하는 빠른 연풍대를 돌며 '징 개인놀이'를 끝낸다.

이외에도 '농부가' 뒤에 있는 굿거리춤이나 두마치굿에서의 발 동작등은 남성농악에서는 볼 수 없는 여성농악 특유의 무용적 특징이라고 할수 있다. 이처럼 여성농악에서는 집단적으로 혹은 공연자 개인적으로 판굿 전반에 걸쳐 춤동작이 다채롭고 세련되게 나타난다.

이런 춤동작 말고도 여성농악에서는 기존의 호남우도농악에서는 볼 수없는 판제상의 변화를 보여준다. 여성공연자들은 전통적으로 마을굿에서는 배제되었던 여성들이었기 때문에 판굿을 제외한 제의적이고 노동적인성격의 농악을 배울 수가 없었다. 동시에 남성농악인들에 비해 기존 농악의 법식과 전통으로부터 자유로울 수가 있었다. 그래서 '십자굿'이나 '두마치굿'과 같은 새로운 절차들을 만들어 우도농악의 판제에 변화를 주었다.

적십자굿을 치게 되면 적십자에 대해서 말을 해. 우리나라에서 적십자 회담이 있어서 어쩌고 헌디 그것 허기 위해서 이 적십자굿을 만들었습니다. 그건 만든 굿이니까(유순자 구술, 2002. 3. 20).

적십자굿은 달리 '십자굿'이라고도 하는데, 악기를 치면서 열십자+ 모양의 진풀이를 하는 굿이다. 위의 내용에서와 같이 적십자회담을 기념하기 위해 〈호남여성농악단〉에서 창작한 것이라 하였다.

이처럼 여성농악에서는 춤동작을 세련되고 풍부하게 하고, '징 개인놀이'나 '십자굿'과 같은 새로운 판굿의 내용을 만들어냄으로써 남성농악과는 다른 차별성을 확보하였다.

3) 전통농악과 사물놀이 간의 중간자 역할

사물놀이는 판소리와 함께 한국을 대표하는 전통성 있는 공연예술이다. 판소리는 언어적인 요소 때문에 사설의 의미를 모르는 이들이나 외국인들과 소통하는 데에 한계가 있다. 이에 비해 사물놀이는 타악을 중심으로 하는 비언어적인 공연예술로서, 숙련되지 않은 관객이라 하더라도 공연에 쉽게 몰입하고 감상할 수 있어, 더 넓은 범위의 관객들과 소통할 수 있다는 장점이 있다. 사물놀이는 농악으로부터 파생되어 대중들에게 친근하며, 선율과 화성이 없고 기본 연주법이 복잡하지 않아서 진입장벽이 낮기 때문에 대중들에게 사랑을 받아왔다. 이러한 이유로 사물놀이는 한국을 대표하는 공연예술이 되었다.

사물놀이는 1978년 김덕수·김용배·이광수·최종실 네 명이 '사물四物놀이'라는 명칭을 처음 쓰고 연주하면서부터 시작되었다.[43] 사물놀이의 탄생은 근대적인 연예농악, 특히 여성농악이 있었기 때문에 가능할 수 있었다. 불특정 다수를 대상으로 하여, 제한된 시공간에서 집약적이고 세련되게 구성된 음악과 무용으로써 공연했던 여성농악이 사물놀이 탄생에 영향을 주었던 것이다.

---

[43] 김헌선, 『풍물굿에서 사물놀이까지』, 귀인사, 1991, 73쪽.

사물놀이는 음악·무용·연극·놀이가 한데 섞여 있었던 농악에서 다른 요소들을 다 제거한 채 기악적인 요소만으로 집약적으로 구성하여 음악적인 긴장감을 강화시켰다. 악기의 연주기량을 최대한 발휘함으로써 오로지 연주만으로 관객을 매료시키는 것이다. 사물놀이는 '느림→빠름'으로 가락이 점차 빨라지는데, 짜임이 치밀하고 공연자 간의 호흡이 매우 긴밀하다. 선반 판굿에서 동반되는 진법과 춤동작도 악기연주와 마찬가지로 치밀한 짜임새를 갖는다. 마당 판에서 긴 시간 동안 벌어지는 풍성하고 흥청대는 농악이 단번에 사물놀이와 같은 압축적인 형태로 정제될 수는 없다. 제한된 시간 내에 밀도 높은 공연 메시지를 전달하는 여성농악과 같은 연예농악이 있었기 때문에 사물놀이의 창조가 가능할 수 있었다.

사물놀이는 실내극장의 무대에서 공연되는 경우가 많은데, 주로 실외에서 공연했던 농악을 실내로 끌어들인 것이 바로 여성농악이었다. 이외에도 사물놀이의 최초 구성원인 이광수가 〈호남여성농악단〉에서 오랫동안 활동하였다는 점, 사물놀이의 주요 레퍼토리인 삼도농악가락과 삼도설장고에서 우도농악 가락의 비중이 높다는 점 등은 사물놀이에 미친 여성농악의 영향력을 짐작하게 해준다.

여성농악단의 빼어난 공연능력은 단체가 해산된 이후에도 지속적으로 회자되었고 여성농악 출신 상쇠들의 농악은 호남우도농악의 대종을 이루었다. 여성농악단의 해체 이후에도 여성농악의 명인들은 호남우도농악을 꾸준히 공연하고 교육함으로써 농악인으로서의 삶을 충실히 꾸려왔다. 여성농악은 마을과 지역이라는 장소성을 떠나 수용자들이 있는 곳이라면 어느 곳이라도 찾아가 공연할 수 있는 유목적인 농악이었다. 그런 만큼 대중들이 고루 수용할 수 있는 보편성과 대중성을 갖추고 있으며, 새로운 공연환경에 대한 적응력도 뛰어나다. 빼어난 공연능력과 적응력을 바탕으로 여성농악 명인들은 농악의 공백을 채우고 지역농악에 새 숨을 불어넣고 있다.